技工院校汽车类专业教材（中级技能层级）

中等职业学校汽车类专业教材

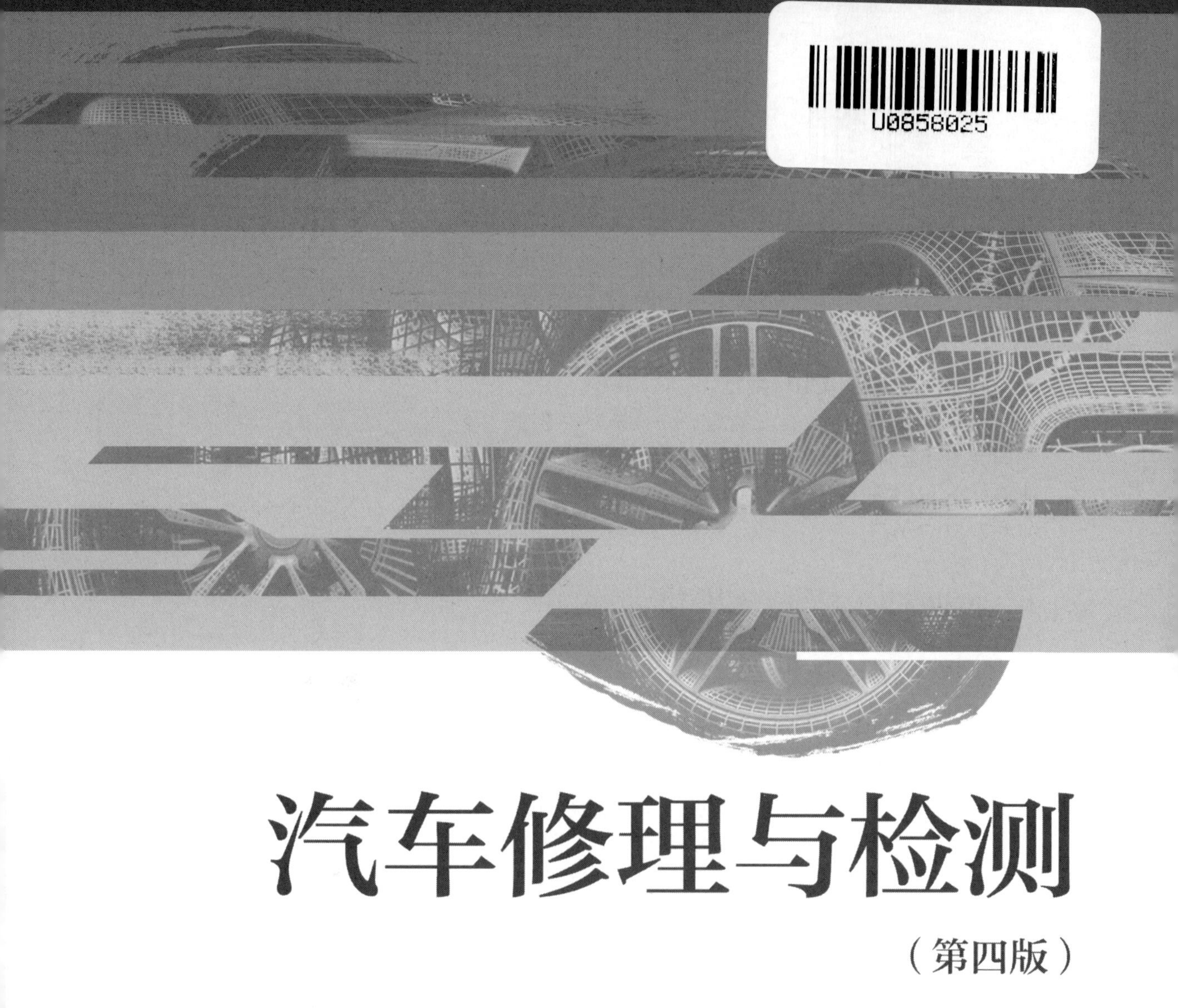

汽车修理与检测

（第四版）

展 宏 主编

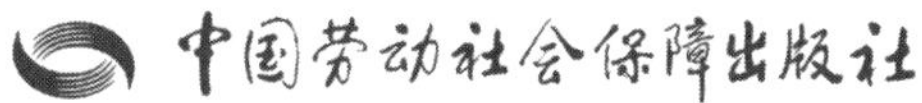

简介

本教材主要内容包括汽车修理概论、汽车发动机修理、汽车底盘修理、汽车检测基础、汽车发动机检测、汽车底盘检测等。

本教材由展宏任主编，蒋辰、施锌涛任副主编，孙亮、王猛、张永艳、蒋诚参与编写，蒋延莲任主审。

图书在版编目（CIP）数据

汽车修理与检测 / 展宏主编 . -- 4版. -- 北京 : 中国劳动社会保障出版社，2024. --（技工院校汽车类专业教材）（中等职业学校汽车类专业教材）. -- ISBN 978-7-5167-6731-3

Ⅰ. U472

中国国家版本馆 CIP 数据核字第 202404TA22 号

中国劳动社会保障出版社出版发行

（北京市惠新东街 1 号　邮政编码：100029）

*

北京市科星印刷有限责任公司印刷装订　　新华书店经销

787 毫米 ×1092 毫米　16 开本　14.5 印张　300 千字

2024 年 12 月第 4 版　　2024 年 12 月第 1 次印刷

定价：29.00 元

营销中心电话：400-606-6496

出版社网址：https://www.class.com.cn

https://jg.class.com.cn

前　言

为了更好地满足全国技工院校汽车类专业的教学要求，全面提升教学质量，我们组织有关院校的骨干教师和行业、企业专家，在充分调研企业生产和院校教学实际、广泛听取教材用户反馈意见的基础上，对技工院校汽车类专业教材（中级技能层级）进行了修订和新编。技工院校汽车类专业教材（中级技能层级）共包括通用基础模块和五个专业方向模块。其中，五个专业方向模块分别是汽车维修、汽车检测、汽车电器维修、汽车钣金与美容和汽车营销。

通用基础模块教材已于2022年全部完成了修订（新编）工作，本次进行的是汽车维修、汽车检测和汽车电器维修三个专业方向模块教材的修订（新编）。本次教材修订（新编）工作的重点是：

第一，贯彻最新教育方针，明确人才培养目标。教材与人力资源社会保障部颁布的《技工院校汽车维修专业教学计划和教学大纲（2015）》《技工院校汽车电器维修专业教学计划和教学大纲（2015）》《汽车修理工国家职业技能标准（2018年版）》紧密对接，旨在提升学生的专业技能和知识水平，同时增强就业竞争力和社会适应能力。

第二，紧跟时代发展步伐，把握技术创新趋势。教材围绕汽车专业技术领域的最新发展，根据汽车类专业毕业生所从事岗位的需要和教学实际情况变化，合理确定学习目标，对内容的深度、难度做了适当调整，同时注重综合职业能力培养，充实新知识、新技术、新材料、新工艺等方面的内容，体现教材的先进性，并引用最新国家技术标准，使教材更加科学、规范。

第三，突出汽车专业特色，创新教材表现形式。教材选取当前市面上广泛使用的汽车车型和汽车行业案例作为教学载体，增加了实操内容在教材中的比重，充分体现职业教育特色。同时，为激发学生的学习兴趣，力求让学生更直观地理解和掌握所学内容，教材大量使用高质量的实物图片，多数教材采用四色印刷，图文并茂，进一步提高了教材的可读性。

第四，构建教学资源体系，优化教学服务水平。为方便教师教学和学生学习，教材配有电子课件、习题册和习题册参考答案，部分教材还配有工作页、技能训练学生手册和微视频，以满足不同教学模式的使用需求。其中，电子课件、习题册参考答案、微视频可通过技工教育网（https://jg.class.com.cn）下载使用或在线观看。

编者

2024 年 8 月

目录

模块一　汽车修理概论

汽车在使用过程中，随工作时间的增加，其零件和总成的技术状况、工作能力会逐渐下降，只有通过修理，恢复汽车原有的技术性能，才能重新投入运行，以获得经济效益和社会效益。

汽车修理是指对汽车及其零件进行一系列综合作业，包括检查、调整、拆修、更换、润滑和清洗等，通过采用各种修理工艺和修复方法，以恢复汽车的完好技术状况、工作能力并延长其使用寿命。作为一门学科，汽车修理主要研究如何经济、有效地恢复汽车的工作能力以及延长其使用寿命。

任务 1　汽车修理安全知识

学习目标

1. 了解汽车修理作业中的有害因素及预防措施。
2. 掌握汽车修理安全规则和应急常识。

在汽车修理厂（场）内有许多机械设备和化学物品，如果操作、使用不当，会对人身造成严重伤害，因此要严格遵守汽车修理安全规则，并掌握一定的应急常识。

一、汽车修理作业中的有害因素及预防措施

汽车修理作业中的有害因素主要包括废气、汽油、冷却液、旧润滑油、清洗剂和黏结剂等汽车用其他油液，其危害及预防措施见表 1–1。

表 1–1　　汽车修理作业中有害因素的危害及预防措施

有害因素	危害	预防措施
废气	CO：无色、无味、有剧毒，过量吸入后与血液中的血红蛋白结合，会使血红蛋白失去输氧能力，造成中枢神经受损，导致中毒症状，甚至死亡 NO_x：尾气中的氮氧化物虽含量较少，但毒性很大。其中，NO 通过呼吸道进入血液，与血液中的血红蛋白结合，产生与 CO 类似的严重后果 HC：包含多种烃类化合物，进入人体后，会使人慢性中毒；HC 与 NO_x 在阳光照射下会产生光化学反应，形成光化学烟雾。它会损害植物生长、降低大气能见度，并对人体健康造成影响	室内作业要通风；安装并使用排风装置；不管在室内或室外作业，不要在运转中的发动机排气口附近长时间停留
汽油	易燃、易爆、有毒，尤其是有铅汽油和含有高浓度硫化物的汽油，前者含有四乙基铅，通过皮肤吸收会损害人的神经系统、消化道和肾脏；后者会产生硫化氢，有一定毒性	使用无铅汽油和质量有保证的汽油；作业中不应用嘴去吸汽油，若不慎吸入，应立即进行催吐处理并去医院治疗；修理发动机零件和燃料系统时，应仔细清洗后再进行操作
冷却液	冷却液的主要成分乙二醇是一种有毒、带甜味的糖浆状液体	应注意妥善保存冷却液，防止儿童或宠物误食，若不慎误食应立即进行催吐处理，并去医院治疗
旧润滑油	长时间接触用过的旧润滑油会导致皮肤病，严重时会导致皮肤癌	接触旧润滑油后应及时清洗；注意回收旧润滑油，防止污染环境或引发火灾
清洗剂和黏结剂	清洗剂中的氯化物、芳香族类、苯酚及黏结剂中的苯、橡胶水等都有一定的毒性，对人体有害	进行清洗作业时要戴防护面罩和护目镜，若不慎将清洗剂喷入眼睛、口腔等处，应立刻用清水冲洗或送医院；进行黏结作业时要做好防护工作
电解液	电解液由硫酸和水组成，硫酸具有强烈的腐蚀性，会烧伤皮肤、衣物	配制电解液时绝对禁止将水倒入硫酸中，以免硫酸四溅，若不慎溅入眼睛或皮肤表面，应立即用清水冲洗并到医院处理 使用硫酸蓄电池时应注意蓄电池修理、充电处的空气要流通；存放蓄电池处在 4 m 范围内严禁烟火；搬动蓄电池要轻拿轻放，不可倾斜；禁止将容器、工具及各种金属物品放置于蓄电池上，以免引起短路
制动液	制动液多为合成型，有一定毒性，对眼睛、皮肤有害；当其接触汽车车身时，会很快溶解漆膜，对漆膜造成一定的损害	要避免人身和车身直接接触制动液，更不能误入口中，以免人体中毒或损坏车身；各种不同的制动液不能混存、混用，以免造成质量变化，使制动失灵；存放和加注制动液时要远离火源，以免发生火灾

续表

有害因素	危害	预防措施
涂料	涂料中各种有机溶剂（如苯、硝基漆稀释剂和酮类等）的浓度超过一定量时，会刺激和破坏人体神经系统，引起中毒	涂装工作场地必须有良好的通风、照明、防毒、除尘设备；工作人员必须穿戴好防护用品，如防护服、手套、防护面罩、护目镜等，避免在工作场地进食、喝水；工作完毕应淋浴后更换衣服

二、汽车修理安全规则

1. 发动机启动安全规则

（1）启动前应检查润滑油、冷却液是否符合要求；变速操纵杆是否在空挡位置；拉紧驻车制动手柄。

（2）在室内启动发动机时，应打开门窗，使空气流通，并将排气管接出室外。

（3）启动后，应注意各仪表工作情况是否正常，以免发生机械事故。

（4）当柴油机调速器失灵时，应立即切断油路或气路，以免发生“飞车”事故。

2. 汽车修理作业安全规则

（1）汽车修理作业前，必须穿戴符合要求的个人防护装备，包括防护服、防护鞋等，留长发者要戴工作帽。

（2）使用气动工具及电气设备时必须遵守安全操作规程，并爱护工具及设备。使用前应先检查工具及设备，禁止使用异常的工具、设备和设施。

（3）汽车修理作业应在安全、合适的场所进行，并悬挂“正在维修”字样的标示。

（4）修理处于运转状态的发动机时，应注意防止风扇叶片伤人或高温部件烫伤人体。发动机冷却液温度很高时，不得用手直接打开散热器盖。

（5）在汽车下部作业时，不能直接躺在地上，应尽量使用卧板。有条件时可用举升机举升车辆。

（6）使用举升机时，举升机应放置平稳，人应处于车外侧位置，举升起后应用专用工具支承牢固。若仅用举升机支承，严禁在车上或车下作业。在用举升机使车轮着地时，应缓慢打开举升机的液压开关，注意周围是否有人员或障碍物。

（7）修理油箱需要放油时，周围应严禁烟火，并停止气焊、电焊作业。

（8）在装配总成时要采用正确的操作方法，以免伤及肢体，甚至发生重大伤亡事故。

（9）试验发动机时不得在车下作业。

3. 汽车路试安全规则

（1）风扇叶片、发动机罩未可靠固定，不准进行试车。

（2）仪表和各部位机件装配不符合要求或工作不正常时，应排除故障后试车。

（3）路试车辆必须有明显的试车标牌。路试时，驾驶员应密切注意交通情况，尤其是测试制动效果时，务必注意车后方情况，并在允许试车的路段进行路试。

（4）行驶一段路程后，应停车检查车况，当发现有异常情况时，应修复后再继续试车。

（5）路试必须由正式的驾驶员操作。

三、安全用电常识

1. 各种电动设备，尤其是移动式电动设备，应建立定期检查制度。如发现设备有故障或与有关规定不符时，应及时处理。

2. 湿手情况下不准接触电气开关及其他电气设备。

3. 严禁使用不符合国家标准的插座及电气设备。

4. 局部照明和可移动照明应采用 36 V 以下的安全电压。

5. 修理电动设备时应将电源切断。

6. 禁止用塑料桶盛装易燃液体，以防止产生静电。

7. 未经过专门训练或未通过技术考试者，不得从事交流电工、焊工作业。

8. 使用移动式电动工具时，必须熟悉其安全操作规程，将工具移动到工作地点后才能接电使用。工作完毕，应先将电源开关关闭，再拔下插头。

9. 严禁一切低燃点的油、气、醇类与照明设施或带电的线路接触。

四、救火常识

在修理汽车时，经常需要使用油料、化油器清洗剂等易燃、易爆物品，因此应提高消防安全意识，掌握救火常识及灭火器的使用方法（图 1–1–1）。

灭火器的使用方法

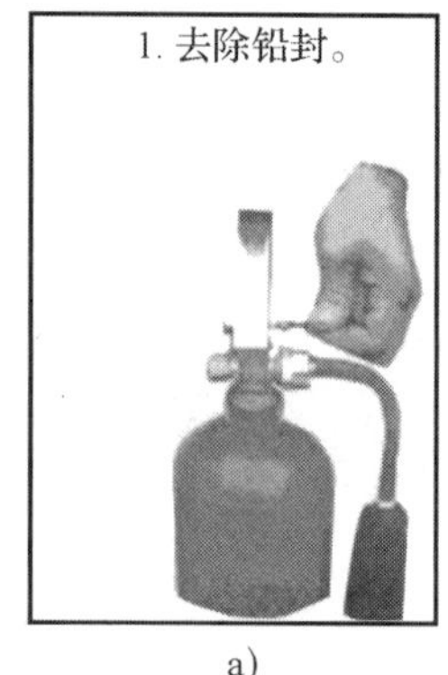

a)

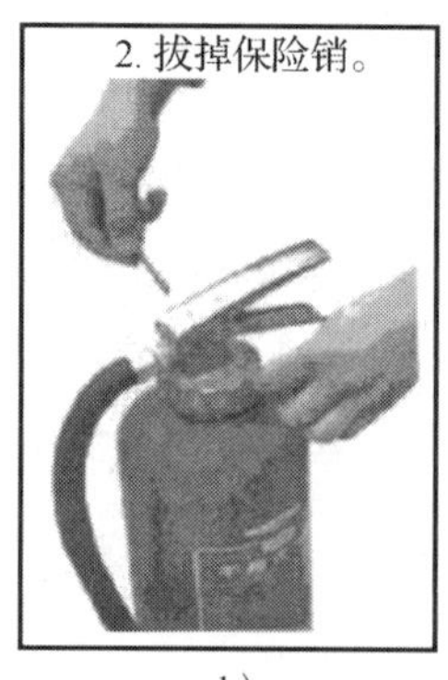

b)

c)

d)

图 1–1–1　灭火器的使用方法

a）一提　b）二拔　c）三瞄　d）四压

1. 电气设备着火时，应立即切断电源，然后救火。对可能带电的电气设备应使用干粉灭火器、二氧化碳灭火器或四氯化碳灭火器灭火，不能用水或泡沫灭火器灭火，因为水和泡沫是导电的；对不带电的电气设备发生火灾时可用水灭火。

2. 汽油着火不可用水灭火，应使用泡沫、二氧化碳、干粉等灭火剂灭火，或用砂土、石棉毯等覆盖灭火。少量汽油着火时，可以利用现场的砂土、麻袋、衣物等覆盖到燃烧物表面，以隔绝空气达到灭火的目的，千万不要随手扔掉燃烧物，会导致火源扩大。

3. 汽车修理作业现场要严禁烟火，并设置消防设施和消防标志。

任务 2　汽车零件的损伤形式

学习目标

1. 了解汽车零件的损伤形式。
2. 掌握汽车零件损伤的预防措施。

一、汽车零件失效的概念及危害

1. 汽车零件失效的概念

汽车零件失效是指在规定条件下和使用时间内，汽车零件无法满足预定功能的现象。如果在运行过程中，汽车零件失效会使其无法满足原始性能要求，这将导致汽车技术状况下降，影响汽车行驶安全性。

从一定意义上说，失效与故障具有同等概念，但“失效”更多地用于不可修复产品（即丧失规定功能，实施修复从技术上不可行或者经济上也不合理，等待报废），而“故障”则用于可修复产品（即丧失规定功能，实施修复从技术上可行并且经济上也合理，等待修复）。

在汽车零件的使用过程中，技术状况的变化是不可避免的。因此，了解汽车零件失效的过程至关重要，这样可以针对零件失效的原因采取相应的措施，防止零件早期损坏，从而控制汽车的技术状况。

2. 汽车零件失效的危害

汽车零件失效的危害主要表现为以下几个方面。

（1）用户方面

影响客运或货运任务的完成；造成人身伤亡事故；损毁车辆；修理费用升高。

（2）社会方面

产生社会层面的不良影响；若运输企业因汽车零件失效导致故障停驶，不仅影响服务信誉，还会造成经济损失；造成人身伤亡事故；造成交通堵塞；造成交通、公路、城市设施的损坏；修理费用升高；材料和能源的浪费。

（3）汽车制造厂商方面

赔偿用户的损失，造成经济损失；产品的市场信誉下降，市场竞争力降低，销售数量减少，工厂经济效益下降，甚至亏损；企业形象和声誉变差，影响企业的生存和发展。

二、汽车零件的磨损

在运动过程中，汽车配合零件的摩擦副因其工作表面相互接触而产生摩擦，使零件的工作面逐渐磨损，其尺寸和几何形状逐渐变化的现象称为零件的磨损。

零件的磨损程度除与零件的材料有关外，还受摩擦类型、零件相对运动的速度和压力、润滑油的质量和温度等条件的影响。汽车零件磨损的形式有以下几种。

1. 机械磨损

机械磨损是指配合零件表面因加工误差影响产生凹凸不平，在相对运动时相互摩擦而形成金属微粒脱落的现象。图 1–2–1 所示为配合零件表面局部放大图。轴与轴承之间、齿轮与齿轮之间、气缸与活塞环之间的磨损等属于机械磨损。机械磨损所引起的零件几何尺寸发生变化属于正常磨损。

预防零件机械磨损的措施有保证零件表面加工质量、保证零件间合适的配合间隙、对零件接触表面进行合理润滑等。

2. 磨料磨损

磨料磨损是指来自空气、燃料、润滑油料中的硬质磨料夹在配合零件之间所形成的擦伤、刮削或研磨破坏，属于非正常磨损。曲轴轴颈与轴承之间、气缸与活塞之间易出现磨料磨损。图 1–2–2 所示为活塞与气缸壁间的磨料磨损。

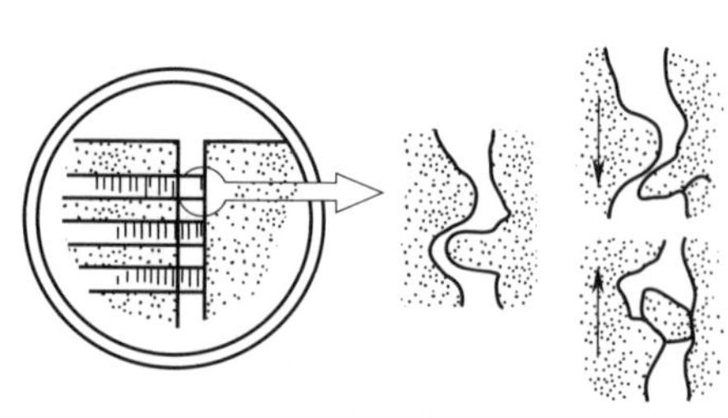

图 1–2–1　配合零件表面局部放大图

图 1–2–2　活塞与气缸壁间的磨料磨损

预防零件磨料磨损的措施有定期检查、清洗、更换滤清器，使用优质清洁燃料和润滑油等。

3. 黏附或熔着磨损

黏附或熔着磨损是指两个不同性质的材料表面间，出现强度较低的金属转移到强度较高的金属表面上的一种恶性磨损，其过程如图 1–2–3 所示。黏附和熔着磨损一般发生在高温、高速、相互作用力大的运动零件表面，属于非正常磨损。气缸套与活塞、凸轮与挺杆、差速器十字轴与齿轮等处易出现黏附或熔着磨损。

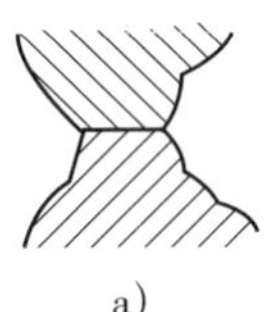
a)

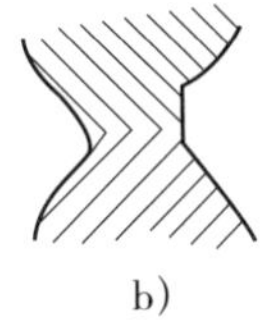
b)

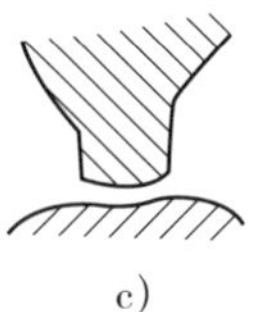
c)

图 1–2–3　黏附或熔着磨损的过程

a）微观凸起相接　b）微观凸起熔接　c）微观凸起撕裂

预防黏附或熔着磨损的措施有保证正常冷却、润滑，合理选择零件材料，改变零件配合副的间隙等。

4. 腐蚀损伤

当摩擦零件表面之间存在着氧和酸性物质时，它们会破坏零件表面原有的油膜，同时引起化学反应，形成化学腐蚀；当金属与电解质溶液接触时会形成原电池，形成电化学腐蚀，属于非正常磨损。湿式气缸套外壁、活塞顶及活塞环、气门与座圈、车身等处易出现腐蚀损伤。图 1–2–4 所示为气缸壁的腐蚀磨损。

预防腐蚀损伤的措施有保证正常冷却、润滑，定期冲洗汽车、打蜡等。

图 1–2–4　气缸壁的腐蚀磨损

5. 疲劳磨损

疲劳磨损是指接触应力较大、强度和硬度较高的零件表面间在受到较大的交变循环载荷作用时，产生瞬间显微变形并向四周扩散，形成网状裂纹，甚至产生呈鳞片状脱落的现象，又称麻点磨损，属于非正常磨损。轴承的滚珠与滚道、齿轮的齿面等处易出现疲劳磨损。

预防疲劳磨损的措施有对零件表面进行渗碳、渗氮、电镀、润滑膜涂层处理等。

三、汽车零件的变形

汽车零件的变形是指零件在使用过程中由于承载或内部应力的作用，使零件的尺寸和形状改变的现象，一般表现为零件的弯曲、扭曲和翘曲等。零件变形后在使用时，会破坏其原有的相互位置和配合性质，加剧零件的不均匀磨损，同时还会造成相邻的有关零件不正常损坏，如曲轴弯曲（图 1–2–5），基础件（气缸体、变速器壳、驱动桥壳等）变形等。

图 1–2–5　曲轴弯曲

零件变形的预防措施有合理选材、正确设计零件结构和刚度、改善零件加工工艺、消除内应力等。

四、汽车零件的断裂

汽车零件的断裂是指零件因人为破坏或受超常外载荷和交变循环载荷时，出现疲劳裂纹甚至折断的现象，一般表现为脆性材料的折断和高强度钢的疲劳裂纹。零件断裂属于累积损伤，可划分为滑移、裂纹成核、微观裂纹扩展、宏观裂纹扩展、最终断裂等过程。气缸体、气缸盖、轴类、壳体类零件等都可能出现断裂。

预防零件断裂的措施有工作过程中避免受超常外载荷，加工、装配、运输与修理过程中严格遵守操作规程等。

任务 3　汽车修理作业概述

学习目标

1. 建立正确的汽车修理思想。
2. 了解汽车修理类别及标志。
3. 掌握汽车修理作业组织形式。
4. 掌握汽车零件修理方法及其选择。

一、汽车修理思想

汽车修理思想是指组织实施车辆修理工作所遵守的指导方针和政策，是对修理目的、修理对象、修理活动的总认识。我国现行的汽车维护制度贯彻“预防为主，强制维护”的原则。

1. “预防为主”的维护思想

“预防为主”的维护思想，是指一种积极、主动的维护策略，主要通过前瞻性、系统性的维护措施来预防车辆故障的发生，而不是在故障发生后再进行修复。

“预防为主”的维护思想是建立在零部件失效理论和失效规律基础上的。这种维护思想认为，由于汽车零部件的磨损、疲劳、老化和松动，其技术状况会逐渐恶化，到一定程度时必然会导致故障发生。为了确保每个零部件能安全、可靠地工作，要求修理作业在故障发生前实施。

2. 以“可靠性为中心”的修理思想

以“可靠性为中心”的修理思想是指通过最低的消耗，充分利用汽车的可靠性来组织修理。它是以可靠性理论为基础，通过对影响可靠性因素的具体分析和试验，科学地制订修理作业内容、优选修理方式、确定合理的修理周期，使汽车的可靠性得到恢复，同时又节省修理时间和费用。“强制维护，视情修理”原则正是以“可靠性为中心”的修理思想的实际应用。

二、汽车修理制度及技术规范

交通运输部在《道路运输企业车辆技术管理规范》（JT/T 1045—2016）中提出汽车全过程综合管理原则，明确了我国汽车修理制度是在对车辆技术状况检测诊断和技术鉴定的基础上，视汽车技术状况对安全和经济的影响程度而决定修理内容和实施时间。这样，既可防止延误修理，导致车况进一步恶化，危及社会，又避免了无须修理或提前修理所造成的经济损失。

从事汽车修理作业的人员，在修理过程中必须贯彻实施汽车修理技术规范，即适用于汽车修理的技术标准和技术文件。

由国家行政主管部门批准颁布的汽车修理技术标准是具有法律效力的技术规范文件，用以促进汽车修理技术进步，提高汽车修理质量，评价和仲裁修理质量，保护汽车修理企业和用户正当权益。汽车修理技术标准规定了汽车或总成修理的基本技术要求和服务项目，如国家标准《汽车维护、检测、诊断技术规范》（GB/T 18344—2016）、《汽车大修竣工出厂技术条件》（GB/T 3798—2021）、《轻型汽车污染物排放限值及测量方法（中国第六阶段）》（GB 18352.6—2016）等。

另一类技术规范文件是由汽车制造厂商编制的汽车维修手册，其从使用的角度为用户介绍该车型的技术特点、修理方法和技术要求。

三、汽车修理类别及标志

汽车修理按作业范围可划分为车辆大修、总成大修、车辆小修和零件修理等，具体见表 1–2。

表 1–2　　汽车修理类别及标志

类别	定义	特点或标志
车辆大修	新车或经过大修后的车辆，在行驶一定里程（或时间）后，经过检测诊断和技术鉴定，用修理或更换车辆任何零部件的方法，恢复车辆的完好技术状况，完全或接近完全恢复车辆使用寿命的恢复性修理	1. 客车以车厢为主，结合发动机总成或其他两个总成符合大修条件 2. 货车以发动机为主，结合车架总成或其他两个总成符合大修条件
总成大修	车辆的总成经过一定使用里程（或时间）后，用修理或更换总成任何零部件（包括基础件）的方法，恢复其完好技术状况和使用寿命的恢复性修理	1. 发动机总成修理标志：最大功率或气缸压力比标准降低 25% 以上，燃料和润滑油消耗量显著增加 2. 车架总成修理标志：车架断裂、严重锈蚀、变形逾限、多数铆钉松动 3. 变速器总成修理标志：壳体破裂、轴承座孔磨损逾限、齿轮及轴恶性磨损 4. 前轴、后桥总成修理标志：前轴变形且出现裂纹、转向节主销支承孔磨损逾限、桥壳破裂、主减速器损坏 5. 车身总成修理标志：驾驶室、车厢、门窗锈蚀或损伤，车身断裂或腐蚀损坏
车辆小修	用修理或更换个别零件的方法，保证或恢复车辆工作能力的运行性修理	主要是消除汽车在运行阶段出现的故障或在维护作业中发现的故障隐患
零件修理	对因磨损、变形、损伤等而不能继续使用的零件进行修理	在符合经济性原则前提下，运用各种加工工艺，恢复零件的形状、结构或尺寸及力学性能的作业

四、汽车修理作业组织

汽车修理作业组织形式包括修理的基本方法、作业方式和劳动组织形式三个方面。修理作业组织得好坏，对修理质量、修理成本、生产效率等都有影响。因此，应根据生产规模、设备条件、技术水平、修理对象和材料供应等情况合理组织汽车修理作业。

1. 汽车修理基本方法

（1）总成互换修理法。用储备的完好总成替换汽车上不可用总成的方法称总成互换修理法。预先储备好的完好总成称为周转总成。采用总成互换修理法的汽车大修工艺过程如图 1–3–1 所示，除车架和车身外，汽车的其他总成均可运用互换修理法。这种方法大大缩短了汽车修理周期，适用于较大生产规模，送修单位和承修车型较单一，且具有一定量周转总成的汽车修理企业。

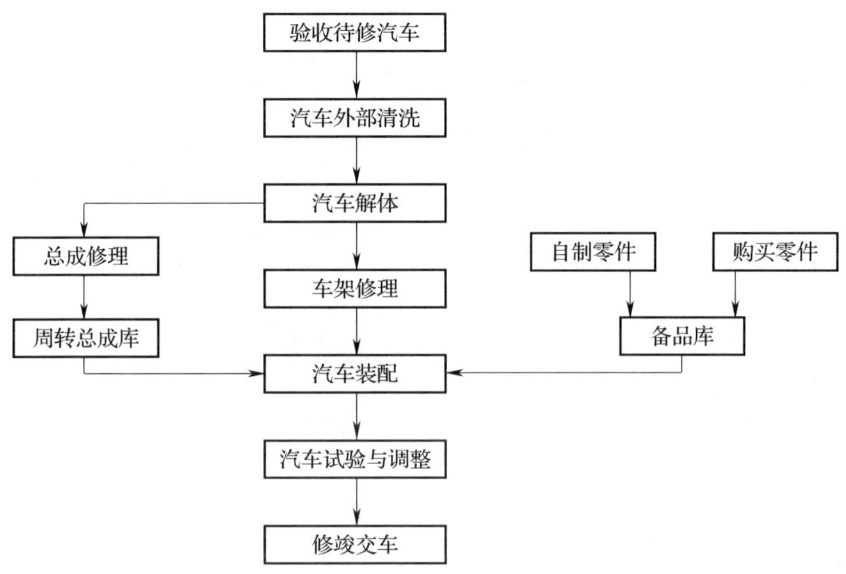

图 1–3–1　采用总成互换修理法的汽车大修工艺过程

（2）就车修理法。在汽车修理过程中，除更换报废零件外，原车上的零件、组合件及总成经修复后，仍装回原车的修理方法称为就车修理法。就车修理法的汽车大修工艺过程如图 1–3–2 所示。这种方法汽车停驶修理时间较长，适用于承修车型复杂，送修单位不一的修理企业。

2. 汽车修理作业方式

汽车修理作业方式分为流水作业法和定位作业法。

（1）流水作业法。汽车的解体、组装在按生产工艺编制的各专业工位流水线上逐步完成修理作业的方法称为流水作业法。流水作业法可分为连续流水法和间歇流水法两种。连续流水法是指汽车的解体、组装是在始终流动着的流水线上进行的；间歇流水法是指每流至一站即停留一定时间，当完成规定的工作量后，再继续流至下一站。流水作业法的特点是专业化程度高、分工细致、修理质量好、生产效率高，但设备投资大、占地面积大，一般适用于车型单一、规模较大的修理企业。

（2）定位作业法。汽车的解体、组装以一辆汽车车架为主，固定在一个工作位置上完成，解体后的修理工作可在其他工作车间进行的修理方法称为定位作业法。这种方法的特点是拆装作业不受连续性限制、生产调度与调整方便、占地面积小、所需设备简单，但要求工人技术全面，一般适用于生产规模不大、承修车型复杂的修理企业。

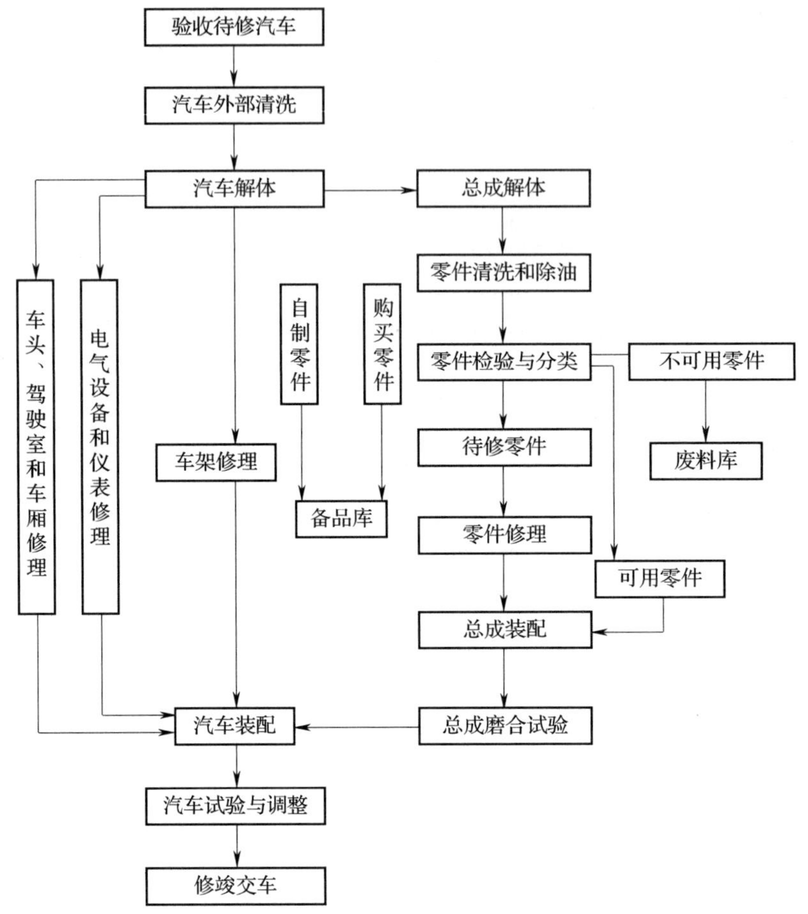

图 1-3-2　就车修理法的汽车大修工艺过程

3. 汽车修理劳动组织形式

根据生产规模不同，可以分别采用综合作业和专业分工两种汽车修理劳动组织形式。

（1）综合作业。由一定人数组成的承修组共同承担一辆汽车的全部修理作业项目的劳动组织形式称为综合作业。综合作业只适合定位作业法，由于修理人员有限，工作进度较慢，还要求每个人的技术较全面，并掌握多种操作技能。这种劳动组织形式适用于生产量不大、承修车型比较复杂的小型修理企业。

（2）专业分工。按修理作业项目分工进行修理作业的劳动组织形式称为专业分工。一般可按作业种类、汽车部位或总成进行专业划分，由一个或几个人承担本工种、本部位或某总成的修理作业。这种劳动组织形式易于提高工人单项作业的技术熟练程度，从而达到提高工效、保证质量、缩短停车日和降低成本的目的，适用于生产量大、专业化程度较高的修理企业。

汽车修理的基本方法、作业方式和劳动组织形式之间可以根据经营管理的要求灵活组合。在定位作业法中采取专业分工的劳动组织形式被广泛应用。这种劳动组织形式便于定员、定工具和设备、定责任和定进度，能保证修理质量并缩短修理周期。

五、汽车零件修理方法及其选择

从汽车的修理工艺过程可以看出，汽车修理的实质是对汽车各个总成技术状况的恢复，其手段是更换或修复损坏的零部件和总成。

1. 汽车零件修理方法

修理损坏的零件时，常综合运用机械加工、压力加工、焊接和粘接等工艺，恢复零件的基本尺寸、几何形状和位置、力学性能以及零件之间的配合关系。

（1）机械加工修理。用去除零件材料的加工方法修理损坏的零件称为机械加工修理。这是已磨损零件最主要的修理方法，它可归纳为以下几种方法：

1）修理尺寸法。是修复配合副零件磨损的一种方法，首先将待修配合副中的一个零件通过机械加工方法恢复其正确几何形状并获得新的尺寸（修理尺寸），然后选配相应尺寸的另一配合件，恢复原设计规定的配合性质。

①气缸孔与活塞组配合的修理。镗削磨损后的气缸孔，恢复其正确形状及中心位置，并使其孔径按规定分级扩大，然后选配与加工后的气缸孔孔径相适应的活塞和活塞环，使活塞与气缸孔的配合间隙恢复到原设计值。

②曲轴轴颈与轴承配合的修理。磨削曲轴轴颈，恢复其正确形状和位置，并使其直径分级缩小，然后选配与加工后的曲轴轴颈尺寸相适应的轴承与之配合，使轴承间隙满足原设计值。

注意：零件磨损部位尺寸的改变，即加大或缩小量，在汽车修理技术规范中有明确的规定，并实行分级，以利于零配件的生产与供应。根据国家标准《汽车维护、检测、诊断技术规范》（GB/T 18344—2016）和《汽车发动机大修竣工出厂技术条件》（GB/T 3799—2021）要求，并结合典型车型维修手册，气缸体修理尺寸分级见表 1–3。同时，后续相关技术标准也将结合上述情况给出参考数据，后文不再赘述。

表 1–3　　气缸体修理尺寸分级　　mm

部位	分级及加大尺寸							
	1	2	3	4	5	6	7	8
气缸套承孔内径	+0.50	+1.00	+1.50					
气缸或气缸套内径	+0.25	+0.50	+0.75	+1.00	+1.25	+1.50	+1.75	+2.00
进排气座承孔内径	+0.30	+0.50	+0.70					
气门导管承孔内径	+0.20	+0.40	+0.60					

2）附加零件法。又称镶套法。在零件的磨损部位进行圆整加工，用过盈配合的方式镶上新的金属套，使零件恢复到原来的尺寸。附加零件为套结构时，铸铁套的壁厚应不小于 4 mm；其他材料制作的套的壁厚应不小于 2 mm。镶套配合面的表面粗糙度 *Ra* 值应达到 2.5 ~ 1.25 μm。另外，镶套连接方式可采用胶粘、焊接、螺栓连接、螺钉紧固以及压力机压入、温差法压入等。

①气门座与气门座圈配合的修理。气门座磨损后，在原气门座的位置，以气门导管孔定位，加工气门座承孔，然后镶嵌相应尺寸和形状的气门座圈。

②承孔与轴颈配合的修理。对磨损较严重的承孔或轴颈，可通过机械加工扩大承孔尺寸或减小轴颈尺寸，镶嵌衬套后，加工恢复零件在该处的基本尺寸、形状和位置，如图 1-3-3 所示为孔内镶套，图 1-3-4 所示为轴颈镶套。

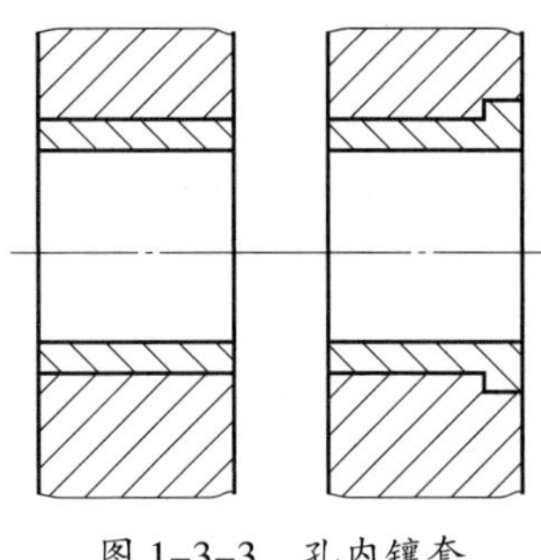
图 1-3-3　孔内镶套

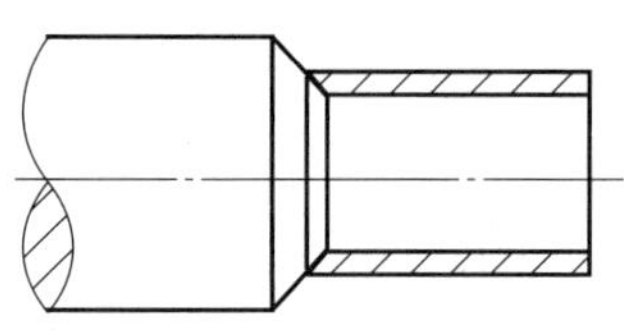
图 1-3-4　轴颈镶套

③螺纹孔修复。先用车床车大螺纹孔，车出与原螺纹螺距相同的螺纹，然后将特制的具有内外螺纹的套旋入螺纹孔中，并用锁止螺钉紧固。

④局部更换法。保留损坏轻微或无损坏部位，用机械加工的方法去除损坏严重的部位，再将新配件与保留部位组合为一体的零件修理方法称为局部更换法。该方法加工工艺较复杂，修理工艺和操作技术水平对修理质量影响较大。

当花键部位严重磨损后，切断花键轴与传动轴管接合处，用新花键轴套入轴管，并检验和修正重新装配后的轴的直线度，再施焊连接、校正传动轴平衡，即可恢复其工作性能。

半轴、变速器第一轴齿轮或第二轴齿轮、变速器盖、轮毂等也可采用此法修复。

（2）压力加工修理。进行压力加工修理时，不需去除零件的材料，而是在外力作用下，利用金属的塑性，使零件的金属材料变形，恢复零件工作面的尺寸、几何形状和表面力学性能。

压力加工普遍应用于零件变形的校正。压力加工修理的方法有以下几种：

1）静压校正。在外力作用下，利用金属的塑性，使零件的金属材料产生反变形，以恢复零件工作面的尺寸、几何形状和表面力学性能的方法为静压校正。静压校正的方式有两端校正法（将零件一端固定，再在另一端施加一个反力）和三点校正法（将零件两端固定，再在零件最大变形处施加一个反力）。连杆弯曲、扭曲，离合器从动盘钢片翘曲，轴类零件弯曲等变形采用静压校正修理，如图 1–3–5 所示。

2）敲击校正。用专用球锤对零件非工作表面进行连续敲击，使其伸张并带动需校正轴线移动，从而达到校正目的的方法为敲击校正。曲轴弯曲采用敲击校正，用专用球锤连续敲击曲柄臂，如图 1–3–6 所示。

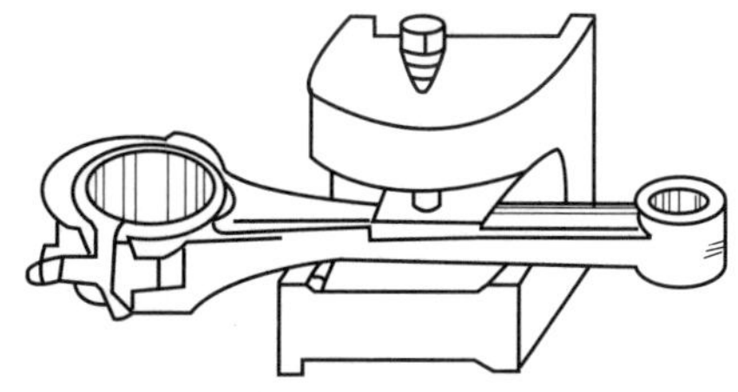

图 1–3–5　连杆弯曲的静压校正

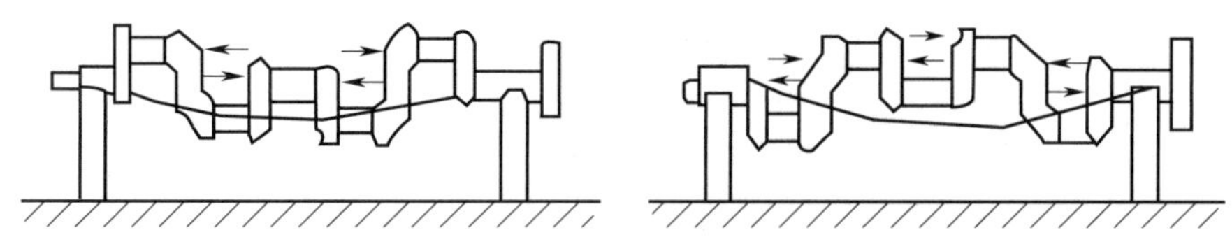

图 1–3–6　曲轴弯曲的敲击校正

3）火焰校正。用氧 – 乙炔焰对变形零件进行局部快速加热，并辅以浇注冷却液快速冷却，靠加热部位的冷却应力作用达到校正目的的方法称为火焰校正。

前轴变形、车架变形和车身变形等一般可采用压力加工修理方法进行修复。

（3）焊接修理。利用电弧或气体火焰产生的热量，使零件基体金属与焊丝金属熔化和熔合，以修补或填补零件的磨损、断裂、凹坑和缺损等的方法称为焊接修理。焊接修理根据热源不同可分为电焊和气焊，电焊根据熔剂层的不同又可分为手工电弧焊和堆焊，堆焊又可分为二氧化碳气体保护焊、埋弧堆焊、电脉冲堆焊和等离子堆焊等。

气焊主要适用于铸铁、碳钢、有色金属件及合金薄板件（如气缸体、壳体类零件等）裂纹的修补，其原理图如图 1–3–7 所示。堆焊可用于轴销类零件磨损的修复。二氧化碳气体保护焊常用于驾驶室、翼子板等薄板类零件的修理，如图 1–3–8 所示。

（4）粘接修理。利用黏结剂将两个物体或已损坏的零件牢固地粘接在一起的修理方法称为粘接修理，其特点是不会引起变形或金属组织的改变。黏结剂分为有机黏结剂（如环氧树脂、酚醛树脂等）和无机黏结剂（如氧化铜黏结剂等）。

环氧树脂黏结剂黏结力强、固化收缩变形小、耐油、耐酸、电绝缘性好，但其韧性差，适合在 150 ℃以下使用，如修补壳体裂纹、粘接断裂零件、弥补平面缺损凹陷、修理滚动轴承与轴颈或承孔的配合松动等。

酚醛树脂黏结剂有较强的粘接强度、耐热、不耐冲击，常用于粘接制动蹄片或离合器摩擦片等。

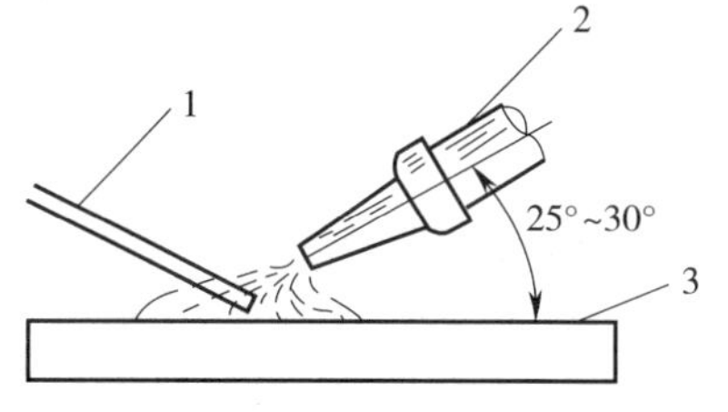

图 1–3–7　气焊原理图

1—焊丝　2—焊炬　3—焊件

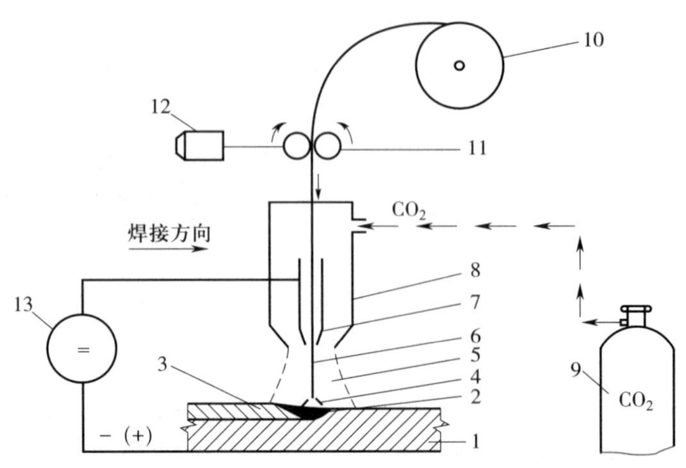

图 1-3-8　二氧化碳气体保护焊

1—母材　2—熔池　3—焊缝　4—电弧　5—CO_2 保护区　6—焊丝　7—导电嘴　8—喷嘴
9—CO_2 气瓶　10—焊丝盘　11—送丝滚轮　12—送丝电动机　13—直流电源

氧化铜黏结剂可耐 600～900 ℃高温，适用于发动机燃烧室附近的裂纹、凹陷的镶补。

2. 汽车零件修理方法的选择

选择汽车零件的修理方法时，主要考虑修理的经济性和修理工艺的合理性。

（1）零件修理的经济性。修理的经济性是从费用的角度评价零件修理耗费与更换新件费用的比例，确定较低修理费用的修理方法的过程。

例如，发动机气缸或气缸套的修理，可运用修理尺寸法修理孔径，也可更换新气缸套。对于湿式气缸套，更换新气缸套过程简单，而采用修理尺寸法修理，则需镗削、磨削等机械加工，当机械加工的费用大于更换新件的费用时，就应采用更换新件的方法修理。对于干式气缸套，即使更换新气缸套，仍需镗削、磨削气缸和气缸套孔径，采用修理尺寸法修理就较为经济。

（2）零件修理工艺的合理性。零件修理工艺的合理性是指零件对各种修理方法和修理后对工作条件的适应能力。下面以图 1-3-9 所示的中间传动轴部件为例，说明其修理方法的选择。

中间支承轴颈 4、油封轴颈 3、花键轴 5 与螺纹 6 的耗损形式均以磨损为主。

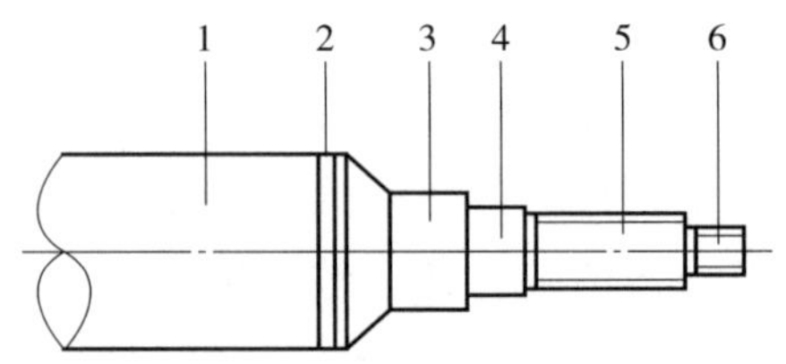

图 1-3-9　中间传动轴部件

1—轴管　2—焊缝　3—油封轴颈
4—中间支承轴颈　5—花键轴　6—螺纹

1）中间支承轴颈的修理。由于中间支承轴承为标准件，无规定的修理尺寸，因此对中间支承轴颈的修理，只能恢复轴颈的标准尺寸和形状。

若用附加零件法镶套修理，采用钢材制套时，要求壁厚不小于 2 mm，即该轴颈直径需车小 4 mm

才能镶套。由于该轴颈与花键轴的直径差不足 4 mm，因此，镶套修理不可取。

若用粘接修理，也可以恢复轴颈与轴承的配合关系。但环氧树脂黏结剂较脆，不抗冲击振动，工作中胶层可能粉碎，使其使用寿命缩短。

若用焊接修理，由于轴颈材料为中碳钢，焊接性良好，采用堆焊法较为合理，堆焊层厚度要超过轴颈的标准尺寸，通过机械加工恢复轴颈的标准尺寸和形状。

比较以上几种修理中间支承轴颈的方法，焊接法最为合理。因为堆焊层的强度和耐磨性远高于粘接修理，工艺又比电镀简单。

2）油封轴颈的修理。对于油封轴颈的磨损，可以采用镶套法和堆焊法修理。

3）花键轴的修理。对花键轴花键的磨损修理最好采用局部更换法。在局部更换修理后，花键轴、中间支承轴颈、油封轴颈和螺纹均为标准状态，其修理最为彻底。

通过以上对中间传动轴部件修理方法的讨论，说明零件修理的方法不是唯一的，应综合考虑修理工艺合理性、零件磨损情况、零件结构和尺寸及修理层的性能对工作条件的适应能力等。

3. 汽车零件修复质量的评价

零件修复质量取决于以下三个指标：

（1）修复层的结合强度。修复层的结合强度与修复工艺规范、零件表面状态及零件的形状等有密切关系。几种常用修复层的抗拉结合强度试验数据见表 1–4。

表 1–4　　常用修复层的抗拉结合强度

修复层种类	抗拉结合强度（MPa）
手工电弧焊	720
电脉冲堆焊	500
粘接	10

在生产中检验零件修复层结合强度的方法有敲击法、车削法及錾剔法等。检验中，若零件表层出现剥落现象或敲击声响不清脆，就认为结合强度不合格。

（2）修复层的耐磨性。修复层的耐磨性以一定工况下单位行程的磨损量作为评价指标。图 1–3–10 所示为不同修复层的耐磨性曲线，曲线上升陡峭表明磨损速度快；曲线上升平缓表明耐磨性好。若一条曲线开始陡峭，而后平缓，可以认为其修复层磨合性好。

（3）修复层对零件疲劳强度的影响。在交变载荷及冲击载荷作用下的零件，疲劳强度是检验零件质量的重要指标。各种修复层对 45 钢（正常化）试棒疲劳强度影响的升降百分数见表 1–5。

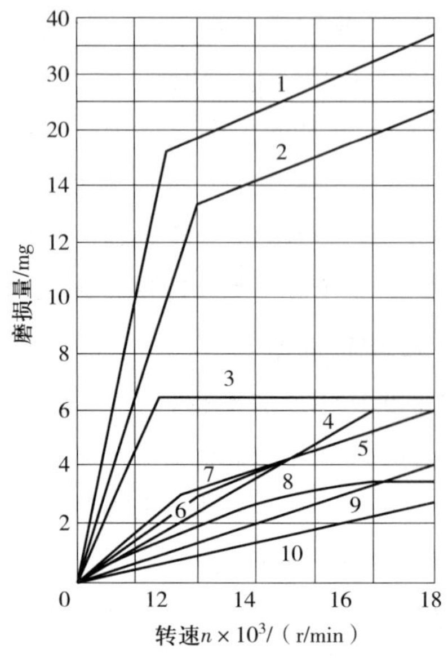

图 1-3-10　不同修复层的耐磨性曲线

1—45 钢（正常化）　2—手工电弧堆焊（普通焊条）　3—电弧喷涂层　4—手工电弧焊（耐磨合金焊条）　5—镀铁（80 ℃以上）　6—埋弧焊　7—埋弧焊后淬硬　8—45 钢高频淬火　9—电脉冲堆焊　10—镀铬

表 1-5　各种修复层对 45 钢（正常化）试棒疲劳强度影响的升降百分数

修复层类型	疲劳强度 降低和升高（%）	修复层类型	疲劳强度 降低和升高（%）
45 钢（正常化）试棒	0	镀铬层	–25
电弧喷涂层	–14	镀铁层	–29
手工电弧堆焊	–12	电脉冲堆焊	–38

滚压加工能提高修理后零件的疲劳强度。在零件断面突变处设置光滑表面过渡圆，对提高零件的疲劳强度有利。

任务 4　汽车修理工艺过程

学习目标

1. 了解送修汽车的工艺流程。
2. 掌握汽车零件的清洗、检验与分类方法。

汽车修理的各种作业按一定方式组合，以一定次序完成这些作业的过程，称为汽车修理工艺过程，一般包括待修车辆进厂检验、汽车外部清洗、汽车及总成的拆卸解体、零件的清洗、零件的检验与分类、零件修理、总成装配与试验、汽车总装、出厂检验等环节。

一、送修汽车的装备技术条件

送修汽车应符合以下装备技术条件：

1. 除肇事或特殊情况外，送修汽车必须保持可行驶状态，车辆装备齐全。总成送厂大修时，应处在装合状态，附件、零件均不得拆换或缺少。

2. 汽车或总成送修时，应将车辆或总成的有关技术资料随同进厂。承修单位和送修单位填写车辆或总成的交接清单，办理交接手续。对发生交通事故的肇事车辆，应持有当地公安机关签署的修理许可意见，并交递承修单位。

3. 随车工具及备用品等不属于汽车附件范围的物品，应由送修单位自行保管。

二、送修汽车的验收

承修单位在承接汽车修理业务时，应按规定对送修车辆进行严格检查和验收，以确定汽车的完整性和技术状况，估算修理工时，确定需更换的总成及主要零部件。

在验收时，除检查装备技术条件外，应向送修单位和驾驶员了解汽车的行驶里程，使用中的修理情况，技术状况恶化的主要特征，燃料、润滑油消耗量等内容，以便准确地检查和判断其技术状况。

确定汽车技术状况有仪器检测和经验检视两种方法，仪器检测能定量做出诊断，经验检视虽为定性检查，但也不可替代。

验收时经验检视的主要内容包括以下两个方面：

1. 汽车外观及内饰检查

（1）检查车容，查看汽车外观有无损伤，各类零件、饰件是否齐全和符合规格。驾驶室和车厢内的设施及车身附件与饰件是否完备，有无损伤及是否符合规格，清理应由送修单位自行保管的物品。查看整车是否歪斜，门、盖和窗的开闭状态。

（2）检查车架及主要基础件是否变形、损伤，是否有裂纹及渗漏现象，确认其状态。

（3）检查行车安全装置，如灯光指示、后视镜、转向机构、传动机构和制动装置等的连接是否松动，部件有无缺损及渗漏现象。

（4）检查行驶系的状态，如悬架有无损伤、变形，悬架连接情况，轮胎气压及磨损情况等。

2. 工作行驶检查

（1）观察发动机启动及运行有无异常现象和声响，各级运转速度是否稳定，排气颜色是否异常，润滑油压力与冷却液温度是否正常。

（2）汽车起步时，离合器是否工作异常，变速器挂挡是否困难和存在异响现象。

（3）汽车行驶中，转向操纵是否灵活，有无行驶跑偏和转向盘振抖现象。变速器有无脱挡、乱挡及变速操纵杆异常抖动。高速行驶时，整车是否振抖。制动性能、仪表指示及其他附属装置是否正常。

对以上各项检查内容应做出明确的记录，并进行综合分析，以便确定修理内容。

三、送修汽车的解体

1. 汽车外部清洗

进厂进行大修的汽车在解体之前应进行外部清洗，清除外部灰尘、泥垢和油污，以便汽车检测和拆卸工作的顺利进行，并保持作业工位整洁。

2. 汽车解体

送修车辆经外部清洗后进行解体，即将整车拆成总成（或拆卸单元），然后再将各总成拆成零部件。在修理作业中，拆装工作量占较大的比重。例如，在汽车大修过程中，拆装工作量约占总工作量的 40%。汽车和总成拆装工作的生产效率、质量以及工人的劳动强度，在很大程度上取决于作业组织、工艺安排、操作技术、工具及设备的使用以及作业机械化程度等。

（1）合理组织拆卸作业及安排工艺顺序

对汽车和总成的拆卸作业，可根据生产规模的大小分别采用流水作业法和固定工位作业法。

整车解体通常是将整车分成若干拆卸单元，按部位进行分工并以平行交叉的作业方式进行。这样可使整个拆卸过程交叉配合、密切衔接，既缩短了拆卸时间，又减少了其他辅助时间。汽车拆卸的工艺顺序取决于汽车的结构和工作地点的组织形式。对某一具体车型，只有反复实践后才能制定出最优的拆卸工艺顺序。

（2）正确使用拆装工具和设备

在汽车拆装作业中，螺纹连接的拆装工作量占总拆装工作量的 50%～60%，过盈配合连接和轴承件的拆装工作量约占总拆装工作量的 20%。为提高作业效率，保证拆卸质量，改善劳动条件，应正确使用拆装工具和拆装设备。

螺纹连接件的拆装工具应尽量选用合适的固定式扳手或套筒扳手，以保护被拆卸螺栓、螺母的六角头。过盈配合连接件的拆装应使用拉压器或压力机以提高工作效率，避免损坏机件和破坏配合性质。若用锤子冲击方法拆卸，应垫以软金属或硬木，不可垫硬金属，以免损坏机件；更不可垫螺纹旋具或凿子等工具钢类的手工工具，因其不仅会损坏机件、工具，且脆断的刃块可能造成人身伤害。

（3）注意零件间的相互位置关系

汽车上有些零件的相互位置和方向是不可错乱的，有些零件是不可互换的。因此，应采取不同措施，以防拆乱。

1）组合加工件。在组合状态下进行最后加工的零件，如主轴承盖和气缸体、连杆与其轴承盖、气缸体与飞轮壳、主减速器壳与差速器侧轴承盖、组合式差速器壳等。若发生错乱便破坏了有关的几何公差。

2）平衡件。高速旋转的重要组合件都进行过平衡试验，如离合器盖与压盘、离合器总成与飞轮和曲轴等。若错乱则破坏了它们的动平衡。

3）正时件。主要是配气正时和柴油机喷油正时传动件。若错乱则破坏了正确的配气时刻和喷油时刻。

以上三类零件为防止错乱，一般都有装配标记，拆卸时应注意查看。若无记号则应补做。

4）配合副。关键配合副，如气门挺杆与导孔、轴瓦与曲轴、活塞与气缸、气门与导管等，特别是一些选配后再经研磨加工的配合副，如主减速器锥齿轮、柴油机高压泵柱塞副、喷油器柱塞副等，若互换便破坏了配合特性和配合技术状况。

5）调整垫片。如调整主减速器、变速器、转向器中一些轴的轴向间隙、轴承预紧度、齿轮啮合状况等的调整垫片，若错乱会给调整工作带来麻烦。

上述零部件在拆卸后应尽量装回原位，可以有效防止错乱。

（4）其他应注意的问题

1）应在汽车刚停车时，趁热放出发动机、变速器、主减速器等总成中的润滑油，使废油能够彻底排出。

2）应在 40 ℃以下拆卸发动机，以防气缸盖和进、排气歧管变形。

3）为防止零件变形，对于多螺栓的紧固件，如气缸盖、离合器盖等，在其螺栓（母）拆卸时，应按从四周至中央的顺序或对称交叉的顺序分次均匀地旋松。

4）维护和小修中，拆下柴油机燃油管及各种液压油管时，应用塑料薄膜或纸包扎好管接头，以防灰尘进入燃油系统及液压系统。

四、汽车零件的清洗

在汽车修理的全过程中，清洗作业必不可少。零件的清洗不仅影响零件的检验与修理作业，还影响总成的装配质量和工作性能，影响零件的工作寿命。

汽车零件的清洗一般分为清除油污、积炭和水垢。

1. 清除油污

油污是变性的油脂和杂质的黏着物，沉积在金属表面，易堵塞润滑油道、滤网，阻碍零件传热、散热。清除方法按使用的清洗液不同分为有机溶剂除油和无机溶剂除油两种。

（1）有机溶剂除油

在汽车修理中常用的有机溶剂包括汽油、煤油、酒精和丙酮等。它们去污力强，对金属无腐蚀作用，一般用于铝合金及精密零件的清洗，如适宜用来清洗活塞、高压油泵、喷油器等，但不宜用于橡胶、塑料件的去污。使用有机溶剂清洗时要注意防火。

（2）无机溶剂除油

无机溶剂（如碱溶液等）适用于清洗钢铁零件的油污。碱溶液对零件表面有较强的腐蚀性，尤其对非金属材料和有色金属的腐蚀更为严重，铝合金零件不能用碱溶液清洗。清洗后的零件应用清水冲刷残留的碱溶液。

先将碱溶液在清洗池中加温至 80 ℃左右，将零件浸煮 15 min，然后刷洗，最后用清水冲净零件表面的碱溶液。清洗工作量较大时，一般采用回转式汽车零件清洗机（图 1–4–1）机械化清除油污。

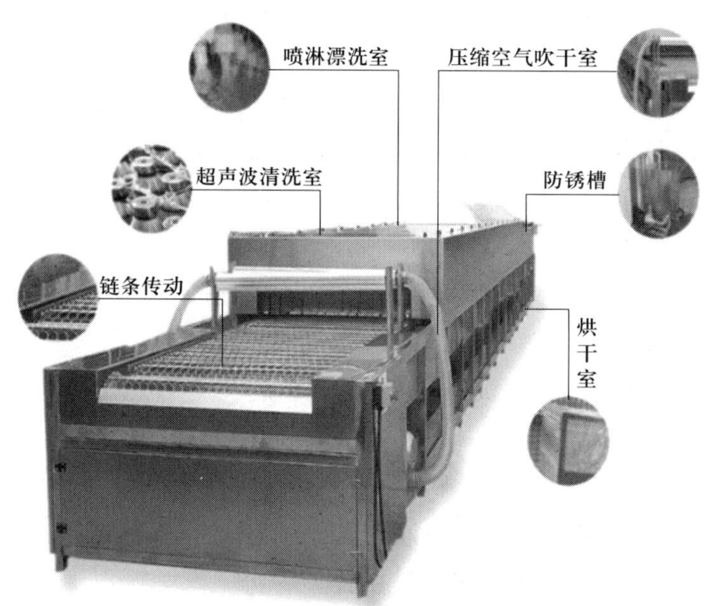

图 1–4–1　回转式汽车零件清洗机

表面活性金属清洗剂应用广泛，其去污性能好，具有一定的防腐蚀能力，使用方法与碱溶液相同。

2. 清除积炭

积炭是燃油和润滑油在高温及氧化作用下的生成物。产生在发动机气门、气缸内壁的积炭影响热量的传递，可形成炽热点，导致异常燃烧。清除积炭通常有免拆清洗和解体清洗两种方法。

（1）免拆清洗

即使用燃油添加清洗剂，在发动机工作时，随同燃油一起在供油管路内流动，可清洗掉油箱、汽油泵滤网和喷油嘴上的积炭，同时自动清洗掉气门上和气缸内的积炭。由于清洗下来的积炭会沉积在汽油滤清器内，免拆清洗后必须及时更换汽油滤清器。

（2）解体清洗

对于积炭严重的发动机必须解体清洗。气门积炭可在拆下进气管后，用手工或清洁剂浸泡清除；气缸内积炭可在拆下气缸盖后，用化学溶剂软化、溶解，再用毛刷清除，最后用热水清洗零件表面的化学溶剂，并用压缩空气吹干。

3. 清除水垢

水垢是长期使用未经软化处理的硬水，在水分蒸发时所析出的矿物盐等污垢，它沉积在水套、散热器内壁，阻碍水的循环，影响散热效果。一般用酸洗法和碱洗法，通过酸、碱溶解并清除水垢。

现代汽车发动机冷却系采取闭式循环，将蒸发的水分冷凝收集后重新注入循环，以阻止水中矿物盐类成分饱和析出；同时，采取添加冷却液、防腐剂，减少甚至无需更换冷却液等措施，有效地缓解水垢的沉积。

五、零件的检验与检验后的分类

汽车零件的检验和分类是汽车修理工艺中的一项重要环节，直接影响汽车修理质量和成本。

1. 零件的检验方法

零件的检验方法一般有经验法、测量法和仪器检测法。

（1）经验法。也称检视法，是通过观察、敲击和感觉来检验及判断零件技术状况的方法。这种方法虽然简单易行，但准确性和可靠性不高。如通过观察可以检验零件变形、裂纹、烧伤、腐蚀、磨损等，通过感觉可以检查零件的配合间隙、机械零件的工作状态等。

（2）测量法。即利用量具测量零件的几何参数和物理参数，定量检验零件损耗状态。

（3）仪器检测法。大多数总成、部件的功能和技术状况都可通过仪器检测。例如，用喷油器试验台检验喷油器的喷雾质量、喷油压力和密封性能等；用平衡机检验回转零件的平衡量；用四轮定位仪检验车轮定位状态等。

2. 零件检验后的分类

检验后的零件，一般根据损耗程度，分为可用零件和不可用零件。可用零件是指损耗轻微，其尺寸、形位误差和配合关系均在修理技术数据中的许用数值范围内，不经修理尚可继续装车使用；不可用零件是指损耗严重，其尺寸、形位误差和配合关系不仅超过了规定的许用数值要求，甚至接近或超过使用极限。对于不可用零件，又分为待修件和报废件。

分类时一般应考虑零件损耗的特征、零件的材料及制造工艺、零件的工作条件及修理方法、零件修理技术条件以及零配件的供应状况等。

汽车修理技术数据对零件检验后的分类起关键性作用，汽车修理技术数据中的规定如下：

（1）“标准尺寸”是指制造厂生产零件图样上所标明的尺寸，或用“原厂尺寸”表达。

（2）“标准配合”是指制造厂生产零件图样和技术条件中所给定的，两结合零件相互配合应达到的间隙（+）或过盈（–）的极限范围，或用“原厂规定”表达。

（3）“许用尺寸”是指汽车大修中检验分类时可用零件的尺寸。

（4）“许用配合”是指汽车大修装配中使用的配合公差的控制范围。“许用尺寸”和“许用配合”也可统一用“大修允许”表达。

（5）“使用极限”是指汽车在使用过程的维护和小修中判别零件可否继续使用的极限尺寸和配合（属参考数据）。

标准尺寸和标准配合是汽车零件修理的理想目标，通过更换新件可以实现。零件修理时，由于加工定位基准的不同或基准损耗，以及加工的设备和方法不同，达到许用尺寸和许用配合就可以满足汽车修理技术条件。

若零件的尺寸及其配合超过许用尺寸和许用配合，大修时必须修理，而小修时则作为可用件。

零件的尺寸及其配合超过使用极限，不论大修、小修均作为不可用零件。

模块二 —— 汽车发动机修理

汽车发动机经过长期使用后，其技术状况及性能会因基础件和主要零部件的磨损、变形和裂损而显著下降，故障率增加，不能满足使用要求和废气排放标准，最终丧失工作能力。发动机修理的目的就是通过定期检测与诊断，查找故障及损坏部件，经过调整和修复，使其恢复技术状况和性能，延长使用寿命。

本章以乘用车为例，根据国家标准《汽车维护、检测、诊断技术规范》（GB/T 18344—2016）和《汽车发动机大修竣工出厂技术条件》（GB/T 3799—2021）等要求，介绍发动机主要零部件的常见损伤、检修方法及一些技术依据等。在零部件的技术参数和要求中，所指出的汽车或总成型号的数据为一般汽车修理数据，仅供学习参考。在汽车修理时，应以具体车型（维修手册）提供的修理数据为准，后文不再赘述。

任务 1　曲柄连杆机构修理

学习目标

1. 熟悉曲柄连杆机构各零部件的作用及组成。
2. 掌握曲柄连杆机构各零部件的损伤形式及检修方法。
3. 掌握曲柄连杆机构各零部件的选配及技术要求。

曲柄连杆机构的作用是将活塞的往复直线运动转变成曲轴的旋转运动，向外输出动力，它主要由以下三部分组成。

机体组：主要由气缸体、气缸盖、气缸垫、曲轴箱等组成。

活塞连杆组：主要由活塞、连杆、活塞环、活塞销、连杆轴承、连杆螺栓等组成。

曲轴飞轮组：主要由曲轴、扭转减振器、主轴承、止推轴承和飞轮等组成。

一、机体组的修理

1. 气缸体和气缸盖的常见损伤

发动机在使用中，气缸体与气缸盖容易出现的损伤是气缸体裂纹，气缸体上下平面翘曲变形，气缸体的磨损、腐蚀及穴蚀损坏，气缸体上平面螺栓孔螺纹损坏，气缸盖平面翘曲，气缸体主轴承座孔磨损及同轴度误差，燃烧室表面裂纹，冷却水道孔边缘及螺栓螺纹腐蚀，火花塞螺纹孔损坏等故障。

2. 气缸体基准面的检修

（1）检测方法。检测气缸体基准面前应彻底清除平面上的水垢、积炭，清理毛刺，铲平或刮平螺纹孔周围的轻微凸起。将气缸体下平面放在平板上，用游标高度卡尺或专用设备检测气缸的高度，上下平面的平行度误差应符合相关车型技术要求。然后将气缸体倒置，用专用设备检测第一道和第二道主轴承座孔盖接合面至气缸体下平面的距离，测量数据应符合相关车型技术要求。

（2）修理方法。当气缸体变形较大时，一般在汽车第一次大修时，进行气缸体整形，用铣、刨、镗、磨等方法按标准进行加工。对气缸体变形不大，可用钳工方法对气缸体上下平面刮磨，直到符合技术要求为止。

3. 气缸体和气缸盖接合平面翘曲变形的检修

气缸体和气缸盖在使用过程中往往会产生变形，从而破坏零件的几何形状，使配合表面的相对位置误差增加，变形超过允许限度时将引起漏水、窜气、冲坏气缸垫等。

（1）检测方法。气缸体和气缸盖接合平面的翘曲可用平板做接触检查，或者用刀口尺和塞尺在图 2–1–1 所示的 7 个位置上进行测试。将刀口尺窄边放在气缸体或气缸盖平面上压紧，用塞尺插测平面与刀口尺之间的最大缝隙。测量时，应分别测量两端、两边和两对角线，以测出的最大数值为修理的依据。气缸体上平面和气缸盖下平面的平面度误差许用值见表 2–1。

（2）修理方法。当平面的翘曲变形较小或局部不平时，可用大直径的平砂轮手工推磨、研磨或用刮刀修刮凸起部位；若平面变形较大，则用平面磨床、铣床进行磨削、铣削；若螺纹孔附近部位凸起，可用油石推磨、锉刀锉削或刮刀刮削。

1）气缸体和气缸盖接合平面的手工推磨、研磨方法。以柴油作为冷却、润滑剂手工推磨平面；或用平板涂以研磨膏研磨平面；或在气缸盖平面上涂一层研磨膏，把气缸盖扣合在气缸体平面上进行推磨至平整为止。修理时，研磨工具的越程量不得过大，以防止平面边缘磨削量过大。

a)

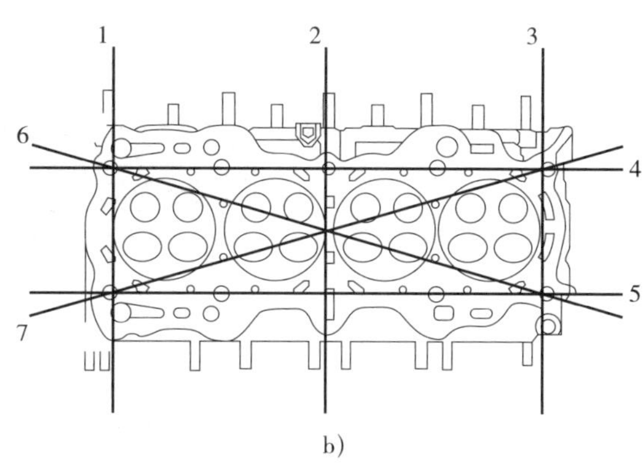

b)

图 2-1-1　检查气缸体和气缸盖接合平面的翘曲变形

a）检测方法　b）检测位置

表 2-1　　气缸体上平面和气缸盖下平面的平面度误差许用值　　mm

测量范围	气缸体长度	铸铁		铝合金	
		气缸体上平面	气缸盖下平面	气缸体上平面	气缸盖下平面
任意 50 × 50	—	≤ 0.05	≤ 0.025	≤ 0.05	≤ 0.05
整个平面	≤ 600	≤ 0.15	≤ 0.10	≤ 0.15	≤ 0.15
	>600	≤ 0.25	—	≤ 0.35	—

2）气缸体和气缸盖接合平面的磨床磨削、铣床铣削方法。采用如图 2-1-2 所示的 3M9735 型气缸体、气缸盖平面磨床，总切削量不宜过大，一般为 0.24 ~ 0.50 mm，否则将使气缸的压缩比增加，出现怠速不稳和爆燃等现象，严重影响发动机的性能。一般要求气缸盖修复后的厚度与标准厚度之差小于 2 mm，各燃烧室容积变化差值小于同一发动机燃烧室平均值的 4%。对于汽油发动机，燃烧室容积还应大于原设计容积的 95%。

3）当气缸盖平面翘曲变形大于 1 mm 时，可对气缸盖变形进行校正。如图 2-1-3 所示，在气缸盖平面两端与工作台上的专用校正平板间垫入厚度不小于变形量 4 倍的垫片，使气缸盖平面中间部分悬空，然后拧紧压紧螺栓，用喷灯加热气缸盖中部，温度达到 300 ~ 400 ℃再继续加压，使其反向变形量不小于原变形量的 4 倍，用手锤对气缸盖加强筋敲击 2 ~ 3 次，停留 5 min 左右。

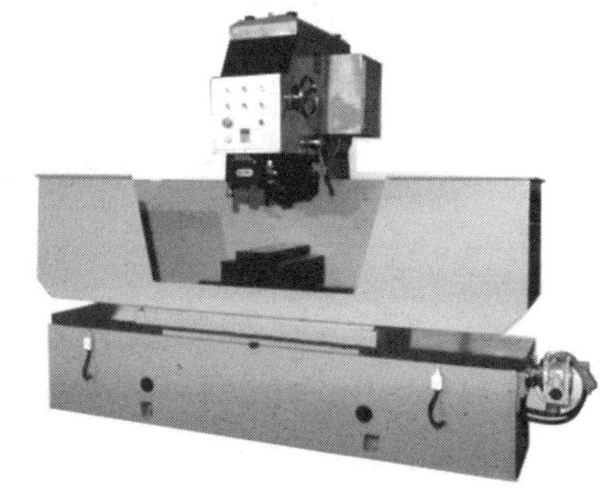

图 2-1-2　3M9735 型气缸体、气缸盖平面磨床

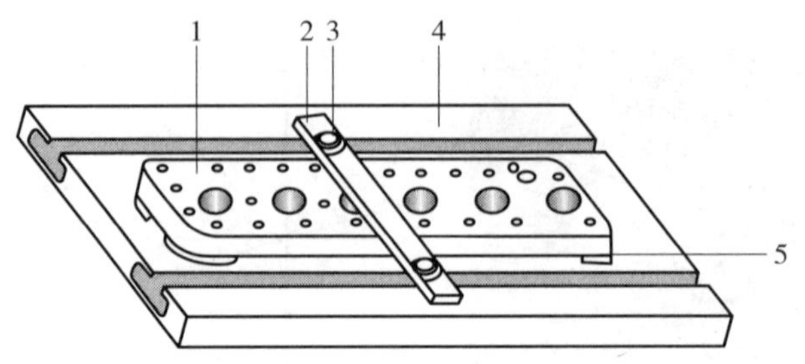

图 2-1-3　气缸盖变形校正

1—气缸盖　2—压板　3—压紧螺栓　4—工作台　5—垫片

如果没有专用校正平板，可采用两个同车型的气缸盖面对面放置，两端加垫片，用长螺栓穿过气缸盖中间通孔，用螺母拧紧，再按照上述校正方法校正即可。松开螺母，检查校正情况，若与技术要求稍有偏差，可用钳工铲修整平面，与技术要求相差较大时，需重新进行校正。

4. 气缸体和气缸盖裂纹的检修

气缸体和气缸盖的裂纹多发生在水套薄壁处、螺纹孔处以及过盈配合处，如气门座、气缸套附近等。裂纹会导致漏水、漏气、漏油，影响发动机正常工作，严重时会造成气缸体报废。

（1）检测方法。气缸体和气缸盖裂纹常用水压试验法检验，如图 2-1-4 所示。试验时，将气缸盖和气缸垫正确安装在气缸体上，并按规定的顺序和力矩拧紧气缸盖螺栓，堵紧入水口，从出水口注满水于水套内，要求在 343～441 kPa 的压力下保持 5 min，各部位应无漏水、渗水现象。若没有水压试验设备，可采用充气方法对气缸体和气缸盖进行检验，即向水套内注入自来水，然后用气泵或气枪向水套内充气，观察有无渗水、漏水部位。

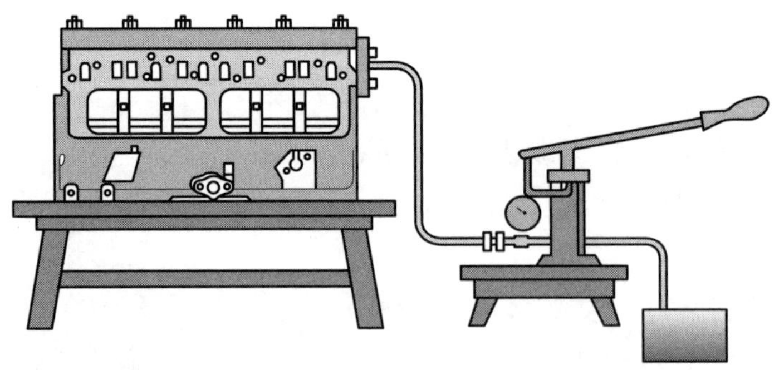

图 2-1-4　气缸体、气缸盖的水压试验

（2）修理方法。气缸体与气缸盖裂纹的修理方法主要有黏结法、堵漏法、焊接法、栽钉补钉法等。具体采用哪种方法，要根据裂纹的大小、损伤程度以及企业的生产条件确定。

1）黏结法。对于受力不大、工作温度较低部位的裂纹，可采用环氧树脂、酚醛树脂等有机物进行黏结修复；对于工作温度较高部位的裂纹，可采用氧化铜粉末和磷酸调和的黏结剂修复。

2）堵漏法。堵漏法是利用堵漏剂修补气缸体裂纹的方法。堵漏剂是由水玻璃、无机聚沉剂、有机絮凝剂、无机填充剂和黏结剂等组成的胶状液体，适用于铸铁或铝合金气缸体所出现的裂纹、砂眼等缺陷的堵漏。

3）焊接法。若气缸体、气缸盖的裂纹发生在受力较大或工作温度较高的部位，则可采用硬钎焊、气焊、电焊的方法进行修复。

4）栽钉补钉法。对于较长的裂纹，可在钻止裂孔后，用螺钉排列或打补丁的方法修复。

经修补后的气缸体和气缸盖仍需进行水压试验，确定无渗漏后才能使用。另外，若因镶装气门座圈或气门导管导致气缸盖渗漏，由于该部位温度高，承受热应力大，不宜修理。

5. 气缸体和气缸盖螺纹孔的检修

气缸体与气缸盖由于冲击损伤或金属腐蚀会引起螺纹松动、滑扣，拆装不当也会造成螺纹孔的损坏。修理时，可将原螺纹孔扩大后镶套，然后攻螺纹，使其内螺纹与螺纹孔相同。

6. 气缸体主轴承座孔、凸轮轴轴承座孔的检修

（1）检测方法。首先要检查主轴承座孔外观有无磨损、拉伤及裂纹，然后将主轴承盖装上并按规定力矩拧紧螺栓，用内径百分表检查其圆度及圆柱度误差，再用标准心棒测量主轴承座孔的同轴度误差。

1）主轴承座孔的检测。装上主轴承盖并按规定力矩拧紧螺栓，先检测主轴承座孔的圆度和圆柱度，用内径千分尺沿圆周方向测量 3～5 点，沿轴线方向测量 3 处，如图 2–1–5 所示。铸铁气缸体主轴承座孔的圆度及圆柱度误差不大于 0.01 mm，铝合金气缸体主轴承座孔的圆度及圆柱度误差不大于 0.015 mm。如果圆度和圆柱度超差，会使轴瓦配合变松，轴承与轴颈的间隙增大，曲轴的工作条件变差，降低发动机的使用寿命。

然后检测主轴承座孔的同轴度误差。将所有的主轴承盖与轴承座孔中的轴瓦卸去，放入心棒（心棒的直径应比主轴承座孔的最小尺寸小），然后从中间开始逐个将主轴承盖装上，按规定拧紧主轴承盖螺栓，一边拧紧螺栓，一边转动心棒，找出各主轴承座孔的同轴度误差。如果拧紧主轴承盖螺栓后心棒不能转动，则此座孔同轴度误差就超过检测标准。在实际应用中，还有专用的主轴承座孔圆度和圆柱度测量仪及同轴度测量仪。

2）凸轮轴轴承座孔的检测。先将凸轮轴轴承座孔清洗干净，然后仔细检查凸轮轴轴承的磨损情况，观察磨损是否均匀、有无单边磨损现象。

图 2-1-5　主轴承座孔圆度和圆柱度的检测

（2）修理方法。以乘用车为例，铸铁气缸体主轴承座孔的圆度及圆柱度误差应不大于 0.01 mm，铝合金气缸体应不大于 0.015 mm。若主轴承座孔圆度、圆柱度、同轴度误差较小，可以通过刮削轴承的方法进行修整；若误差较大，应进行镗削修复。对于凸轮轴轴承的磨损，如偏磨不严重，可用修正轴瓦的方法解决，比较严重时，可考虑磨削轴承孔解决。

7. 气缸或缸套的磨损及检修

气缸的磨损程度是决定发动机是否需要大修的主要依据。因此掌握气缸磨损规律，提高修理质量，并在使用中减轻气缸的磨损，是延长发动机使用寿命的重要措施。

（1）气缸磨损的特点。发动机气缸的轴向磨损是呈上大下小的锥形，最大磨损在第一道活塞环到达上止点的位置，活塞环达不到的位置形成缸肩；径向磨损为不规则的椭圆形，最大磨损在进气门相对的位置，如图 2-1-6 所示。

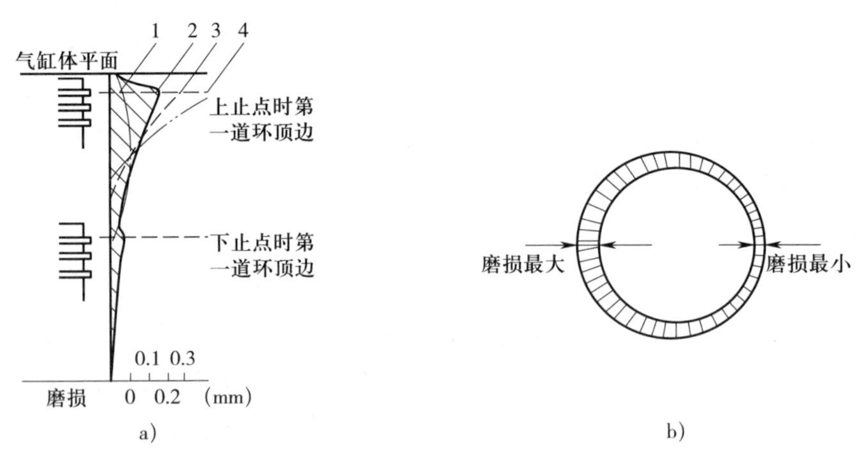

图 2-1-6　气缸磨损的特点

a）轴向磨损特点　b）径向磨损特点

1—金属磨料磨损　2—正常磨损　3—灰尘磨料磨损　4—酸性腐蚀磨损

（2）气缸磨损的检测。测量气缸磨损量的目的是检测气缸磨损后的圆度和圆柱度是否超标，测量气缸通常使用量缸表（图 2–1–7），其测量方法如下：

图 2–1–7　量缸表

1）选择测量接杆。根据气缸直径选择相应的测量接杆，并将其固定在表杆的下端。按规定，测量接杆固定好后与活动测杆的总长度应与被测气缸的尺寸相适应。

2）校正千分尺与量缸表。外径千分尺的量程应符合被测气缸的直径，校零后将外径千分尺的读数调整到气缸标准直径；用外径千分尺校正量缸表，伸缩杆的压缩行程为 2 mm 左右，旋转表盘，使指针对正零位。

3）测量气缸磨损。气缸的磨损量可在气缸的上、中、下三个截面测量，分别测量三个截面内平行和垂直于曲轴轴线方向的两个数值，确定实际磨损量。每个截面找出最大值和最小值，确定此截面圆度误差。上、中、下三个截面六个数值内找出最大值和最小值，确定此气缸圆柱度误差。上截面在气缸肩部边缘测量，最大磨损出现在第一道活塞环在上止点位置时对应的气缸壁；下截面离气缸套下边缘 10～15 mm，测量部位如图 2–1–8 所示。

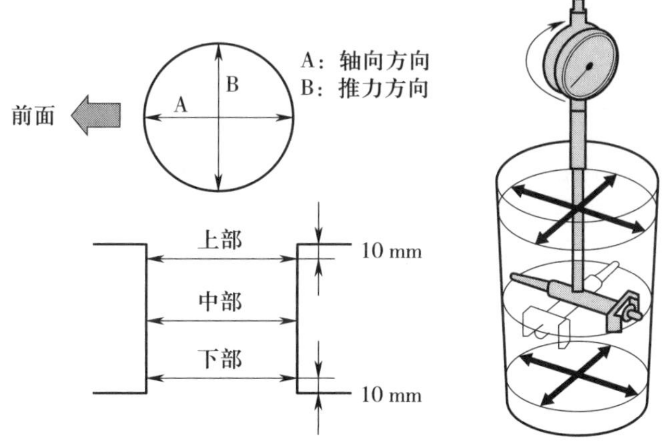

图 2–1–8　气缸圆度、圆柱度的测量部位

为了保证测量准确，量缸表测量接杆与气缸轴线须保持垂直。寻找垂直位置的方法是将测量接杆放入气缸后，稍稍摆动表杆，当指针指示最小数值时，即表示量缸表测量接杆与气缸轴线垂直。

4）计算圆度误差和圆柱度误差。圆度误差为同截面上直径最大值与最小值差值的一半，即圆度误差 =（$D_{max}-D_{min}$）/2，D_{max} 和 D_{min} 分别为同一横截面内最大和最小测量直径，用上式计算圆度误差时，需取三个截面圆度误差的最大值为该气缸的圆度误差。圆柱度误差为气缸内任意方向上所测得的最大与最小直径差值的一半，即：圆柱度误差 =（$D_{max}-D_{min}$）/2，D_{max} 和 D_{min} 分别为全部测量值中最大和最小测量直径。

（3）气缸磨损的修理。当气缸磨损后的圆度、圆柱度误差大于或等于气缸磨损后圆度、圆柱度误差的许用值（见表 2-2）或气缸有拉缸现象时，必须运用修理尺寸法进行镗削和磨削修理，此类修理一般在专业修理厂进行。

表 2-2　　气缸磨损后的圆度、圆柱度误差许用值　　mm

	圆度误差	圆柱度误差
汽油机	≤ 0.05	≤ 0.20
柴油机	≤ 0.063	≤ 0.025

1）气缸的镗削。气缸镗削的目的是恢复气缸原有的技术要求，包括气缸的圆度、圆柱度、表面粗糙度、垂直度等。现在常用的镗缸设备有固定式镗缸机和移动式镗缸机。小型企业多采用移动式镗缸机。需要注意的是气缸镗削之前，必须完成对气缸体的焊补、镶套等修理工作，以免镗磨后气缸体变形。

2）气缸的磨削。气缸经镗削加工后，表面存有螺旋形的加工刀痕。为了降低气缸壁的表面粗糙度值，达到气缸加工的最终技术要求，延长气缸和活塞的使用寿命，必须对气缸壁表面进行最后一次精加工。

（4）气缸套的镶配。气缸经过多次修理，当直径超过最大修理级别或个别缸发生事故性损伤时，应镶配新气缸套，然后按标准尺寸镗缸和磨缸，以达到原有的技术要求，延长气缸体的使用寿命。

1）气缸套镶配技术要求

①汽油机气缸套承孔圆度、圆柱度误差使用极限为 0.10 mm，柴油机为 0.15 mm。

②气缸套承孔内径应为原设计尺寸或同一级修理尺寸。

③干式气缸套外径与承孔的配合尺寸为 0.10 ~ 0.05 mm，湿式为 0.05 ~ 0.15 mm。

④气缸套凸缘外径与凸缘承孔配合间隙不大于 0.05 mm。

⑤干式气缸套安装后应不低于气缸体上平面，高出尺寸也不得超过 0.10 mm；湿式气缸套安装后，上端面应高出气缸体上平面 0.05 ~ 0.10 mm，相邻两缸高出量误差不大于 0.04 mm。

2）干式气缸套的镶配工艺

①用拉拔器拉出旧气缸套。

②检测气缸套承孔内径和圆柱度误差，超过使用极限时应确定修理尺寸，根据气缸套外径镗削承孔，保证配合要求符合原设计规定。对于配好的气缸套，各缸之间不能互换。

③在承孔和气缸套外壁涂抹润滑油后，放正气缸套，先用压力机压入少许，再用直角尺测量并确认气缸套垂直于气缸体上平面后，施加压力压装气缸套。

④按隔缸压装的顺序镶配各气缸套后，做水压试验，检验裂纹及损伤情况。

3）湿式气缸套的镶配工艺

①用拉拔器拆除旧气缸套，清洗气缸体水套。

②不装密封圈，将新气缸套试装入承孔，压紧上端面，检查气缸套上端面相对气缸体上平面的高出值。若不符合要求，在气缸套台肩下选装适当厚度的铜质垫圈以调整高度。

③在新气缸套或按修理尺寸加工好的原气缸套上装上新密封圈，并在配合面涂密封胶。

④检查密封圈和气缸套垫圈安装正确后，稍施力将气缸套压入或冲入承孔，做水压试验，检验气缸套密封的可靠性。

二、活塞连杆组的修理

活塞连杆组是发动机重要的传力机件，在高温、高压和高速运动条件下工作，容易产生磨损和变形，使各零件之间的配合间隙增大、配合位置改变，造成曲柄连杆机构的异响或故障。活塞连杆组是发动机大修的重要项目之一，其技术状况的好坏对发动机动力性和经济性的影响特别明显。

活塞组由气缸（套）、活塞、活塞环、活塞销、连杆小头衬套组成，它们的尺寸是互相配套成组的，如图 2-1-9 所示。

1. 活塞的常见损伤及选配要求

（1）活塞的磨损

1）活塞环槽的磨损。活塞环槽是活塞最大的磨损部位，通常第一道活塞环槽的磨损最为严重，往下依次减轻。磨损后的活塞环槽断面呈梯形，外宽内窄，侧隙增大，导致气缸漏气、窜油，使发动机动力下降、润滑变差、燃烧室大量积炭等。

图 2-1-9　成套活塞组

2）活塞裙部的磨损。活塞裙部的磨损较

小，通常是由于侧压力和惯性力作用而形成椭圆形磨损和擦伤。当活塞裙部与气缸壁间隙过大时，发动机易出现敲缸、窜油现象。

3）活塞销座孔的磨损。由于气缸压力和惯性力的作用，活塞销座孔形成椭圆形磨损，其最大磨损部位在座孔的上下方向，使座孔与活塞销的配合松旷，产生异响。

（2）活塞的其他损伤

1）活塞刮伤。这是活塞常见的损伤，主要是由于活塞与气缸壁间隙过小，不能形成足够的油膜；气缸表面不清洁，存在较多、较大的磨粒和机械杂质；活塞销与活塞销座孔配合过紧等原因造成的。

2）活塞烧伤。主要是由于发动机在超负荷条件下或爆燃情况下工作时间太长，造成活塞顶或活塞侧面局部高温熔化。

3）活塞脱顶。即活塞裙部与头部分离，主要原因是活塞环开口间隙过小，当活塞环受高温时，其因膨胀在气缸中卡死，活塞环与气缸壁间发生熔结，而活塞仍在连杆的拖动下运动，造成活塞头部与裙部断裂分离。

（3）活塞的选配要求

当气缸按修理尺寸修理后或更换气缸套时，或当活塞环槽下平面形成阶梯形磨损或严重烧蚀、拉伤时，则需更换活塞。在选配活塞时应注意以下要求：

1）活塞修理尺寸的要求。活塞的修理尺寸是指活塞直径比标准尺寸大一个或几个级差。加大的数值及组别一般錾刻在活塞顶上，常用“+”表示，且应与气缸的加大级别相一致。同一台发动机上，应选用同一厂牌、同一修理尺寸、同一组活塞，以保证活塞的材料、性能、质量、尺寸及尺寸偏差一致。同一组活塞直径差不得大于0.025 mm。

2）活塞质量的要求。同组活塞中各活塞的质量应基本一致，各个活塞的质量差不得超过3%。

3）活塞直径及圆度、圆柱度误差的要求。一般用千分尺来检测活塞的直径及圆度、圆柱度误差。由于活塞头部壁厚较大且温度明显高于其他部位，因此，对活塞头部、裙部直径差也有一定的要求，以防止活塞顶部受热膨胀而使头部外径过大，也可保证活塞环的工作可靠性。

4）活塞裙部膨胀槽的要求。活塞裙部膨胀槽顶端一般开有防裂小圆孔，否则应将膨胀槽开通到底。

2. 活塞环的常见损伤及选配要求

（1）活塞环的常见损伤

活塞环分气环和油环，其主要作用是密封，防止漏气和漏油，以免造成发动机动力降低，油耗升高。

活塞环在工作时，由于受高温、高压、润滑条件差的影响，其磨损失效往往比气缸表面达到磨损极限快。初始磨损，由于活塞环面不能与气缸壁完全贴合，磨合磨损较快。磨合后进入运行磨损，正常工作期间磨损速度减慢。随着活塞与气缸壁的间隙逐渐增大，活塞倾斜也增大，活塞环形成不规则的磨损，弹力下降，密封性减弱，润滑油膜不能防止漏窜气体的浸入，形成了剧烈磨损。除上述活塞环磨损、弹力减弱外，活塞环有时还会出现断裂失效。

（2）活塞环的选配要求

选配活塞环时应做以下检测：

1）外径尺寸的检测。发动机大修时，应按照气缸修理尺寸选用与气缸、活塞同一修理级别的活塞环，不可用较大级别的活塞环通过锉削其端面的方法来代替较小级别的活塞环；在维护或小修中需要更换活塞环时，其选用的修理尺寸级别应与被更换的活塞环相同。

2）活塞环“三隙”的修配。发动机工作时，活塞和活塞环等都会发生热膨胀，因此，安装活塞环时应留有“三隙”，即端隙、侧隙和背隙，其定义、检测方法和修配方法见表 2–3。

3）活塞环弹力的检测。活塞环与气缸内壁应有一定的压力，使环的圆周均匀地压在气缸壁上。因此活塞环具有一定的弹力，弹力过大，增加摩擦损耗；弹力过小，不能起到良好的密封作用，引起气缸的漏气、窜油。活塞环的弹力一般在弹力检测仪上进行，如图 2–1–10 所示。检测时，将活塞环放在弹力检测仪的凹槽里，环的开口水平向外，移动弹力检测仪上的量块，把活塞环的开口间隙压紧至标准值，观察秤杆上的质量读数，应符合技术要求。

表 2–3 活塞环“三隙”的定义、检测方法和修配方法

三隙	定义	检测方法	修配方法
端隙	活塞环置于气缸内时在开口处呈现的间隙	将活塞环平整地放在待配的气缸内，用未安装活塞环的活塞头部将活塞环推至气缸下部未磨损处，检视或用塞尺来测量，如下图所示 	若端隙过小，可以修锉活塞环某一端面，使其符合修理车型的技术要求；若端隙过大，则应更换活塞环

续表

三隙	定义	检测方法	修配方法
侧隙	活塞环高度方向与环槽之间的间隙	将活塞环放在环槽内，围绕环槽滚动一周，应能自由滚动，既不松动又无阻滞现象；也可用塞尺测其间隙大小，如下图所示，测量数据应符合修理车型的技术要求 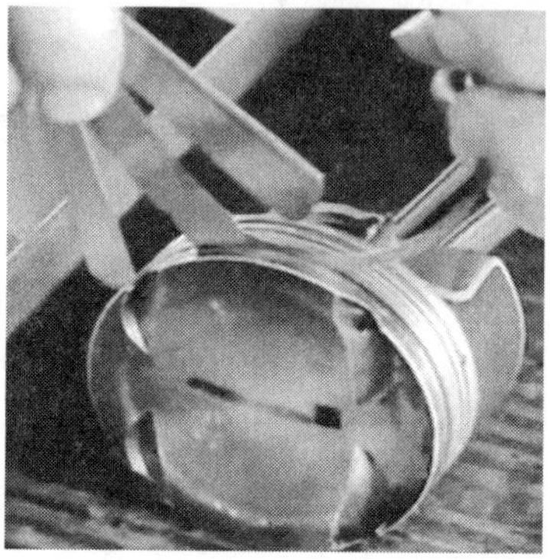	若侧隙过小，可将活塞环放在平板上面的砂布上研磨；若侧隙过大，则应另选新环
背隙	活塞环随活塞装入气缸后，其背面与环槽底之间的间隙	将活塞环相切插入相应的环槽中，并将其按入槽底，若环的外圆低于环岸，表明背隙合格；也可用游标卡尺分别测量活塞环槽深度和环宽，两者之差即为背隙值，测量数据应符合修理车型的技术要求	若背隙过小，可更换活塞环或车深环槽；若背隙过大，则应更换新活塞环

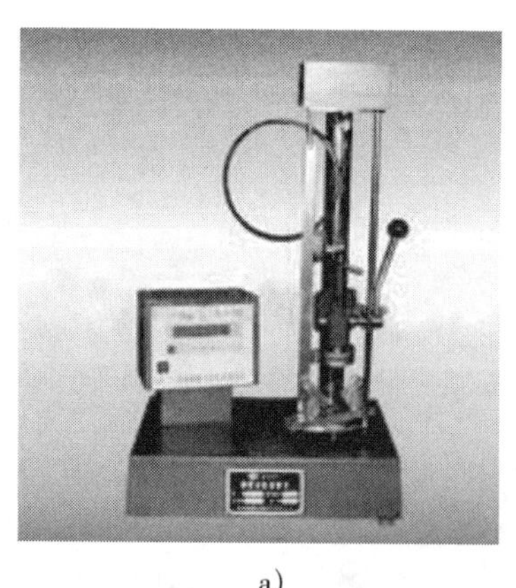

a）

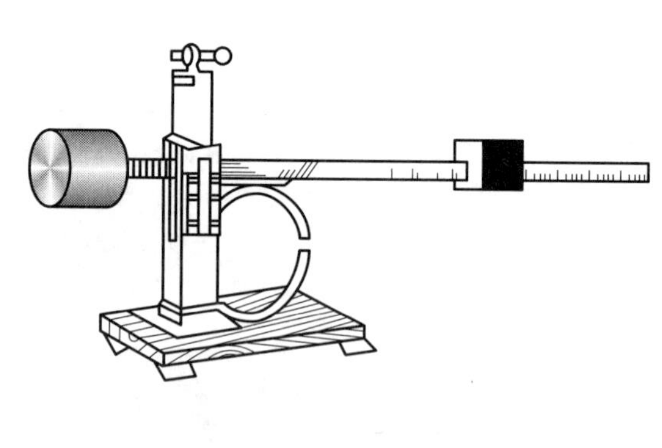

b）

图 2-1-10　活塞环弹力的检测

a）活塞环弹力检测仪　b）检测活塞环弹力

4）活塞环漏光度的检测。漏光度检测的目的是查看活塞环与气缸壁的贴合情况，漏光度过大，易造成漏气和润滑油上窜现象。活塞环漏光度的检测可在专用检测设备上进行，也可采用简易检测法，如图 2–1–11 所示。将活塞环置于气缸内，再将环内圈用轻质盖板盖住，以盖板外圆不接触气缸壁为准，在气缸下部放置光源。一般技术要求为在活塞环开口端 30° 左右范围内不允许有漏光现象，同一活塞环上的漏光应不多于两处，每处漏光弧长所对应的圆心角不得超过 25°，同一活塞环上的漏光弧长所对应的圆心角总和不超过 45°，漏光处的缝隙应小于 0.03 mm。

图 2–1–11　活塞环漏光度的检测

5）活塞环平面度误差的检测。将活塞环放在平台上，测试两个平面的翘曲量，其值应小于 0.05 mm；或使活塞环能通过两块光滑钢板，两光滑钢板间的间距应为活塞环的厚度加上 0.05 mm，如通过时无阻滞即为合格。

3. 活塞销的常见损伤及选配要求

（1）活塞销的常见损伤

活塞销的主要损伤是其与活塞、连杆的连接处磨损。全浮式活塞销在工作中会慢慢转动，使磨损减轻，且沿圆周均匀分布，弯曲变形一般较小；半浮式活塞销与连杆小头衬套无相对转动，沿圆周方向的载荷分布不均匀，使其平行于气缸轴线的上下方向磨损最大并伴随弯曲变形。

活塞销磨损过大，将会引起气缸偏磨和不正常的金属敲击声响。活塞销弯曲变形过大，将会引起活塞销座孔很大的应力集中，可能造成活塞销座孔破裂。

（2）活塞销的选配要求

修理汽车时，不仅要选配活塞、活塞环，还要选配活塞销。一般采用同色选配法，即只需根据活塞销座孔的尺寸级别，选用颜色标记相同的活塞销来装配，无须加工。新选配的活塞销应符合下列要求：

1）外径尺寸。活塞销除标准尺寸外，还有四级加大的修理尺寸（即 +0.08 mm、+0.12 mm、+0.16 mm、+0.20 mm）。活塞销外径尺寸应按照加大级别逐级选择。

对于全浮式活塞销与活塞销座孔的配合，在常温下应有微量的过盈，过盈量一般为 0.002 5 ~ 0.007 5 mm，当活塞处于 75 ~ 80 ℃时，活塞销能在活塞销座孔内转动，并且它们之间的接触面积在 75% 以上；对于半浮式活塞销与活塞销座孔的配合间隙一般为 0.002 ~ 0.006 mm。

活塞销与其座孔是通过对活塞销的磨削、座孔的镗削或铰削来达到配合要求的。多数修理企业采用长刃可调式铰刀对活塞销座孔进行手工铰削。

全浮式活塞销与连杆小头衬套的配合尺寸一般为 0.005 ~ 0.010 mm；半浮式活塞销与连杆小头衬套的配合尺寸一般为 –0.040 ~ –0.017 mm，配合尺寸通常是通过修配连杆

小头衬套来实现的。

2）表面精度。新活塞销外圆表面的圆度和圆柱度误差一般不大于 0.002 5 mm，表面粗糙度 *Ra* 值不大于 0.8 μm，表面无锈蚀斑点，表面硬度应符合要求。

3）质量差。同组活塞销的质量差应在 10 g 范围内，以减小活塞连杆组的不平衡量。

（3）连杆小头衬套的修配

1）更换连杆小头衬套。用带轴肩的专用冲头冲出旧衬套；测量衬套外径与连杆小头孔的配合尺寸，应符合 -0.20～-0.10 mm 的要求；用压床将新衬套压入连杆小头孔内。对整体式衬套，对准油孔压入；对分段式衬套，每端压入一段，衬套不许堵塞连杆小端的润滑油孔。

2）活塞销与连杆衬套配合检验。一般要求能用拇指的力量将涂有润滑油的活塞销推入衬套孔内；或将活塞销端面夹持在衬有纯铜板的台虎钳上，沿轴向扳动连杆应无间隙感觉。

3）换装新衬套或更换修理尺寸的活塞销后，一般通过铰削或镗削连杆小头衬套孔的方法来修复连杆小头衬套与活塞销的配合尺寸。

4. 连杆的检修

（1）连杆的常见损伤

连杆的工作条件复杂，受力多变，润滑条件差，其常见损伤有连杆变形、大小头座孔磨损及断裂、螺纹孔损坏和大头接合面损伤等，其中连杆变形是最常见的损伤形式。连杆变形后，会改变活塞在气缸中的正确位置，造成活塞与气缸壁、连杆轴承与轴颈偏磨以及活塞环与气缸间漏气和窜油等。

（2）连杆的检修方法

1）连杆大头孔磨损变形的检修。连杆大头孔一般在上下方向的磨损变形较大，造成其圆度、圆柱度误差增大。检测其圆度、圆柱度误差时，首先将连杆大头的轴承盖装好（不装轴瓦），并按规定力矩拧紧螺栓、螺母，然后用内径百分表测量连杆大头孔的一组直径（4 个），测量位置如图 2-1-12 所示的 *A* 前、*B* 前、*A* 后、*B* 后，并按下式计算连杆大头孔的圆度、圆柱度误差。

圆度误差 =（D_{max}–D_{min}）/2，D_{max} 和 D_{min} 分别为同一横截面内的最大和最小测量直径。

圆柱度误差 =（D_{max}–D_{min}）/2，D_{max} 和 D_{min} 分别为全部测量值中的最大和最小测量直径。

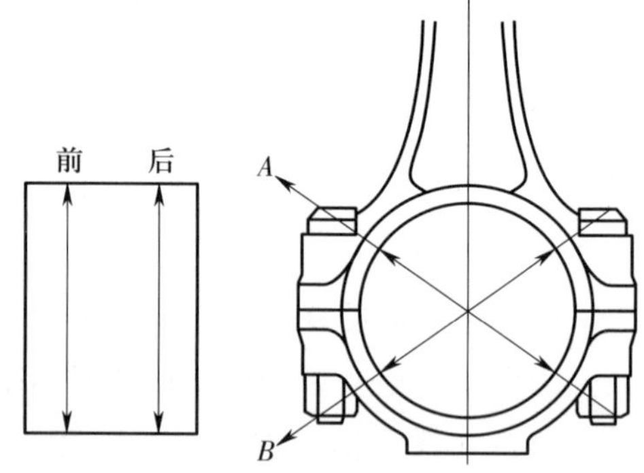

图 2-1-12　连杆大头孔磨损变形的检测

当圆度、圆柱度误差超过 0.025 mm 时，应在轴承盖端面与连杆连接处加垫片调整或堆焊修复。

2）连杆变形的检测。连杆的弯曲、扭曲变形会造成连杆两头轴承座孔轴线平行度误差增大。连杆变形可在连杆检验校正仪上进行检测，如图 2–1–13 所示为连杆变形的检测方法。

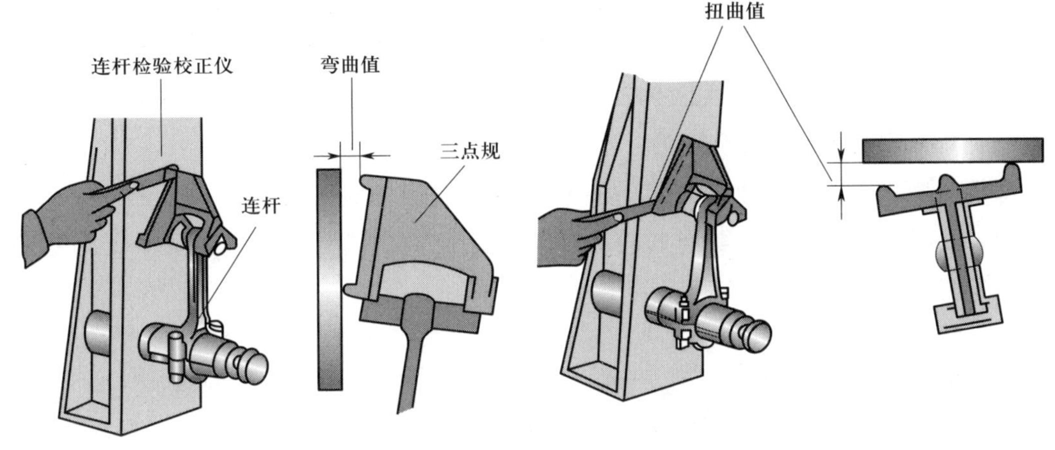

图 2–1–13 连杆变形的检测方法

①按规定力矩将圆度、圆柱度符合技术要求的连杆大头轴承盖装好，不装轴承（瓦）。

②把三点规架在已修配好的活塞销上，并把三点规的三个测点推靠到连杆检验校正仪平板上。三点规上的三个测点共面，下面两测点间的距离为 100 mm，上测点与两下测点连线的垂直距离也是 100 mm。

③用塞尺测量三点规各测点与连杆检验校正仪检验平板的间隙值，即可判断连杆的变形情况，常见情况有以下几种：

a. 无弯曲、扭曲。三个测点都与检验平板接触。

b. 弯曲。两下测点与检验平板接触，而上测点不接触；或上测点与检验平板接触，两下测点不接触且与平板的间隙相等，这时测得的间隙值即为连杆在 100 mm 长度上的弯曲度值。

c. 扭曲。只有一下测点与检验平板接触，且上测点与检验平板的间隙值等于另一下测点与检验平板间隙值的一半，此时，下测点与检验平板的间隙值即为连杆在 100 mm 长度上的扭曲度值。

d. 弯扭并存。只有上测点与检验平板接触，两下测点与检验平板的间隙值不相等；或只有一下测点与检验平板接触，且上测点与检验平板的间隙值又不等于另一下测点与检验平板间隙值的一半，此时，下测点与检验平板的间隙值为连杆在 100 mm 长度上的扭曲度值；上测点与检验平板的间隙和下测点与检验平板间隙的一半的差值即为连杆在 100 mm 长度上的弯曲度值。

e. 双重弯曲。将连杆大头端面与检验平板靠紧，测出连杆小头端面与检验平板的距离 a；将连杆翻转 180°，用同样方法测出距离 b，$a-b$ 的值即为双重弯曲值。

3）连杆变形的校正。连杆在 100 mm 长度上的弯曲度值应不大于 0.03 mm，扭曲度值应不大于 0.06 mm。若变形量超差，确认变形方向后，应用连杆检验校正仪校正。先校正扭曲变形，再校正弯曲变形。

①连杆扭曲变形的校正。如图 2–1–14 所示，将连杆大头垫上垫块，夹紧在台虎钳上，用连杆检验校正仪上的校扭工具夹着连杆上、下相距 100 ~ 150 mm 的两处，按扭曲的相反方向旋转校扭工具手柄上的拧紧螺栓，使抓块紧扭连杆，保持 0.5 ~ 1 h 后取下连杆检查。如此反复进行，直至校正。

②连杆弯曲变形的校正。如图 2–1–15 所示，将连杆放在连杆检验校正仪上，弯曲部位向上，两端垫好垫铁，朝弯曲的反方向施加压力，保持一段时间后取下连杆检查。如此反复进行，直至校正。

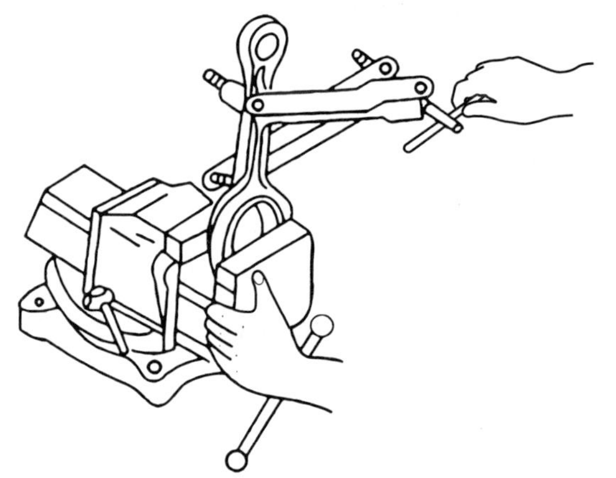

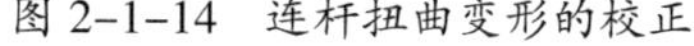

图 2–1–14　连杆扭曲变形的校正

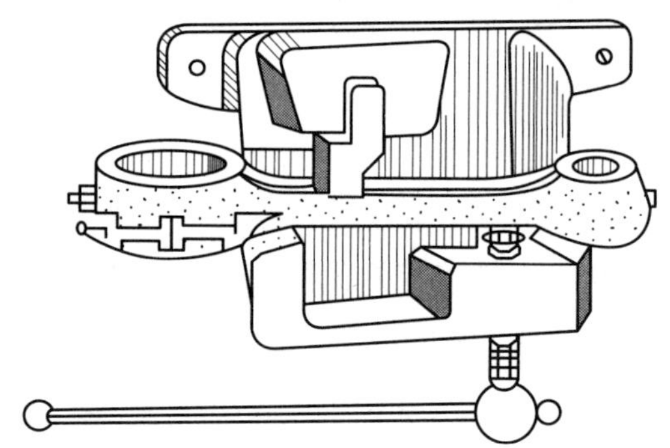

图 2–1–15　连杆弯曲变形的校正

连杆校正后，在杆身中存在的残余应力是不易消除的，必须将连杆加热至 400 ~ 450 ℃，保温 0.5 ~ 1 h，以消除残余应力，才能避免在工作中恢复弯曲状态。

4）连杆其他损伤的检修。对连杆螺栓和螺母，检视全部螺纹应完好，不得有滑牙和变形；探伤检查连杆不允许有裂纹存在；对连杆大头端面，由于受到曲轴轴向窜动的影响而产生磨损，若其与曲柄臂之间的间隙值超过 0.50 mm 时，应在连杆大头侧面堆焊修复。

三、曲轴飞轮组的修理

1. 曲轴的常见损伤及检修

（1）曲轴的常见损伤

1）曲轴轴颈的磨损。曲轴轴颈的表面磨损是不均匀的，径向磨损为椭圆形，轴向磨损为锥形。

主轴颈的磨损特点：径向磨损为椭圆形，最大磨损（长轴）部位靠近连杆轴颈一侧。如果主轴颈两侧均有连杆轴颈，将使主轴颈在两曲柄臂 120° 夹角间的表面磨损最大。主轴颈沿轴向的磨损是不均匀的，一般没有规律性。

连杆轴颈的磨损特点：径向磨损为椭圆形，最大磨损部位在轴颈的内侧，即靠近曲轴中心线侧。轴向磨损为锥形，最大磨损部位一般在油孔杂质沉积一侧和轴颈受力大的部位。连杆轴颈的磨损比主轴颈的磨损速度快，这主要是因为连杆轴颈的负荷较大、润滑条件差。

2）曲轴的变形。曲轴在周期性变化的气体压力、活塞连杆组往复运动的惯性力、离心力的共同作用下，既产生弯曲又产生扭曲，当其变形超过允许限度时，将使曲轴轴颈与轴承在工作过程中产生剧烈的磨损，使气缸与活塞连杆组件磨损加速。

曲轴变形的原因大多是使用不当和修理不当造成的，如发动机在爆燃或超负荷、冲击条件下工作；个别气缸不工作或工作不均匀；曲轴轴承盖松紧不一；曲轴轴颈与轴承座孔不同心，受力不均，经常振动；曲轴与轴瓦的轴向、径向间隙大，运转时受到冲击；曲柄连杆机构动平衡被破坏；发动机运转不平稳，各轴颈受力不均匀；修理时曲轴变形严重等故障，均会造成曲轴的弯曲或扭曲变形。

3）曲轴的裂纹和折断。曲轴的裂纹多发生在曲柄臂与轴颈之间的过渡圆角以及油孔处。由于曲轴受力条件十分复杂，既要承受燃烧气体的压力、往复运动惯性力、离心力，还要承受这些力所形成的弯曲和扭转，使过渡圆角处的应力急剧增加，极易产生疲劳，出现裂纹。在交变应力的作用下，裂纹扩展，导致曲轴断裂。

曲轴由初始裂纹而导致疲劳断裂是发动机的严重故障。当曲轴即将断裂时，发动机振动极大，有沉重且粗闷的异常响声，下曲轴箱回响很大，随后发动机停止运转，则曲轴已完全折断。曲轴折断多发生在曲柄臂与主轴颈、连杆轴颈的结合处。

4）曲轴的其他损伤。曲轴的其他损伤包括轴颈表面的擦伤和烧伤、起动爪螺纹的损坏、曲轴前后油封轴颈的磨损、曲轴后凸缘法兰盘固定飞轮的螺栓孔磨损等。

（2）曲轴的检修

1）曲轴轴颈磨损的检修。因离心力的作用，曲轴主轴颈和连杆轴颈的最大磨损面均在靠近曲柄臂侧。因此，检测曲轴轴颈圆度、圆柱度误差时，应分别选取轴颈上 *I—I* 和 *II—II* 两个截面，在每个截面上选择与曲柄平行和垂直的两个方向 *A—A* 和 *B—B*，用千分尺测量它们的直径，如图 2-1-16 所示。同一截面上测得的最大值和最小值之差的一半即为该截面的圆度误差；同一轴向方向 *I—I* 截面和 *II—II* 截面之间最大值与最小值之差的一半为轴颈的轴向圆柱度误差。

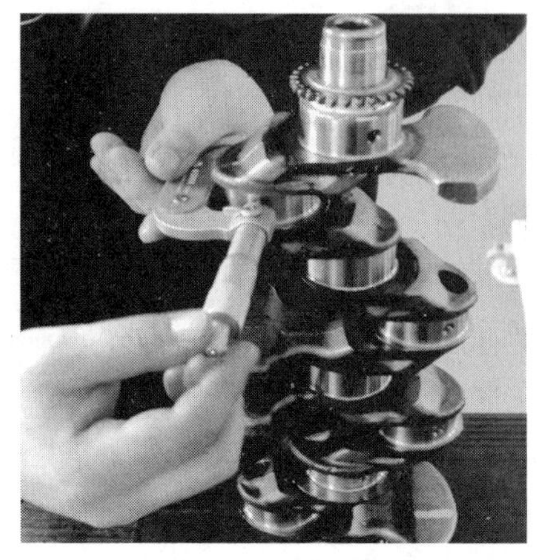

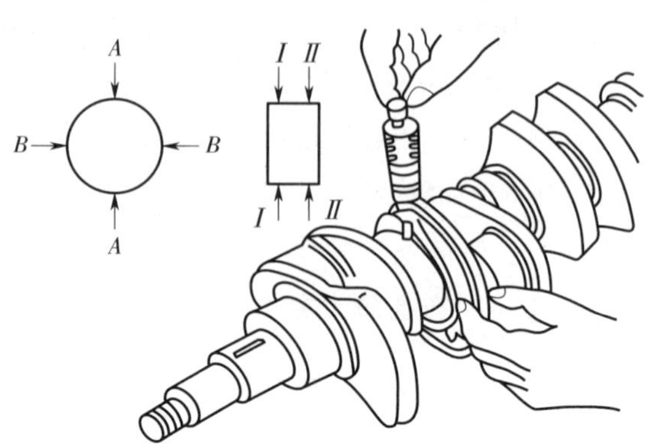

图 2-1-16　检测曲轴轴颈圆度、圆柱度误差

对轴颈直径小于 80 mm 的圆度、圆柱度误差不得大于 0.025 mm；轴颈直径大于 80 mm 的不得大于 0.040 mm。超过此值，则采用修理尺寸法在曲轴磨床上磨削加工轴颈。曲轴主轴颈和连杆轴颈应分别磨削成同级修理尺寸，以便选配统一的轴承，保证合理的配合间隙。

2）曲轴变形检修

①曲轴弯曲变形的检修。将曲轴两端的轴颈用 V 形架支承在平台上，把百分表的测头垂直抵在中间轴颈上，转动曲轴，记下百分表的最小读数，再将曲轴旋转 180°，记下百分表的读数，百分表最大读数与最小读数之差即为径向圆跳动误差，即曲轴弯曲变形量，如图 2-1-17 所示。测量时要注意，不可将百分表的测头放在轴颈的中间，而应放在轴颈的一端，如图 2-1-16 所示的 *I—I* 和 *Ⅱ—Ⅱ* 位置；否则，由于轴颈不圆，将导致测出的曲轴弯曲变形量有误差。

图 2-1-17　曲轴弯曲量的检测

中型货车的曲轴弯曲变形量小于 0.15 mm、乘用车小于 0.06 mm 时，可结合光磨曲轴加以修正，否则应进行冷压校正。对于中碳钢曲轴，校正时反向压弯量应为弯曲量的 10～15 倍，保持时间约为 10 min。经冷压校正的曲轴，还应均匀加热到 300～350 ℃，

保温 0.5 ~ 1 h，以消除应力。热处理完毕，须再次检测弯曲变形量。校正后的弯曲变形量应不大于 0.05 mm。

②曲轴扭曲变形的检修。检查曲轴弯曲之后，将同一平面的连杆轴颈转到水平位置，用百分表测出其到平板的高度差，即为扭曲度。曲轴扭曲的校正较为困难，扭曲度较小时，可在光磨曲轴时予以修正；若扭曲变形较大，光磨无法修正，则应更换新曲轴。

3）曲轴裂纹的检修。曲轴裂纹一般用磁力探伤仪或超声波探伤仪进行检查：先把曲轴用磁力探伤仪磁化，再将干燥的细铁屑撒在需要检查的部位，同时用小锤轻轻敲击曲轴，如有裂纹，在铁屑聚积的中间可清楚地看到。

若无上述设备，也可用锤击法进行检查：先清除黏附在曲轴表面的油污，再用煤油浸洗整个曲轴，然后将曲轴的两端支承在木架上，用小锤轻轻敲击每段曲柄，如无裂纹，常发出连贯、尖锐的金属声；如有裂纹，则发出不连贯、短促的金属声，用放大镜检查，有油渍冒出一条黑线的地方就是裂纹所在。

轴颈上若存在未触及轴肩过渡圆角和油道孔或油道孔边缘有细微裂纹时允许继续使用；若出现横向裂纹，一般应予以更换。修理后的曲轴须进行动平衡试验，其平衡误差应在原设计规定范围内。

2. 曲轴其他部位的检修

（1）起动爪螺纹孔检修。曲轴起动爪螺纹孔的螺纹损伤超过 2 牙、磨损松旷，可用加大螺纹孔的方法修复，但应注意不能损伤螺纹孔倒角。

（2）曲轴后端轴承孔检修。曲轴后端变速器第一轴轴承孔与轴承的过盈配合量为 0.028 ~ 0.021 mm。若磨损松旷，或与曲轴轴线不重合，其径向圆跳动误差超过 0.06 mm 时（在轴承孔内测量），应对轴承座孔镶套修复。保证变速器第一轴与曲轴中心线重合，避免变速器齿轮产生噪声，加速磨损，甚至造成变速器跳挡。

（3）曲轴后端凸缘检修。曲轴后端安装飞轮的凸缘端面应与曲轴轴线垂直，在端面边缘测量时，端面圆跳动误差应不大于 0.06 mm。若超过此标准，应予修复或加垫片调整，以防飞轮工作时偏摆。飞轮螺栓孔磨损变形应予修复，螺栓与孔的配合间隙为 0 ~ 0.07 mm，最大不得超过 0.10 mm。

（4）正时齿轮的检修。正时齿轮不得有裂纹和击伤，与轴颈的配合应符合规定。正时齿轮上的键槽宽度若有磨损应予以修复，修复加工后的键槽应符合原尺寸规定。

（5）曲轴带轮的检修。曲轴带轮不得有破裂或轮槽宽度不均的现象，带轮轮毂孔与其轴颈的配合要符合规定。曲轴带轮油封接触面的磨损超过 0.20 mm 时，应予以修复。修复后油封接触面应与曲轴同心，其径向圆跳动误差应不大于 0.05 mm。安装带轮的轴颈对曲轴中心线的径向圆跳动误差不得大于 0.05 mm。带轮槽对曲轴中心线的径向圆跳动误差应不超过 1 mm。

3. 曲轴主轴承和连杆轴承的选配

曲轴主轴承和连杆轴承均采用滑动式的薄壁轴承，常见损耗形式为磨损、机械杂质划伤、疲劳剥落和因缺乏润滑油造成的烧蚀等。由于所浇注的合金比较薄，在修理中一般不允许刮削，只能根据轴颈的修理尺寸进行选配。曲轴轴颈修磨后有不同的修理尺寸，为保证正常的配合间隙，曲轴主轴承和连杆轴承也有不同级别的修理尺寸与之适应。某些发动机曲轴轴颈仅有标准直径一个级别，则只能选用标准轴承。

（1）轴承座孔的检查与修正

曲轴主轴承和连杆轴承均是薄壁件，刚度很低，它的内孔形状和尺寸完全取决于轴承座孔的形状和尺寸。因此，在选配轴承前，应先检查轴承座孔的圆度、圆柱度误差是否符合标准。

（2）轴承的选配要求

1）根据轴颈选轴承。根据轴颈光磨后的修理尺寸，选用同一级修理尺寸的轴承。如果轴承背面的级数与轴承厚度不符，或遇无标记的轴承时，可测量轴承的厚度，参考其他有记号的轴承核对轴承级别。

2）轴承的圆弧长度符合规定。新的轴承装入座孔内，上、下两片每端均应高出座孔平面 0.04 ~ 0.05 mm，以保证轴承与座孔紧密配合，提高散热效果。检查轴承圆弧长度一般用经验法，将轴承安装好，扣上轴承盖，按规定力矩拧紧一端螺栓，在另一端轴承座与盖的平面间插入厚度为 0.05 mm 的垫片，当把该端螺栓拧紧到 10 ~ 20 N · m 时，垫片抽不出，轴承圆弧长度合适；如抽得出，说明轴承过长，应在无凸榫一端将轴承适当锉低些；如果未达到 10 N · m 就抽不出，说明轴承过低，应重新选配。

3）背面光滑且有合适的凸榫。轴承背面应光滑、无斑点，表面粗糙度 *Ra* 值不大于 0.8 μm。凸榫是防止轴承转动、起定位作用的零件，如凸榫过低，可用尖冲冲出理想的凸榫；如凸榫损坏，应重新选配轴承。

4）弹性合适无哑声。轴承的弹性可保证轴承与座孔紧密贴合。因此，轴承的自由半径应大于座孔半径。此外，轴承合金表面不应有裂纹和砂眼，轴承合金应与底板有一定的结合强度，轻敲轴承背面，鉴别声音是否清脆及有无脱壳现象。

（3）轴承与轴颈配合间隙的要求

加工后的轴颈与轴承配合，要求接触面积达 75% 以上；径向和轴向配合间隙应符合相应车型的技术要求。轴承与轴颈配合间隙的检测有以下三种方法：

1）经验法。多用于轴承修配时和组装中检验轴承间隙。

①连杆轴承与轴颈配合间隙的检查。在连杆轴承表面涂抹润滑油，并正确安装在相应的连杆轴颈上，按规定力矩拧紧轴承盖螺栓，然后用手转动连杆，若能转动，且沿曲轴轴线方向扳动连杆无明显间隙，即说明配合基本符合要求。

②曲轴主轴承与轴颈的配合检查。在安装曲轴之前，去掉轴承座上的油封，在轴承

上涂抹润滑油，装上曲轴，按正确安装方向和位置装上轴承盖，并按规定力矩和紧固顺序拧紧轴承盖螺栓，然后双手用力在曲柄臂处拨动曲轴，若启动阻力大，但一旦启动则转动轻松，说明配合关系合适。

2）介质测量法。主要用于曲柄连杆机构处于安装状态，如发动机维护时测量轴承间隙。用塑料测隙片或细软铅丝沿轴向置于被检测的轴颈上，装上轴承盖，按规定力矩拧紧轴承盖螺栓后（不得转动曲轴）即卸下轴承盖，取出被压扁的塑料测隙片或铅丝，并测量其宽度或厚度，该测量值就是轴承与轴颈的配合间隙。

3）量具测量法。主要用于发动机大修解体后的零件检验中测量轴承间隙。用内径百分表测量轴承内径最小尺寸，用千分尺测量轴颈的最大直径，两者之差即为轴承与轴颈的配合间隙。

（4）曲轴轴向间隙的检测与修正

曲轴轴向间隙一般在曲轴轴承检修完毕，并正确安装好曲轴后检测。用百分表测头抵住飞轮的端面或曲柄臂端面，使百分表小指针处于测量范围的中间值，然后用撬杠沿轴向前后拨动曲轴，观察百分表大指针的摆动幅度，该幅度值即为曲轴的轴向间隙，如图 2-1-18 所示。当曲轴轴向间隙超过使用极限时，可通过更换推力轴承修理。由于推力轴承的磨损速率比曲轴轴承慢，对于组合式推力轴承，在修理及更换曲轴轴承时，也随之更换；对独立的推力轴承，更换后安装时，减摩合金层（安有储油槽）应朝向曲柄臂。对于曲轴前端装止推垫片的发动机，曲轴轴向间隙因磨损而增大时，应在保证前止推片为标准厚度的情况下，加大后止推片的厚度。

图 2-1-18　曲轴轴向间隙的检测

4. 飞轮的常见损伤及检修

（1）飞轮的常见损伤

1）飞轮齿圈的磨损和断裂。齿圈用于发动机的启动，启动时齿圈上的轮齿受到起动机齿轮的频繁撞击和滑移干摩擦，且齿轮啮合处常夹杂着磨粒，使齿圈轮齿产生磨损、剥落，严重时会导致轮齿断裂。

2）飞轮工作面的磨损。飞轮工作面即为离合器摩擦片接合的平面。由于离合器工作时产生滑动摩擦、使用中离合器分离不彻底加速飞轮的磨损、飞轮平面因高速产生的高温使局部烧灼，以上均会使飞轮摩擦、接合能力下降。

3）飞轮螺栓孔的磨损和变形。飞轮是用螺栓与曲轴凸缘连接的，由于飞轮承受的转矩较大，并且传递转矩时，常伴随冲击载荷，因而飞轮螺栓孔不但会产生磨损，还会出现变形失效。

（2）飞轮的检修

1）飞轮齿圈的检修。若只有个别齿损坏或齿圈单面磨损，可在轮齿另一端重新倒角，将齿圈翻边使用；若齿面严重磨损超过齿长的 30% 或连续损坏两齿以上时，必须更换齿圈。换用的新齿圈与飞轮的配合过盈量一般为 0.30 ~ 0.60 mm，可用温差法进行安装，即火焰沿齿圈周围均匀加热，加热温度不宜超过 400 ℃，感觉有热辐射而不见变色时为止，趁热将齿圈套装于飞轮上，紧贴轴肩。

2）飞轮工作面的检修。飞轮工作面的平面度误差可用钢直尺和塞尺检测。飞轮工作面磨损或形成波浪形槽，应用油石磨平；当磨损沟槽深度超过 0.50 mm 或平面度误差大于等于 0.12 mm 时，必须磨削加工修理，但磨削后飞轮的厚度与原设计基本尺寸的差值应不大于 1.2 mm，否则应更换飞轮。飞轮上有点火正时记号，更换时要检查有无此记号，若没有，需用号冲打上，以便校正点火正时。

3）飞轮螺栓孔的检修。飞轮螺栓孔的圆度误差大于 0.04 mm、螺纹损伤多于两牙，应采用扩孔加大尺寸法修理，然后换用相应尺寸的螺栓以固定飞轮。

4）飞轮端面的检修。将百分表表架装在飞轮壳上，百分表测头抵在飞轮的光滑端面上，转动表头指针对正“0”位，转动飞轮一圈，百分表上的读数除以表头至飞轮旋转中心距的两倍，即为飞轮的轴向圆跳动量，如图 2–1–19 所示，一般不大于 0.20 mm。当飞轮轴向圆跳动量超过允许限度时，可在曲轴凸缘与飞轮之间加垫片调整，不得用机械加工方法修复。

图 2–1–19　飞轮轴向圆跳动量的检测

5）飞轮壳的检修

a. 检查垂直度。飞轮壳平面应与曲轴轴线垂直，常用百分表进行检查，安装时其倾斜度应不超过 0.20 mm。垂直度若超过规定，可在飞轮壳与气缸体接合面之间加垫片调整，或对不平处加以修整。

b. 检查同心度。飞轮壳上用于安装变速器第一轴的轴承盖孔中心线与曲轴中心线应同心。在孔内测量时，旋转调整百分表角度并读数，偏差不超过 0.40 mm，否则会影响曲轴与变速器第一轴中心线的重合。

飞轮壳上带有通风防护罩的，应予配齐；装有离合器分离叉轴衬套的，分离叉轴与两端衬套的配合间隙超过规定标准时，应更换衬套；飞轮壳与气缸体接合的定位销如有松动变形，应及时更换。

6）曲轴、飞轮的平衡试验。曲轴、飞轮修理后，曲轴要做动平衡试验，飞轮要做静平衡试验，曲轴和飞轮与离合器安装在一起后应做总成的动平衡试验。若总成的不平衡量在一定限度内，可在飞轮上钻孔或在离合器上加装平衡片（不多于 3 片）予以调整；若超过允许限度，则必须拆散，对飞轮、曲轴、离合器重新进行平衡试验，合格后再组装进行动平衡试验。

四、曲柄连杆机构组装检验

用修理尺寸法修理曲柄连杆机构各零件的顺序：加工及修理气缸，选配修理尺寸的活塞和活塞环；加工及修理活塞销座孔和连杆衬套孔，选配修理尺寸的活塞销，或根据活塞上活塞销座孔的尺寸偏差分组标记，选配按相应尺寸偏差分组的活塞销，加工连杆衬套孔；加工曲轴主轴颈和连杆轴颈，选配主轴承和连杆轴承。

曲柄连杆机构各零件按组检修后，不仅要检验各组的装配技术状况，在各个组总装后，还要对它们的装配关系和装配技术条件进行检验。不符合技术要求的，要查明原因重新修理。

曲柄连杆机构组装后的主要检验项目是活塞连杆组与曲轴飞轮组连接后，活塞在气缸中的位置。

活塞在上止点位置时，用游标深度卡尺测量活塞顶面与气缸体上平面的距离，其顶面高出值应不大于 0.25 mm，低出值不大于 0.80 mm；活塞头部在气缸中纵向任意位置与气缸壁的间隙值之差应不大于 0.10 mm。

活塞在气缸中单向紧贴气缸前壁或后壁的现象称为活塞偏缸。检查活塞偏缸时，先将不装活塞环的活塞与连杆按各缸顺序标记分别装入相应的气缸，按技术要求拧紧各连杆螺栓，然后检查连杆小头、大头是否处在活塞销两座孔端面中间和连杆轴颈中间，其值均不应相差太大；再转动曲轴，分别在上止点、气缸中部、下止点处检查各缸活塞头部前、后方向与气缸壁的配合间隙，即检查三处，每处测两个数据，每两个数据基本相等，其误差应小于 0.10 mm，如超差说明该缸发生偏缸。发生偏缸应确定方向、部位，然后通过分析及其他检查查明具体原因和部位。造成偏缸的原因很多，较为常见的是连杆弯曲、扭曲，通常采用校正连杆弯曲、扭曲的方法修复。

任务 2　配气机构修理

学习目标

1. 明确配气机构各零部件的损伤形式。
2. 掌握配气机构各零部件的检修方法。
3. 掌握气门间隙和配气相位的检查、调整方法。

发动机在使用过程中，由于配气机构的某些零件磨损、烧蚀或变形，破坏了配气机构的正常配合状况，造成气门关闭不严、配气机构异响、配气相位不准等故障，使发动机功率下降，燃料消耗增加，发动机运转和启动都不正常。因此，必须及时地检查、调整和维护配气机构。发动机配气机构一般由气门组、气门传动组组成。

一、气门组各主要零件的常见损伤及检修

气门组零件有气门、气门座圈、气门导管、气门弹簧与气门弹簧座等。

1. 气门组零件的主要损伤

气门组零件的主要损伤包括气门杆弯曲和磨损；气门与气门座工作面起槽、变宽，甚至烧蚀后出现斑点和凹陷；气门与气门导管配合松旷；气门弹簧自由长度缩短，弹力减退，且发生弯曲变形，甚至折断等。

2. 气门组零件的检修

（1）气门杆磨损的检修

1）气门杆弯曲的检验。将气门杆置于 V 形架上，转动气门，用百分表测量气门中部的弯曲度；再将百分表测头移至气门头部，测量头部径向圆跳动量，如图 2–2–1 所示。若气门杆弯曲量超过 0.03 mm，或气门头部的摆差量超过 0.05 mm，应更换新件。

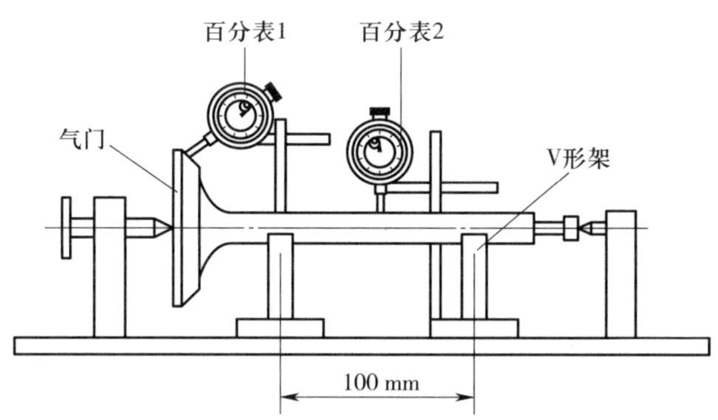

图 2–2–1　气门杆弯曲的检验

2）气门杆磨损的检验。用外径千分尺按图 2–2–2 所示三部位测量气门杆直径，并与新气门杆比较。气门杆的磨损量不应超过 0.04 mm，如果磨损过大，应电镀修复或更换气门。修复后气门杆的圆柱度误差不应超过 0.01 mm，直线度误差不应超过 0.02 mm。气门杆下端应平整，否则应磨平。

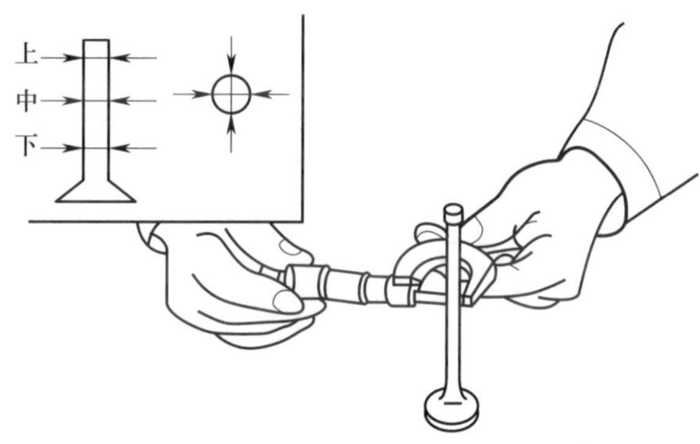

图 2–2–2　气门杆磨损的检验

3）气门杆端面磨损的检验。气门杆端面磨损不均匀或有疤痕，可造成端面不平，气门关闭不严。检验时，将气门杆放置在 V 形架上，用百分表测量，用百分表测头抵住气门杆端面，百分表指针的摆差量应不大于 0.03 mm。气门杆端面磨损可用气门光磨机修磨，或用砂轮修磨。修磨时，将气门杆平放在带 V 形槽的夹具上，一手按住气门杆，一手转动气门头部，并使杆端面轻抵砂轮磨平。

（2）气门与气门座密封工作面的检修

1）气门密封工作面磨损的检验。气门密封工作面简称气门工作面，位于气门锥面中部略靠内侧，如图 2–2–3 所示。气门工作面应与气门座密封工作面（图 2–2–4）相配合。气门工作面磨损，破坏气门与气门座的密封性，会导致漏气并改变气门间隙。检验时，应检查气门工作面是否有疲劳脱层引起的点蚀、擦伤引起的刻痕和较大的斑痕、烧伤以及偏磨引起的凹陷等。

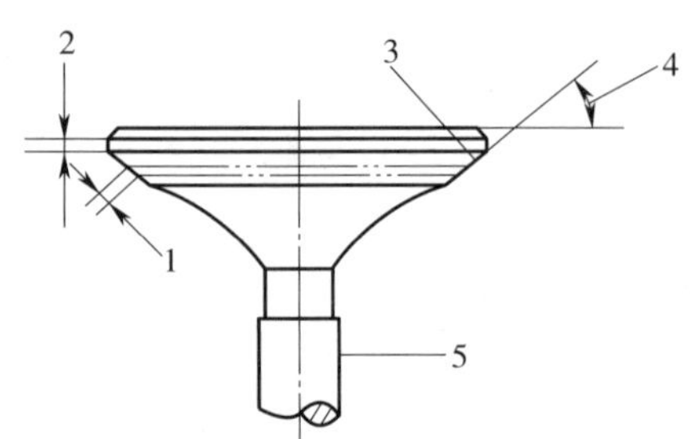

图 2-2-3　气门工作面
1—气门工作面　2—气门圆柱面
3—气门锥面　4—气门锥面斜角
5—气门杆

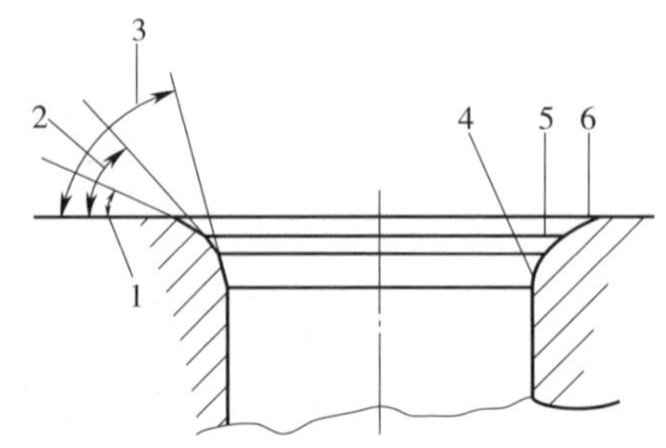

图 2-2-4　气门座密封工作面
1—气门座端面斜角　2—气门座密封工作面斜角
3—气门座孔斜角　4—气门座孔面
5—气门座密封工作面　6—气门座端面

2）气门工作面位置检查。在气门锥面上涂抹一薄层红丹油，将气门插入气门导管，使气门锥面落座，略旋转气门；取出气门观察接触印痕。该印痕即为气门工作面及其位置，如图 2-2-5 所示。

若气门工作面宽度不符合技术要求（一般进气门为 1～2.0 mm，排气门为 1.5～2.5 mm）或气门座密封工作面磨损变宽、凹陷、烧蚀后出现斑点，应对气门、气门座进行铰削或磨削修理。

图 2-2-5　气门工作面位置检查

3）气门与气门座密封性的检验。为提高气门与气门座的密封性能，经铰削或磨削加工后的气门座一般还需与气门互相研磨。气门工作面经过研磨后，其密封性常用以下三种方法进行检验：

①划线法。用铅笔在气门工作面上均匀地划上若干道线条，如图 2-2-6a 所示，与相配气门座密封工作面接触，并转动气门 1/8～1/4 转，然后取出气门，检查线条，若线条均被切断，如图 2-2-6b 所示，则表示密封良好；若有的线条未断，则表示密封不严，需重新研磨。

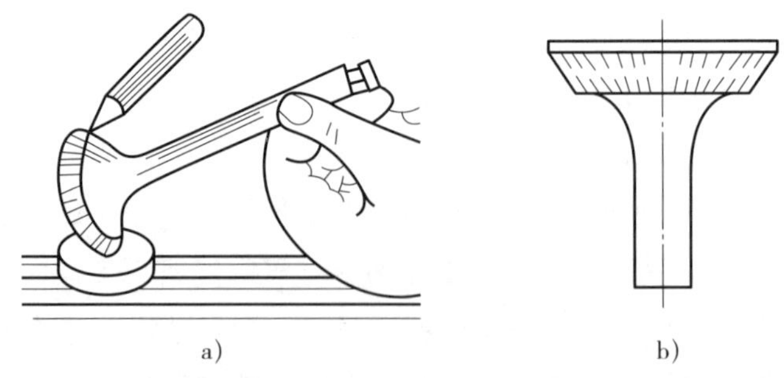

图 2-2-6　用划线法检验气门与气门座的密封性
a）划线　b）线条情况

②浸油法。气门紧密地与气门座接触，用煤油或汽油浇在气门顶面上，如图 2-2-7 所示，检视气门与气门座接触处有无明显渗漏，若无渗漏，即密封合格。

图 2-2-7　用浸油法检验气门与气门座的密封性

③仪器检查法。用带有气压表的专用密封检验仪检验。先将空气容筒紧密地压在气门座的缸体或缸盖上，再捏（压缩）橡胶球，使空气容筒内具有 60～70 kPa 的压力，如果在 0.5 min 内气压表的读数不下降，则表示气门与气门座的密封良好。

（3）气门座圈的镶配

某些汽车发动机气门座圈的工作面上会喷涂或堆焊一层铬镍钨钴合金材料，一旦气门座圈的工作面磨损超差，若铰削工作面，合金材料会被去除，工作寿命达不到要求，因此需要更换气门座圈。

气门座圈的镶配工艺如下：

1）用拉拔器拉出旧气门座圈。

2）检查气门座圈承孔，当其圆度误差超过 0.02 mm，或圆柱度误差超过 0.05 mm，或表面粗糙度 Ra 值大于 1.25 μm 时，须以气门导管定位，镗削或铰削原气门座圈承孔，镶配上合适的新气门座圈。

3）气门座圈材料的性能应与基体材料相近。

4）气门座圈与承孔为过盈配合，进气门的配合公差为 −0.12～−0.07 mm，排气门为 −0.17～−0.10 mm。可用冷镶法安装，即冷却气门座圈至 −180 ℃，置入承孔，压装到位；也可用热镶法，即用喷灯将承孔周围加热至 100 ℃左右，然后将在冷冻室内冷冻的气门座圈迅速压入承孔内。

5）镶配后，上端面与基体平面应平齐。

（4）气门与气门导管配合的检修

气门杆与气门导管配合间隙的检测如图 2-2-8 所示，将气门从阀座上提升 15～

20 mm，用百分表测头抵住气门边缘，沿百分表测杆方向摆动气门，百分表指针摆幅值的一半即为气门杆与气门导管配合间隙值。进气门杆与气门导管的配合间隙标准值为 0.03～0.10 mm，排气门杆与气门导管为 0.05～0.10 mm；汽油机配合间隙极限值为 0.20 mm，柴油机为 0.25 mm，超过极限值应更换气门或气门导管，根据情况也可同时更换两者。

若换新气门后仍超过许用配合，或进气门导管内径磨损量大于 1.0 mm，排气门导管内径磨损量大于 1.3 mm，则应更换气门导管。

气门导管的镶配工艺如下：

1）用直径比气门导管外径小 1.0～1.5 mm 的冲头从凸轮轴一侧压出或冲出气门导管，带有台肩的气门导管则从燃烧室压出或冲出，做好记号，并清洁气门导管孔。

2）根据车型，选择新气门导管，并在其外表涂上薄薄一层润滑油，然后用铜冲从气门弹簧座端压入或冲入。

3）镶入后，气门导管的压入深度必须符合规定，并需检查及修整与冲头接触处气门导管的损伤，检验气门杆与气门导管的配合间隙。检验方法是：将涂抹润滑油的气门杆插入气门导管，并上、下提拉数次，再提高气门，若气门借自身重力缓缓下降，表明配合间隙合适。若间隙过小，应用铰刀铰削气门导管的内径，每铰削一次，要进行试配。

4）镶装气门座圈或气门导管后，应进行水压试验。

（5）气门弹簧的检修

气门弹簧长期处于高速、高温情况下工作，连续不断地受到间歇性的伸缩，产生弹性疲劳，会逐渐失去原有的弹力且自由长度会改变，使气门关闭不严或滞后。气门弹簧的检验主要是测量其自由长度（或新旧弹簧对比）、负荷长度和弯曲量，如图 2–2–9、图 2–2–10 所示。要求气门弹簧自由长度减小量不大于 3 mm，弹簧无明显歪斜，弹簧钢丝无锈蚀斑点、裂纹，否则应更换。

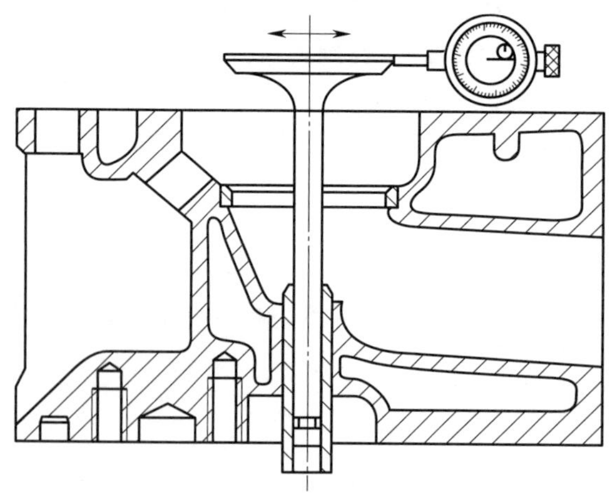

图 2–2–8　气门杆与气门导管配合间隙的检测

图 2–2–9　测量弹簧自由长度

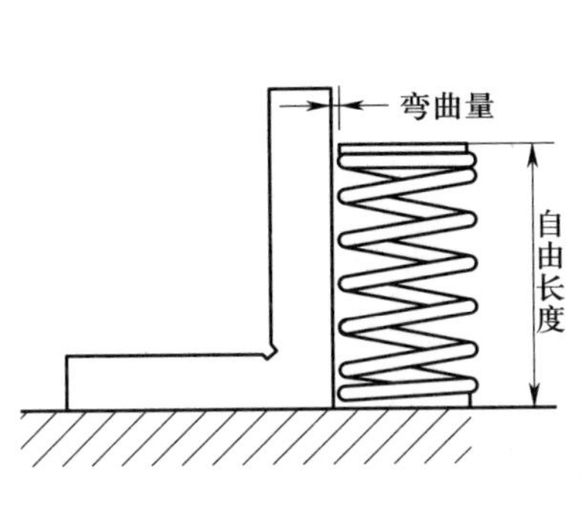

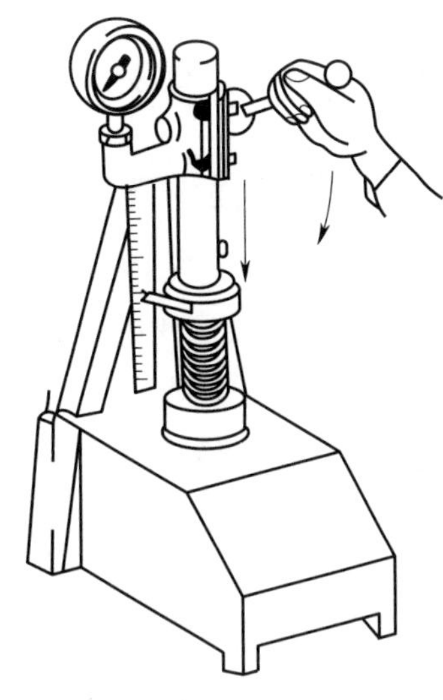

图 2-2-10　测量弹簧负荷长度和弯曲量

另外，还应检查弹簧座表面是否光洁，是否有裂纹、夹层、折叠、凹陷、擦痕、锈蚀等缺陷，若有须更换。

3. 气门研磨

气门研磨的目的是保证气门与气门座接触良好，使配合密封性达到要求。气门研磨可分为机动研磨和手工研磨两种。

（1）气门机动研磨。气门机动研磨是在气门研磨机上进行的。研磨时，先将气门与气门座擦拭干净，把气缸体或气缸盖置于气门研磨机的工作台上，用专用角铁托架固定。在每个气门导管上套装细小的圆形弹簧，在气门锥面上涂一层均匀的粗研磨砂，将气门杆部浸润润滑油，并插入气门导管内。摆动手柄，使转轴停留在向上提起的位置，移动气缸体或气缸盖，使各气门座孔对准转轴的垂直平面，在转轴下端接头上有研磨转柄。

当转轴位于向上提起的位置时，转动工作台的升降手轮，使研磨转柄压住气门顶部，直至气门与气门座的距离达到 13 mm 为止，观察研磨转柄是否与气门在同一中心线上，然后将偏心轮上的距离加以调整，使转轴旋转的角度为 45°～90°。

（2）气门手工研磨。没有气门研磨机的小型修理企业，可采用手工研磨气门的方法。先清洁气门座及气门导管，在气门工作面上涂一层薄薄的粗研磨砂，在气门杆上涂少许润滑油，将气门杆插入气门导管内，用橡皮碗（或旋具）旋转气门，使气门在气门座上研磨。

研磨时要经常变换气门与气门座的相对位置，保持气门的旋转和上下运动，保证磨合均匀。当气门与气门座磨出一条比较整齐且无斑点的环带时，可将粗研磨砂洗去，涂细研磨砂继续研磨几分钟再洗去，涂上润滑油空磨少许时间即可。手工研磨气门只能一个个地研磨，工作效率比较低，一般汽车维护和小修时采用。

二、气门传动组各主要零件的常见损伤及检修

1. 凸轮轴的常见损伤及检修

凸轮轴的常见损伤包括凸轮轴弯曲、轴颈磨损、凸轮磨损和断裂、正时齿轮轴颈及键槽磨损、润滑油泵驱动齿轮磨损等。

（1）凸轮轴弯曲变形的检修

凸轮轴弯曲的检测如图 2–2–11 所示，将凸轮轴两端轴颈放在 V 形架上，将百分表测头抵在中间的轴颈上，并缓慢转动凸轮轴一周，如果百分表的指针摆差量超过 0.10 mm，应冷压校正，校正后的弯曲度应不大于 0.03 mm。

（2）凸轮轴轴颈磨损的检修和轴承的更换

凸轮轴转速不是很高，旋转半径也不大，其轴颈的磨损基本是均匀的。用千分尺测量各段轴颈，如图 2–2–12 所示，并计算其圆度和圆柱度误差，如超过规定值，可用修理尺寸法磨削轴颈并选用相配的凸轮轴轴承；若轴颈磨损严重应予以更换。

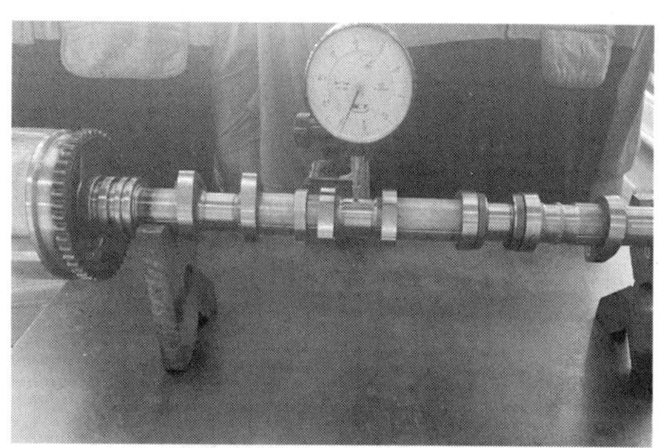

图 2–2–11　凸轮轴弯曲的检测

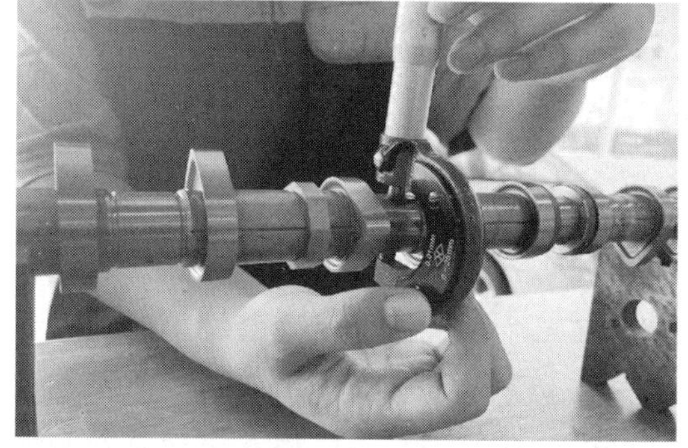

图 2–2–12　凸轮轴轴颈磨损的检测

凸轮轴轴颈与轴承的配合间隙一般为 0.03 ~ 0.07 mm，可通过千分尺、内径百分表分别测量轴颈尺寸和轴承内径获得。也可用经验法来检测，即用手扳转凸轮轴正时齿轮，凸轮轴转动灵活，无卡顿现象，沿径向移动凸轮轴时，应无明显的间隙感觉。若配合间隙超过使用极限 0.15 mm 时应更换凸轮轴轴承，否则将引起配气相位失常。

（3）凸轮轴凸轮磨损的检修

凸轮磨损的检测如图 2–2–13 所示，用千分尺或专用仪器测量凸轮的高度，若高度比标准值低 0.40 mm 或其表面有严重擦伤、拉毛、麻点等，均应更换。

（4）凸轮轴轴向间隙的检测及修正

凸轮轴轴向窜动会影响配气相位和点火正时。发动机额定转速越高，对凸轮轴的轴向间隙要求越严格。

对运用止推板定位的发动机，用塞尺测量止推板端面与凸轮轴轴颈端面的间隙。也可在凸轮轴正确安装后，用百分表测量凸轮轴的轴向移动幅度。当凸轮轴轴向间隙超差时，可通过更换止推板或减薄止推板隔圈的厚度来调整。

对运用轴承定位的发动机，首先拆去筒形挺杆，然后将凸轮轴装入轴承中，将百分表测头顶到凸轮轴轴端，如图 2–2–14 所示，推、拉凸轮轴，百分表指针的摆差量即为凸轮轴的轴向间隙。若间隙超限，应更换凸轮轴轴承。

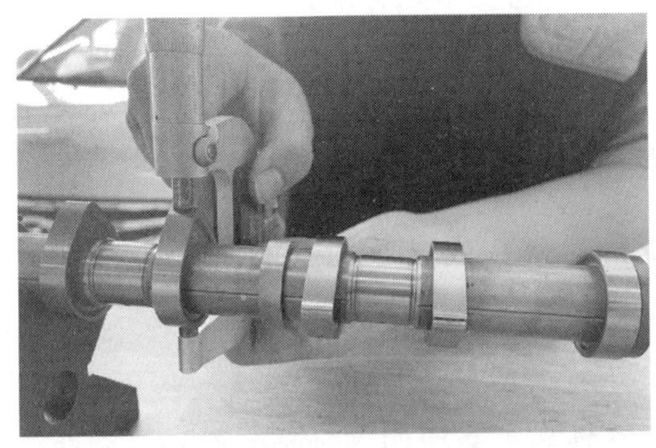

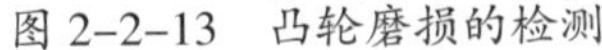

图 2–2–13　凸轮磨损的检测

图 2–2–14　凸轮轴轴向间隙的检测

另外，检视凸轮轴，只要凸轮轴表面存在明显的剥落现象，都应更换凸轮轴。

2. 气门挺杆的常见损伤及检修

气门挺杆的主要损伤包括气门挺杆与凸轮接触面（球面或平面）磨损、气门挺杆的外圆柱面磨损等。

气门挺杆球面的磨损程度可用如图 2–2–15 所示的样板检验，当间隙大于 0.20 mm 时，应更换气门挺杆，也可在专用磨床上或利用夹具在车床上对球面进行修磨。

气门挺杆与承孔配合间隙的检测如图 2–2–16 所示，配合间隙极限值为 0.10 mm。若磨损超限，可更换气门挺杆，也可电镀修理挺杆承孔。

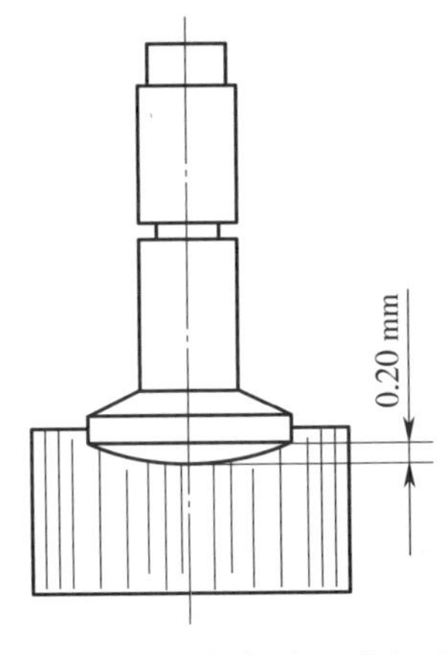

图 2–2–15　气门挺杆球面磨损的检验

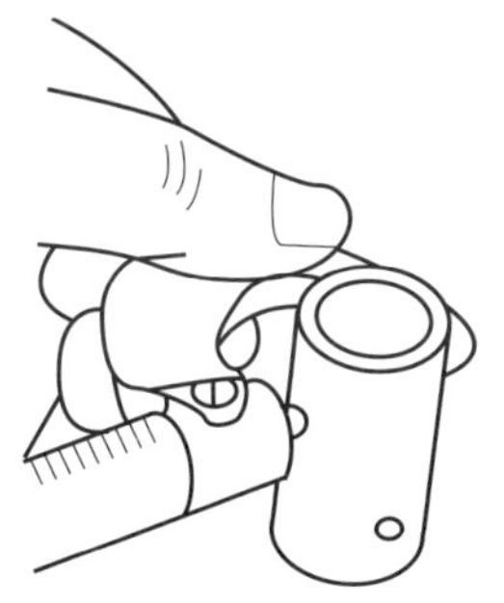

图 2–2–16　气门挺杆与承孔配合间隙的检测

液压挺杆没有调整垫片，需进行以下检验：

（1）检查挺杆顶平面的磨损情况，若磨损严重或出现沟槽，需更换新件。

（2）检查液压挺杆的密封性能。具体方法如下：

1）先将挺杆浸入润滑油中，推拉柱塞若干次，排除内腔的空气。

2）将挺杆放在试验台上，在柱塞上施加 196 N 的压力，柱塞下滑 2 mm 后，测量其再下滑 1 mm 所用的时间，如图 2–2–17 所示为液压挺杆的滑降试验。下滑时间越长，密封性能越好，要求在常温下下滑时间应大于 7 s，不符合要求则更换挺杆。

3. 气门推杆的常见损伤及检修

气门推杆通常采用空心细长杆件，工作时承载面积小，因此，气门推杆的常见损伤是杆身弯曲、两端磨损。

气门推杆的直线度误差一般应不大于 0.30 mm，球头或球座应无裂损，球面半径应符合规定，否则应更换。

4. 摇臂及摇臂轴的常见损伤及检修

摇臂的主要损伤是摇臂头部的磨损，而摇臂轴的主要损伤是轴颈的磨损及弯曲变形。

（1）外观检查

检查摇臂和摇臂轴工作面有无缺口、凹陷、沟槽、麻点、划损等缺陷，若有须修磨或更换。

（2）检查摇臂与摇臂轴之间的磨损

图 2–2–18 所示为用手检查摇臂与摇臂轴的配合间隙，按图中箭头方向推拉和摇摆摇臂，如有间隙感，说明摇臂与摇臂轴之间出现了磨损。图 2–2–19 所示为用内径百分表和千分尺检测摇臂与摇臂轴之间的配合间隙，如果测得间隙超过 0.15 mm，则必须更换。

（3）检查、疏通摇臂润滑油孔

检查调整螺钉螺纹是否完好，若损坏须更换。

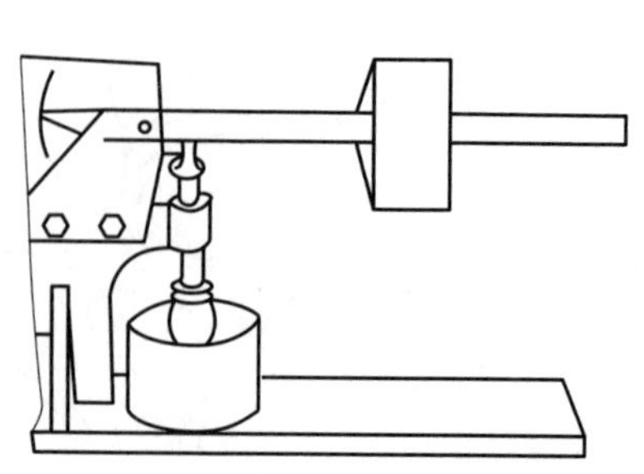

图 2–2–17　液压挺杆的滑降试验

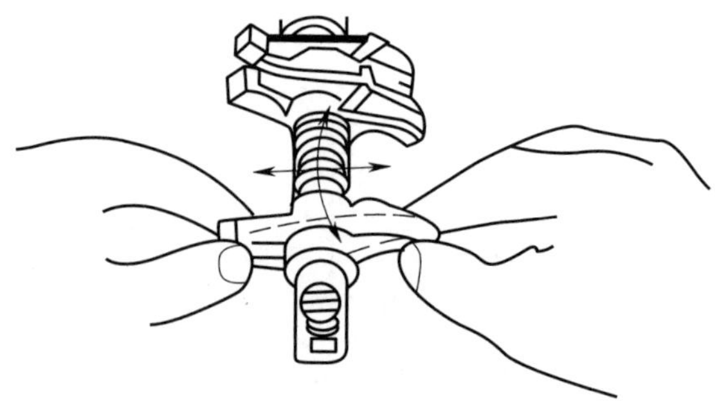

图 2–2–18　检查摇臂与摇臂轴的配合间隙

5. 链轮、链条与齿形带的检修

链轮、链条与齿形带的损伤形式主要是磨损，修理时以换件为主。

（1）链轮和链条磨损的检测

在安装状态，用弹簧秤和钢直尺测量链条的挠度，如图 2-2-20 所示，要求在 100 N 的力作用下，链条的挠度不超过 14 mm。零件卸下后测量链条的伸展度和链轮直径，如图 2-2-21 所示，其具体要求见相关车型的维修手册。若链条挠度、链条伸展度 *L*、链轮直径等参数有一项不合格，即需视情况更换。

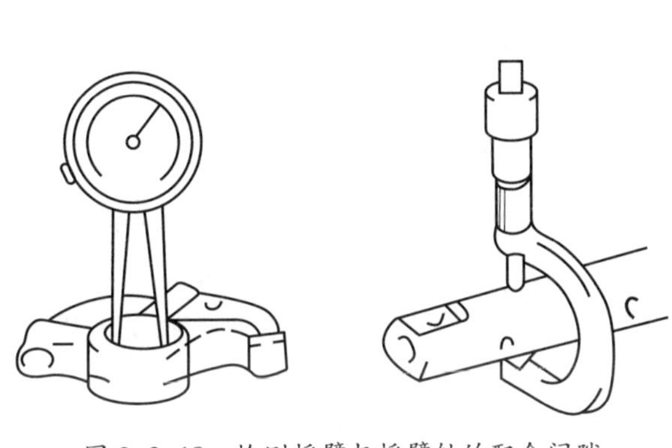

图 2-2-19　检测摇臂与摇臂轴的配合间隙

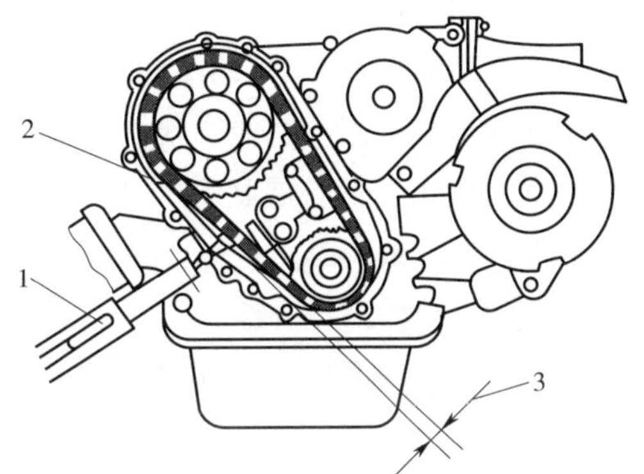

图 2-2-20　链条挠度的测量

1—弹簧秤　2—链条　3—挠度

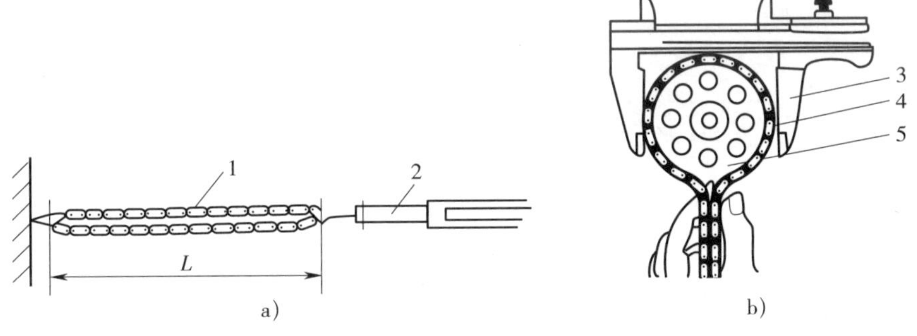

a）　　b）

图 2-2-21　链条及链轮的检测

a）测量链条伸展度　b）测量链轮直径

1、4—链条　2—弹簧秤　3—游标卡尺　5—链轮

（2）钢铁金属正时齿轮的啮合间隙为 0.03～0.30 mm，使用极限为 0.40 mm；胶木正时齿轮的啮合间隙为 0～0.50 mm。当啮合间隙超限，轮齿呈阶梯形磨损，存在裂纹和轮齿断缺时，均应更换齿轮。

（3）齿形带具有工作寿命长、无须润滑、噪声小等优点，但安装和调整不当会造成齿形带磨损，甚至折断。若出现橡胶老化开裂、芯线外露、齿形部位胶质明显磨损等现象，即需更换。若同步带被水浸湿、被润滑油泡胀，也需更换。

（4）装配齿形带时，应注意曲轴正时齿轮和凸轮轴正时齿轮与齿形带的正时记号对齐，以保证发动机有正确的配气相位。齿形带张紧力应适当，过大会加速齿形带磨损，过小会打滑，影响发动机的配气相位。

三、气门间隙和配气相位的检查与调整

气门间隙和配气相位的检查与调整是在配气机构零件检修完成后、组装时进行的。

1. 气门间隙的检查与调整

气门间隙是指气门杆端部与摇臂端面（或挺杆螺钉顶部）之间的间隙，一般进气门间隙为 0.25 mm，排气门间隙为 0.30 mm。

根据车型不同，有的发动机规定了气门冷态间隙（室温下），有的则规定了热态间隙（发动机正常运转温度下）。因此，在检查与调整气门间隙时，应先使发动机以规定的条件（冷态或热态）运行，然后在气门完全关闭（即挺杆或摇臂短臂端落在凸轮的基圆上）时进行检查与调整。

气门间隙的调整方法有两种，一种是逐缸调整法，即该缸活塞处于压缩终了上止点时，可调整该缸进、排气门的间隙。这种方法简单，但必须多次摇转曲轴，效率低。另一种方法为两遍调整法，即只需摇转两次曲轴，就可调整全部气门间隙。下面具体介绍两遍调整法。

（1）在第一缸压缩上止点时，除第一缸进、排气门可调外，还可调其他缸的某一个气门。以四缸点火顺序 1—3—4—2 为例，用配气相位图分析可调间隙的气门，见表 2–4。

表 2–4　气门调整表

气门	第一缸	第二缸	第三缸	第四缸
进气门	√	√	×	×
排气门	√	×	√	×

注：表中打“√”者为可调气门，打“×”者为不可调气门。

（2）按图 2–2–22 所示的箭头指向调整四个气门间隙，将曲轴摇转 360°，按箭头指向将其余气门间隙调整完毕。

调整时，旋松摇臂（或推杆）端调整螺栓的锁止螺母，用厚度符合规定间隙的塞尺插入气门杆尾端与摇臂（或推杆）之间，同时用旋具旋动调整螺钉，来回拉动塞尺，感觉有轻微阻力时，说明间隙合适。将调整螺钉稳定住，可靠地拧紧锁止螺母，如图 2–2–23 所示为气门间隙的调整工艺。重复以上步骤，再复查一次气门间隙，若有变化，需重新调整。另外，多数发动机配气机构使用的是液压挺杆，可自动补偿气门间隙。

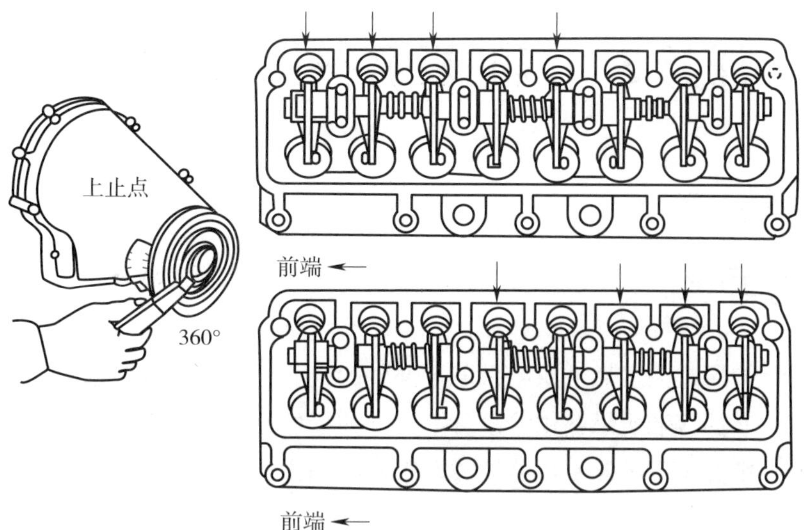

图 2-2-22　两遍调整法调气门间隙的顺序

图 2-2-23　气门间隙的调整工艺

2. 配气相位的检查

配气相位是用曲轴转角表达的气门开始开启和关闭终了的时刻。修理时，将气门间隙调整至标准尺寸，检测排气门关闭终了时活塞的位置距上止点的位置，曲轴转过的角度即排气门滞后关闭角。若不符合标准，则查明原因并予以调整。

在发动机总装时，常利用气门叠开的特点定性检查配气相位，即测量活塞在排气行程上止点时进气门和排气门的上升距离，根据气门叠开状况，即相对高度差，再查表对照，然后确定配气相位的快慢度。

任务3　汽油机燃料供给系修理

学习目标

1. 掌握汽油机燃油供给系各零部件的检测方法和标准要求。
2. 掌握汽油机燃料供给系各零部件的损伤形式及修理方法。
3. 掌握电子控制系统的组成及基本检测方法。

汽油机燃料供给系有化油器式和电控喷射式两大类，化油器式燃料供给系已基本被淘汰，本节主要介绍电控喷射式燃料供给系的检修。

电控汽油喷射系统主要由燃油供给系统、空气供给系统和电子控制系统三大部分组成。

一、燃油供给系统的检修

燃油供给系统主要由汽油箱、电动汽油泵、汽油滤清器、燃油压力调节器、喷油器等组成。

1. 电动汽油泵的检修

电动汽油泵一般为就车检查。

（1）打开点火开关，汽油泵应转动2 s且无杂音。如杂音较大，应清洗汽油泵或根据情况更换汽油泵；如汽油泵转动时油压低，应拆下清洗泵及滤网，然后装上做试验，如油压仍低，应更换汽油泵。

（2）图2-3-1所示为断路继电器控制的燃油泵电路（丰田车系）。用跨接线短接数据连接器1上FP和+B端子，打开点火开关（发动机不启动）。打开油箱盖板仔细听有无汽油泵运转的声音或用手触摸油管有无油压脉动。

若听不到汽油泵运转的声音或感觉不到油压脉动，说明汽油泵没有工作，应拆下跨接线。检查电源电压、主熔断器、EFI熔断器、EFI主继电器是否正常；电路、连接器有无断路或短路。若正常，应拆检汽油泵。

若汽油泵运转，说明汽油泵继电器、PCM及导线、连接器等不良，应分别进行检查。检查PCM，测量各端子的电压，应符合厂家要求，否则应更换。检查汽油泵继电器，拔下汽油泵继电器，通过测量各端子之间的电阻以检查其通断情况。

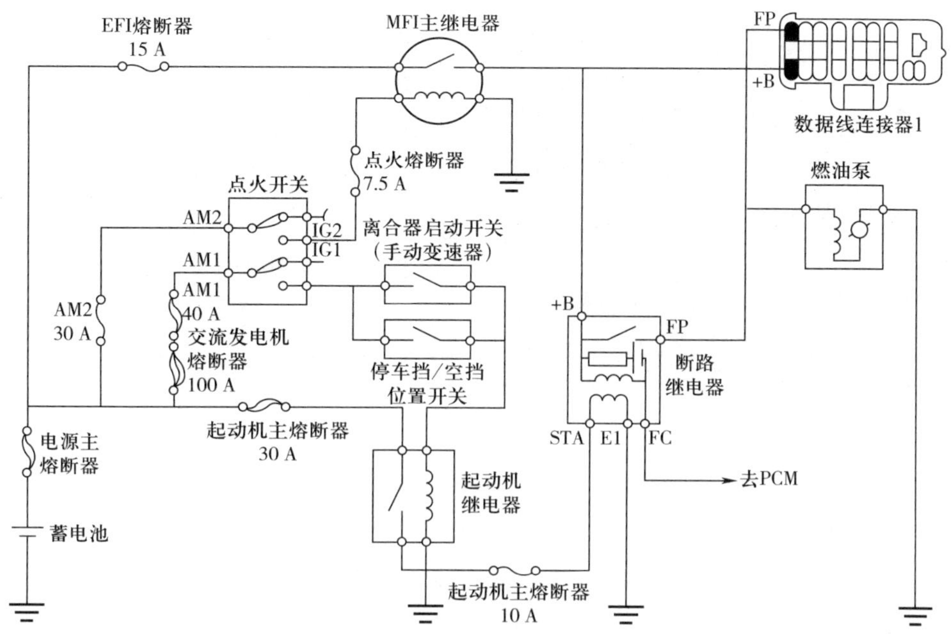

图 2-3-1　断路继电器控制的燃油泵电路（丰田车系）

2. 油压调节器的检修

若系统油压过高、过低、不稳或残压无法保持，都与油压调节器有关。检查油压调节器工作是否良好的方法如下：

（1）当系统油压过高时，首先对系统卸压，拆下油压调节器上的回油管，套上专用的容器，接通点火开关或启动一下，观察油压调节器上的回油管，如回油少或没有回油，则油压调节器损坏，应更换。

（2）当系统油压过低时，首先启动发动机怠速运转，用手压住回油软管，如油压立即上升至 400 kPa 以上，则油压调节器损坏，应更换。注意不要使系统油压高于 450 kPa，否则易损坏油压调节器。

（3）启动发动机怠速运转，拔去油压调节器上的真空管，油压应上升 50 kPa 左右，如不符合，则油压调节器不良，应更换。

（4）若油压调节器内的膜片损坏，应更换油压调节器。

3. 喷油器的检修

（1）发动机怠速运行时，用手接触喷油器，应有振动感；或用专用听诊器搭在喷油器上，应听到清脆的“嗒嗒”声，如图 2-3-2 所示。如用手接触喷油器时无振动感或听不到电磁阀动作的声音，说明该喷油器不工作，应进一步检查。

（2）断开点火开关，拔下喷油器插头，用万用表电阻挡测量喷油器线圈的电阻值，如图 2-3-3 所示，正常时低阻值喷油器的电阻值为 2～3 Ω，高阻值喷油器的电阻值为 13～18 Ω。如不符合，应更换。

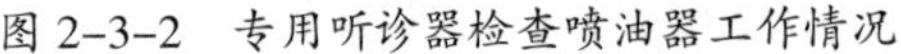

图 2-3-2　专用听诊器检查喷油器工作情况

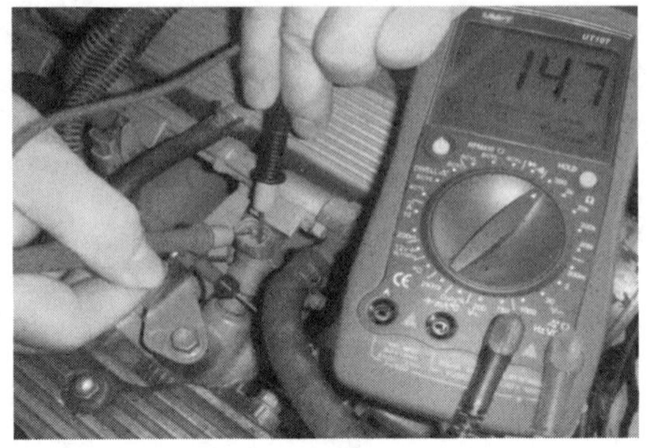

图 2-3-3　测量喷油器线圈的电阻

（3）检查喷油器供电电压应为 12 V，如电压不正常，检查点火开关或主继电器。

（4）喷油质量的检查方法（以丰田车系为例）

1）断开点火开关，拆下蓄电池接地线；将进油管与分油管拆开，装上丰田车专用的软管连接头和检查用的软管，将连接头和油管旋紧；把喷油器、燃油压力调节器和油管专用连接头和油管连接卡夹连接好，如图 2-3-4 所示。将喷油器喷口置入量筒中，用连接线把连接插头中 +B 与 FP 端子连接起来（图 2-3-5），重新装上蓄电池接地线。接通电源 15 s，检查喷油器喷油雾化情况，用量筒测出喷油量。每个喷油器测 2～3 次，15 s 内标准喷油量为 70～80 cm^3，各喷油器允许误差为 9 cm^3，喷油状况的检测如图 2-3-6 所示。停止喷油后检查喷油器喷口处有无漏油，每分钟漏油不允许多于一滴。

2）将各喷油器拆下并全部放置在超声波喷油器清洗机上，直接观察喷油状况和喷油量。有的气动式或电动式燃油喷射清洗机有专门检测单个喷油器喷油情况的油管、接头或喷油脉冲发生器。将单个喷油器安装在燃油喷射清洗机的出油管上，喷油器插座上接上喷油脉冲发生器的控制线插头，调节燃油喷射清洗机输出油压，观察喷油状况和是否漏油。若喷油器喷油状况不良、喷油量不足或停止喷油后喷口处漏油每分钟多于一滴，应更换喷油器。

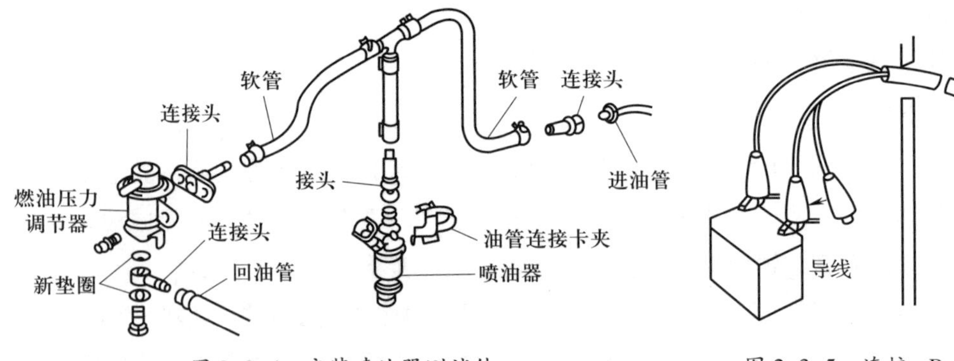

图 2-3-4　安装喷油器测试件

图 2-3-5　连接 +B 与 FP 端子

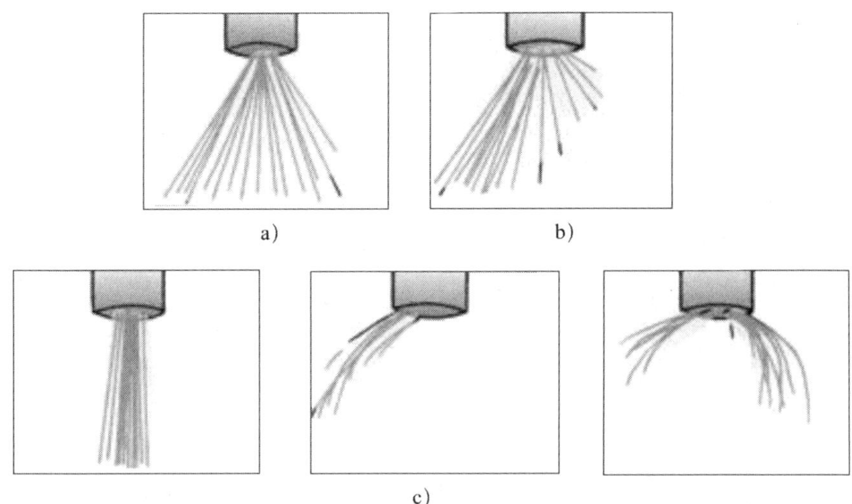

图 2-3-6 喷油器喷油状况的检测

a）良好 b）尚可使用 c）差

二、空气供给系统的检修

空气供给系统主要由空气滤清器、空气流量传感器或进气歧管压力传感器、节气门体等组成。

1. 空气供给系统的检查

（1）检查空气滤清器是否脏污，必要时用压缩空气吹净或更换（一般每 20 000 km 更换一次）。

（2）检查各连接部位是否连接可靠，密封垫应完好，否则空气供给系统漏气会严重影响电控燃油喷射发动机的工作状况。

（3）检查节气门内腔的积垢、积胶情况，必要时用清洗剂清洗，但不能用砂布或刀片清理。

2. 传感器的检修

空气供给系统中的传感器有空气流量传感器、进气歧管压力传感器、节气门位置传感器等，它们的检测方法将在后面的模块中详细介绍。

三、电子控制系统的检修

电子控制系统由电控单元（ECU）、传感器和执行器等组成。

1. ECU 的基本检测

（1）检测 ECU 时，不要打开计算机盖，以免拆坏计算机或破坏其密封性。可以通过检测 ECU 各端子上的电压，与标准值进行比较，从而诊断 ECU 并对某些配线进行修理。

（2）检测 ECU 的电源线、接地线是否良好，导线连接器是否正常。拔下电缆连接器，查看其内部有无锈蚀，触针是否弯曲，并检查 ECU 上的所有接地线是否有腐蚀处。如果上述检测一切正常，可用替代法确定 ECU 是否有故障，有故障则应更换。

（3）在蓄电池电压和导线连接器插接好的情况下，断开点火开关，用高阻抗数字式万用表测量 ECU 电源电压，若不符合要求，则为接线或 ECU 有故障。

（4）检测 ECU 的闭环控制情况。在氧传感器良好的情况下，启动发动机并使其怠速运转，检测氧传感器的信号电压。在正常情况下，氧传感器信号电压应在 0.1～0.9 V 不停变化；否则，说明 ECU 有故障，应更换。

2. 传感器的检测

除前面介绍的空气供给系统的传感器外，还有进气温度传感器、冷却液温度传感器、氧传感器、车速传感器、凸轮轴（曲轴）位置传感器等，它们的检测方法也将在后面的模块中详细介绍。

3. 执行器的检修

燃油供给系统的执行器以喷油器为主，其检修方法前面已介绍，在此不再赘述。

任务 4　润滑系修理

学习目标

1. 掌握润滑系各零部件的性能测试方法和标准要求。
2. 掌握润滑系各零部件的损伤形式及修理方法。
3. 熟悉润滑油油量、油质的检查方法。

汽车发动机普遍采用压力润滑和飞溅润滑相结合的复合润滑系统。润滑系中的润滑油不仅对各运动副摩擦表面有润滑作用，而且还起散热、清洁、密封和防锈的作用，从而保证发动机的正常运转，延长发动机的使用寿命，提高经济性。因此，润滑系技术状况的好坏是评定整个发动机性能的重要条件之一。

为了保证润滑系的正常工作，润滑油滤清器必须发挥作用，其油道必须畅通，润滑油泵性能必须良好，各管道、接头、衬垫等处必须密封不漏油。

一、润滑油压力异常原因分析

1. 润滑油压力过低的原因

（1）润滑油黏性不好，冷车时润滑油压力正常，热车后润滑油压力低。

（2）润滑油液面低于规定值。

（3）润滑油集滤器堵塞或油泵发生早期磨损。

（4）限压阀弹簧过软、折断或调整不当。

（5）粗滤器后侧的主油道堵塞，粗滤器装配不当，漏油。

（6）曲轴主轴承、连杆轴承或凸轮轴承间隙过大，造成润滑油流失过快。

（7）气缸垫损坏，冷却液进入曲轴箱。

（8）润滑油表或传感器失效。

（9）润滑油过脏，造成润滑油限压阀卡滞在泄油的一侧。

2. 润滑油压力过高的原因

（1）润滑油黏度过高。

（2）限压阀调整不当，弹簧过硬。

（3）润滑油压力传感器下游的主油道堵塞。

（4）新装发动机曲轴、凸轮轴装配过紧。

（5）润滑油过脏，造成润滑油限压阀卡滞在不泄油的一侧。

二、润滑油泵的检修

润滑系维护良好的情况下，润滑油泵的损耗速率远小于其他总成。因此，在其解体检修之前应先用经验法简单检查。

1. 解体前检查

（1）检查润滑油泵主动轴与承孔的配合间隙以及轴向间隙。径向和轴向推拉、晃动主动轴，应感到有间隙但不松旷。

（2）检验润滑油泵的泵油能力

1）简易试验法。将润滑油泵和集滤器装复后，一同放入清洁的润滑油池中，用旋具按顺时针方向转动润滑油泵轴，应有润滑油从出油孔中排出，如用拇指堵住出油孔，继续转动润滑油泵轴时，应感到有压力，如图 2–4–1 所示。

2）试验台试验法。将润滑油泵装复后在试验台上试验。试验润滑油泵在规定转速下的进、出口压力及最小泵油量，不同车型要求不同。

通过简易试验法若不能达到试验要求，则拆检、修理或更换润滑油泵。

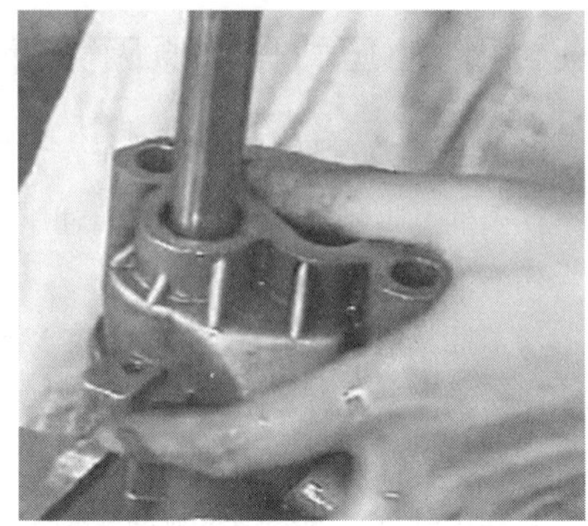

图 2–4–1 简易试验法

2. 解体检修

（1）润滑油泵壳与泵盖平面度误差的检测方法如图 2–4–2 所示，要求不大于 0.05 mm，可用车削、研磨方法修复。

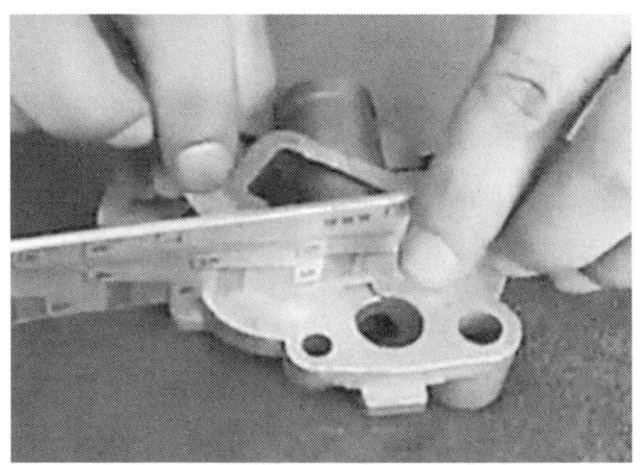

图 2–4–2 润滑油泵壳与泵盖平面度误差的检测

（2）配合间隙的检测。图 2–4–3、图 2–4–4 所示分别为外啮合齿轮式和转子式润滑油泵配合间隙的测量方法。用塞尺逐项测量，应符合修理车辆的技术要求。

a）

b）

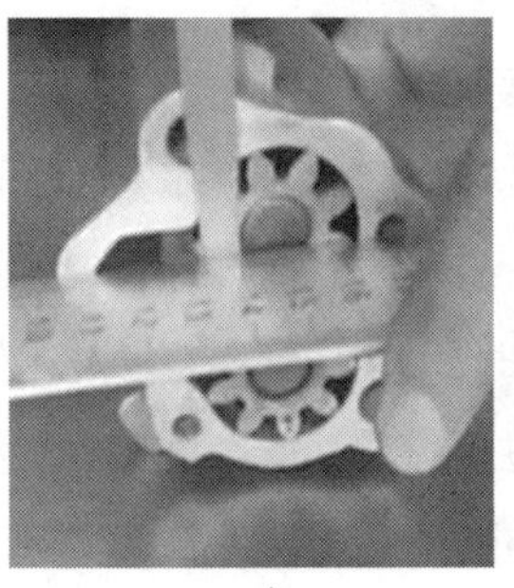
c）

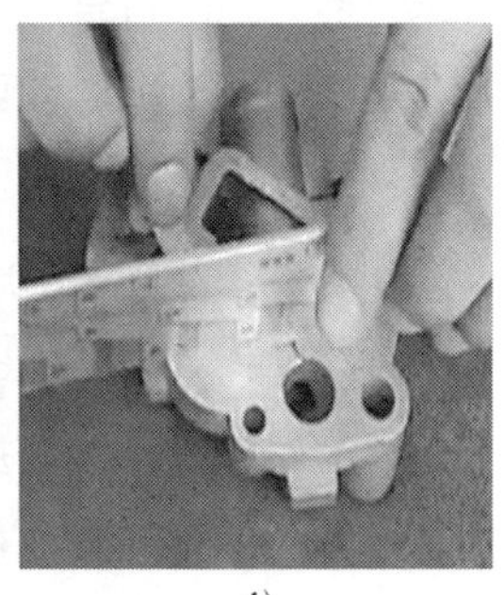
d）

图 2–4–3 测量外啮合齿轮式润滑油泵配合间隙

a）测齿顶间隙 b）测啮合间隙 c）测端面间隙 d）测泵盖平面度

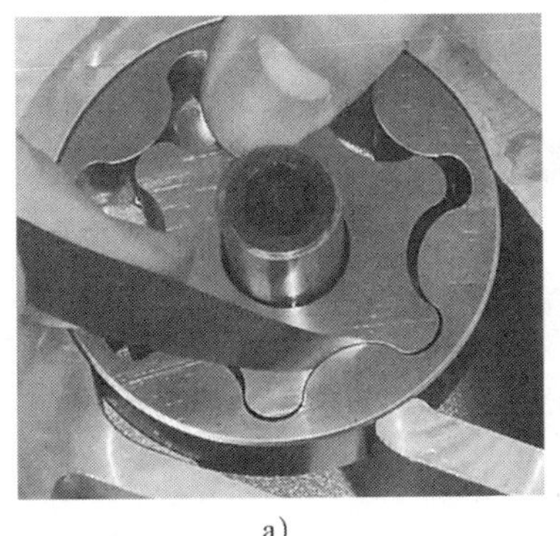
a）

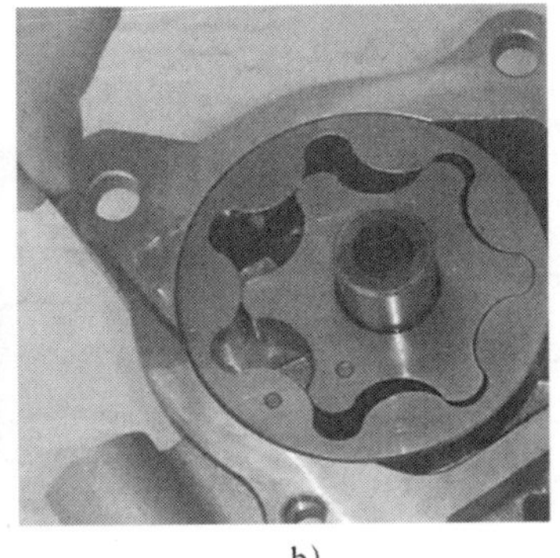
b）

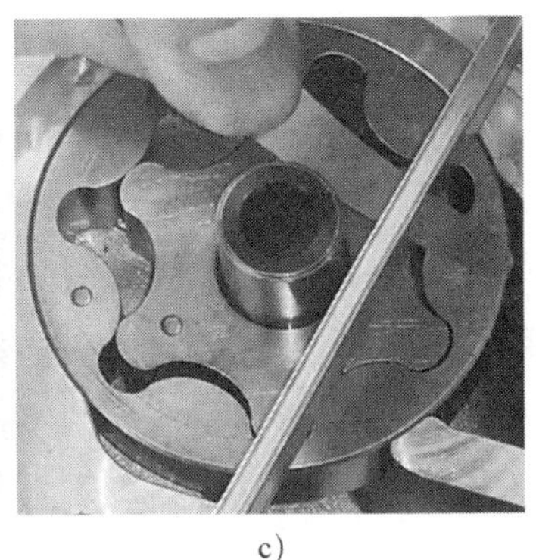
c）

图 2-4-4　测量转子式润滑油泵配合间隙
a）测啮合间隙　b）测转子与泵体间隙　c）测端面间隙

（3）限压阀的检修

1）拧开限压阀，检查柱塞及弹簧应良好，弹簧弹力过低可加垫圈调整，弹簧折断应更换。

2）在柱塞上涂上一层润滑油，柱塞能靠自重顺利落入阀孔为合格，否则应检查阀门或润滑油泵总成。

（4）润滑油泵主动轴与承孔磨损可采用电镀方法修复轴颈，并更换承孔衬套或镶套修理。

三、润滑系其他零件的检修

1. 清洗及疏通

更换所有的橡胶密封圈（垫）；拆卸磁性螺塞，疏通及清洗润滑油道；彻底清除各滤清器滤网上的污垢等。

2. 定期更换

一般来说，普通驾驶条件下，建议每行驶 5 000～10 000 km（或 6 个月）更换一次润滑油和机油滤清器。在恶劣驾驶条件下（如高温、高湿、频繁启动停车等），应根据实际情况调整更换周期。

3. 油量和油质的检查

一般是在出车前或发动机停止运转数分钟后检查油量，将车停在水平路面，拔出润滑油尺用干净抹布擦净，重新插入再拔出查看油面的高度，应在上、下刻度线之间。另外，用“看（颜色）、闻（气味）、揉（黏性及杂质）”的方法检查润滑油质量，如图 2-4-5 所示。若感到没有黏性且润滑油尺上有水珠，说明有水渗入；若有汽油味，说明有汽油漏入，应及时检修。也可以用滤纸斑点判断润滑油品质的好坏。

4. 润滑油压力表的检查

一般用新油压表连接于管路上，启动发动机，观察该油压表与仪表盘显示值是否相同；如不相同，应换新件。

5. 润滑油压力报警灯的检查

（1）用万用表（电阻挡）检查

拔出报警灯上的导线插头，将万用表的两个表笔分别接油压开关的接线头和接地点。发动机不启动时阻值应为零，怠速运转时阻值应为无穷大，否则表示报警灯失效，应更换。

（2）就车用试灯检查

拔出报警灯上的导线插头，将试灯一端接报警灯上的接线插头，另一端接电源正极。发动机不启动时灯应亮，发动机怠速运转时灯应熄灭，否则表示报警灯工作不良，应更换。

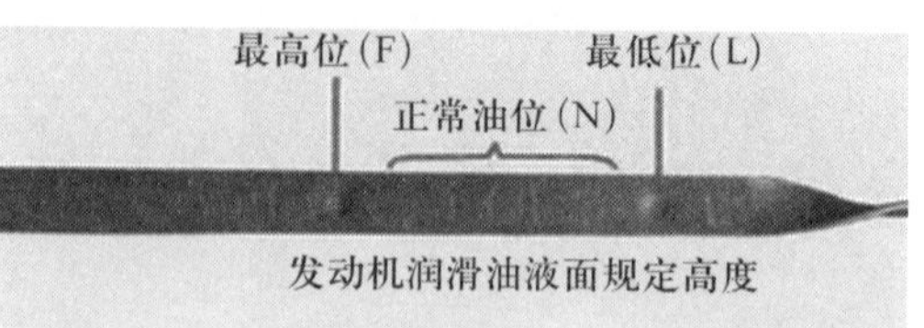

发动机润滑油液面规定高度

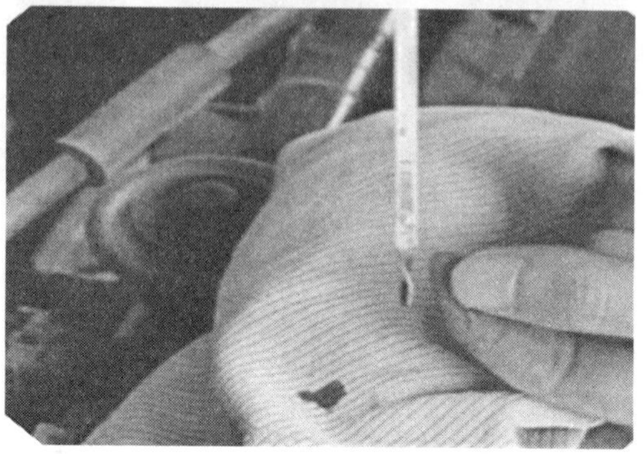

润滑油品质检查

图 2-4-5　检查润滑油液面高度及润滑油品质

任务 5　冷却系修理

学习目标

1. 掌握冷却系各零部件性能测试的方法和标准要求。
2. 掌握冷却系各零部件的损伤形式及修理方法。

冷却系的作用是保证发动机在运转过程中保持正常的工作温度（一般为 80～90 ℃）。当冷却系在使用中发生故障时，将造成发动机工作温度过高或过低，使发动机动力性下降，经济性变坏，可靠性变差，甚至造成机件损坏。因此，适时地对冷却系进行维护和修理，对提高发动机的使用性能，延长其使用寿命有重要作用。

冷却系主要由散热器、水泵、节温器、冷却风扇、膨胀水箱及水温指示装置等组成。

一、散热器的检修

1. 散热器的清洗

将散热器卸下，用清水和压缩空气洗净吹干其外部尘垢，置于含有 10%～15%（质量分数）氢氧化钠的水溶液内，加热保持在 80～90 ℃，浸煮 30 min 左右，取出放入清水池清洗。

2. 散热器水容量的检查

通过检查散热器水容量，可以判断散热器冷却水管的堵塞程度。最简单的方法是将同一车型装用同类新、旧散热器，注入冷却液对比判断。

3. 散热器气压试验

通过检测散热器气压，可以检验散热器的性能及泄漏情况。散热器清除水垢后，检视外部损伤并对散热器做气压试验，如图 2–5–1 所示。

（1）测试散热器

将由手泵和压力表组成的检测器套在散热器注水口，堵紧进、出水道。手动泵气，使散热器内气压达到 100～130 kPa 后停止泵气。如压力下降，可将散热器整体置于水中，查找气泡冒出处即为渗漏部位。

（2）测试散热器盖和膨胀水箱

用手泵检查，在规定压力（压力阀和真空阀的开启压力分别为 73.5～103 kPa 和 0.98～11.8 kPa）下，限压阀应能开启，散热器盖和膨胀水箱无渗漏，否则应更换。

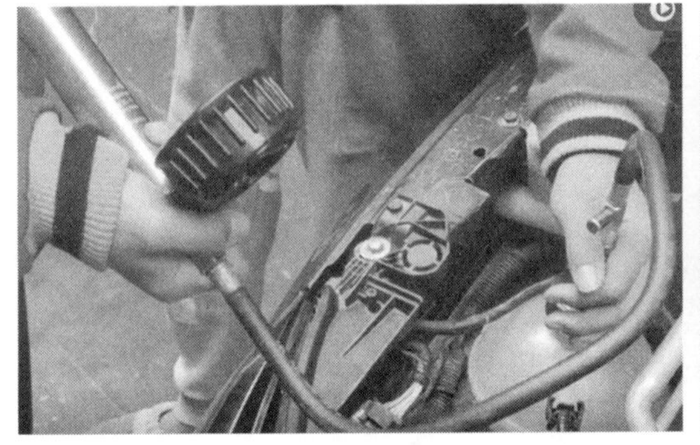

图 2–5–1　散热器气压试验

4. 散热器盖的检查

将散热器检测器安装在排水口上，泵压检测器直到排气阀打开为止。在标准值 75～105 kPa 时，阀门应处于开放状态。当冷却液温度下降，冷却系统中产生的真空度达到 0.98～11.8 kPa 时，进气阀应开启。

5. 散热器的修理

（1）若散热器渗漏，可用钎焊、胶粘等方法修理。

（2）若散热器芯管堵塞，可用化学法清除水垢，即先用酸性溶液洗涤，再用碱性溶液冲洗中和，直至堵塞物被彻底清除。

（3）若散热器芯管被弄弯或压扁过多，散热器严重变形或泄漏，应更换散热器。

二、节温器的检修

1. 石蜡式节温器

（1）外观检查

检查节温器的阀门、弹簧是否变形、失效或有污物等，如有应清理或更换。

（2）性能测试

如图 2–5–2 所示，将节温器浸入装有水的容器中，并逐渐加热提高水温。检查阀门开启时的温度和阀门的提升情况。观察温度计，记下阀门开始开启时的温度、完全开启时的温度以及全开时的升程。若不符合规定，应予更换。

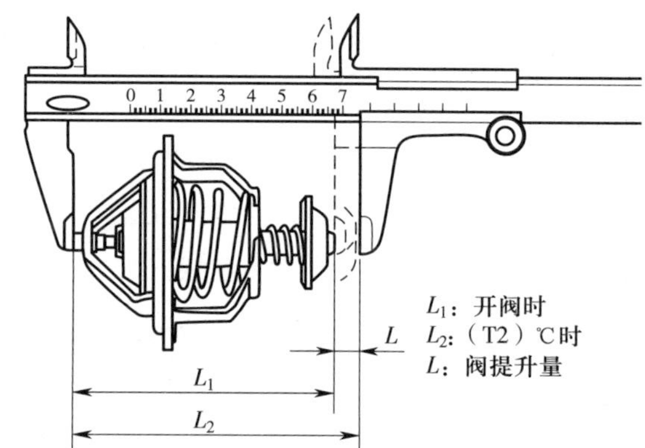

图 2–5–2　石蜡式节温器性能检测

节温器有低温和高温两种类型。低温型在 80～84 ℃时，阀门开始开启，在 95 ℃时阀门的升程应大于 5 mm；高温型在 86～90 ℃时，阀门开始开启，在 100 ℃时阀门的升程为 8 mm。如节温器在常温下开启或在冷态时关闭不严，都应更换。

2. 电子节温器

（1）外观检查

检查电子节温器的外观是否完整，应无明显破损或变形，确保所有接口、插接器等均完好无损。

（2）电源检测

检查电子节温器的电源连接是否正常，应无短路或断路现象，使用万用表测量电源电压是否在规定的范围内。

（3）信号检测

使用示波器检测电子节温器的输入和输出信号是否在规定范围内，应确保信号传输稳定，无噪声或失真。

（4）功能及温度测试

将电子节温器置于不同温度环境中，电子节温器应根据温度信号自动调节阀门的开度；同时，检测其内部的温度传感器是否准确。记录温度数据，并与该车型维修手册中的标准数据比较，确保误差在规定范围内。

三、水泵的检修

1. 水泵常见的损伤

乘用车发动机大多使用离心式水泵。水泵常见的损伤包括壳体渗漏及破裂、变形，水泵叶轮损坏，水泵轴与轴承磨损，轴承座孔磨损等。

2. 水泵的检修

（1）水泵壳体的检修

检查壳体和带轮有无损伤，轻微损伤可进行修复，损伤严重则应更换。壳体上若出现裂纹，可在裂纹两端各钻直径为 2.5 mm 的孔，沿裂纹加工 V 形口，采用氧乙炔焊，焊丝用铸铁焊丝。当水泵壳体与盖的接合面和壳体与气缸体的接合面的平面度误差超过极限值（0.10 mm）时应铣平。修理后壳体与盖的接合面对水泵轴承孔的垂直度误差为 0.05 mm。当壳体内水封接合面有沟槽、麻点时，应用铰刀铰削平整，对于磨损过大的可镶套修复。若水泵壳体的螺纹孔螺纹损坏，可扩大孔径后再攻螺纹或焊补后再钻孔攻螺纹。

（2）水泵轴的检修

检查水泵轴有无弯曲、轴颈磨损是否超过极限、轴端螺纹有无损伤。水泵轴弯曲量大于 0.05 mm 时，用冷压校正，压弯量约为径向圆跳动量的 5 倍，并停留 2 min，校正后径向圆跳动量应不大于 0.10 mm。若水泵轴轴颈磨损失圆，则应进行光磨和镀铬修复或镀铁修复。水泵轴与轴承内圈的配合间隙一般为 –0.02～+0.03 mm，大于 0.03 mm 时，可用电镀加大轴颈修复。

（3）轴承及座孔的检修

当轴承松旷，如轴向间隙大于 0.30 mm，径向间隙大于 0.15 mm 时，应更换新轴承。由于轴承座孔经常压入、压出轴承而易产生磨损，当轴承座孔磨损超过 0.03 mm 时，可用镶套法修复，轴承与轴承座孔的配合间隙一般为 –0.02～+0.04 mm。

（4）水泵叶轮的检修

检查水泵叶轮的叶片有无破损，叶轮上的轴孔是否有磨损。叶片破裂通常用堆焊法进行修复或更换，轴孔磨损可镶套修复。

（5）其他零件的检修

1）检查水封橡胶圈、胶木垫圈、弹簧等零件的磨损及损伤程度，如有损伤或损坏应更换。水泵大修时应更换密封组件。

2）检查带轮轮毂与水泵轴的配合情况。安装泵轴的孔磨损严重，可镶套修复。

3）检查水泵轴及带轮键槽的磨损情况。可焊补后用铣床铣出键槽或在与旧键槽相隔 90°～180° 的位置上重新加工键槽。

4）装有风扇离合器的水泵应检查有无漏油，如有泄漏应更换离合器总成。

3. 水泵试验

装复后的水泵应参考《汽车发动机冷却水泵技术条件》（QC/T 288.1—2001）、《汽车发动机冷却水泵试验方法》（QC/T 288.2—2001）、《汽车发动机冷却水泵用机械密封》（JB/T 11242—2011）等相关标准要求进行试验。

（1）水泵装合后，用手转动带轮，泵轴转动应无卡滞现象，水泵叶轮与泵壳应无碰擦现象。

（2）将水泵装在试验台上试验。当水泵轴以 1 000 r/min 的速度运转时，每分钟的排水量应不低于规定的数值。在 10 min 的试验中不应有金属摩擦声和漏水现象出现。

（3）在发动机上试验。试验时，不装节温器，拆下散热器回水管，启动发动机，使转速达到 2 000 r/min 左右，将水排入量筒内，检查排水量是否基本符合要求。如排水量相差过大应检查原因并加以排除。

（4）若无流量试验器，可堵住泵壳进水口，然后加水至水泵。转动泵轴时，泄水孔应无水漏出。

（5）手持带轮测试径向和轴向轴承间隙，径向应无松动，轴向允许稍有松动。

四、其他部件的检修

1. 电动风扇的检查

（1）检查温控开关线束插头

检查温控开关线束插头是否松动或脱落，如果插头松动或脱落，需要重新插上。

（2）检查风扇电动机及控制电路

1）检查风扇电动机本身的电阻值是否符合要求。

2）检查风扇电动机的电源电压是否正常。

3）检查风扇电动机的电路连接是否正常，是否存在开路、短路或接触不良的情况（如熔断器、冷却风扇继电器等是否正常工作）。

2. 水泵 V 形带检查

（1）外观检查

V 形带老化、表层剥落或磨损，应更换 V 形带；V 形带内表面若呈现光且发亮状态是由于打滑造成的，如果不严重可把 V 形带调紧一些，如果严重则应更换。

（2）松紧度检查及调整

用拇指以 30～50 N 的力按下 V 形带，以能产生 10～15 mm 的挠度为宜，否则应松开发电机的支架调整螺栓，稍稍移动发电机的装配位置来调整松紧度。

任务 6　发动机总装、调试和竣工验收

学习目标

1. 熟悉发动机总装注意事项及装配要点。
2. 明确发动机竣工验收的技术条件。
3. 掌握发动机磨合试验的方法和标准要求。

发动机总装和调试是发动机修理的最后工序，也是至关重要的工序，它直接影响发动机的运行性能。发动机的竣工验收是鉴定发动机工作性能、保证良好动力性和经济性的手段。因此，在进行发动机的总装、调试及竣工验收中应参照国家标准《汽车零部件再制造产品技术规范　点燃式、压燃式发动机》（GB/T 34600—2017）、《汽车发动机性能试验方法》（GB/T 18297—2024）等的规定执行。

发动机的总装、调试与竣工验收工作必须保证：零件清洁，装配正确，配合适当，调整垫片安装正确、无漏装；锁止装置完全可靠，管道畅通，冷磨、热试转速渐增，时间适当，磨合正常。竣工验收必须保证动力性能良好、怠速运转稳定、燃料消耗经济、附件工作正常等。

一、发动机总装注意事项

发动机装配包括各组合件装配和总成装配两部分。发动机装配的步骤因车型、结构的不同而异，但其原则是以气缸体为装配基础，由内向外逐段装配，基本顺序相似。

1. 需要使用专用工具。

2. 待装配零件、部件必须保持清洁，不得黏有异物。凡经过加工的零件，如镗磨过的气缸、磨削加工的曲轴等，必须彻底清洗表面的金属磨屑（粒）。

3. 对于间隙配合的零件，有相对运动的配合副工作表面应涂抹清洁的润滑油；组装过盈配合件时，应涂以少许润滑油，以减小装配阻力。气缸垫和进、排气歧管的衬垫应

涂以石墨润滑脂；螺栓应涂以红丹油。

4. 装复配合件需要在零件工作面施加压力或锤击时，必须加垫软金属块或使用铜锤。

5. 各部位螺栓、螺母应按技术标准中规定的力矩和顺序拧紧，以防零件松脱和变形。

6. 装配中应注意装配记号的方位、对正；各部位的配合间隙符合要求，以确保安装关系正确。

7. 凡规定用开口销、弹簧垫圈等锁紧件者，均应装妥。

8. 正确安装密封件。应根据工作压力大小和温度高低选用不同材质的新密封件，保证零件的密封表面光洁、平整，并使接触压力大小均匀一致。在装用金属或非金属衬垫时，应涂上密封胶，以提高防漏效果。

9. 装配中应注意检查各零件的装配质量，以确保发动机装复后符合技术要求。

二、发动机装配的要点

1. 活塞连杆组的装配

对于采用全浮式活塞销的活塞连杆组，应预热活塞（50～70 ℃）；注意活塞顶上的向前标记与连杆杆身的向前标记；各道活塞环不应错位或装反，有标记的一面应朝上，相邻活塞环的开口应相应错开。对于采用半浮式活塞销的活塞连杆组，应按厂家规定进行热装（连杆加热到 240 ℃）或在常温下进行压装，压装时应采用专用承压和导向工具，以免活塞裂损或活塞销偏位。

2. 曲轴的安装

轴瓦装入气缸体时，对于“组瓦”，各道轴瓦可互换，注意上、下轴瓦不可装反，轴瓦上的油孔（或油槽）与气缸体上的油道口对正。对于“对瓦”，各道轴瓦不可互换，不仅上、下不能装反，每对瓦的前后位置也不能装错。安装推力轴承时，应将有抗磨合金层并有油槽的一面朝向曲柄一侧。各道轴承盖应对号入座，按规定力矩和顺序拧紧螺栓。曲轴轴向间隙应符合要求。

3. 活塞连杆组的安装

装入气缸前要确认活塞与气缸序号一致，并把各道活塞环开口方位调整好。连杆轴承盖装配好后，应检查连杆大头的轴向间隙是否符合要求。对于轻型柴油机，活塞连杆组装入气缸后，应检查活塞顶凸出或凹入气缸体上平面的距离是否符合要求。不符合标准值时，应选用不同厚度的气缸垫进行调整。

4. 凸轮轴及配气机构的安装

对于下置凸轮轴发动机，安装曲轴后应接着安装凸轮轴，注意各道轴承装入座孔时，其油孔应与座孔上的油道对正，轴颈与轴承配合间隙及凸轮轴轴向间隙符合要求。顶置凸轮轴的安装，应在气缸盖安装后进行。对于双凸轮轴的气缸，注意区分进气凸轮轴与排气凸轮轴。摇臂轴安装时，应识别进、排气摇臂和摇臂轴，两者不可互换。正时链条、齿形带和齿轮安装时，应注意配气正时记号要对正。

三、发动机的磨合试验

发动机磨合试验的目的是降低在修理、装配中各零件间摩擦表面的表面粗糙度值，以获得良好的配合。磨合过程分冷磨和热试两个阶段。

1. 发动机冷磨

冷磨是由外来的力带动发动机在各种速度下运转进行磨合，一般在测功机上进行。

（1）冷磨前，发动机处于待启动状态，节气门全开，切断燃油供给，不装火花塞，由测功机带动发动机运转。

（2）严格遵守发动机冷磨规范，合理控制发动机转速。开始冷磨时，转速不应过高或过低，在磨合中应逐渐提高转速，但高转速磨合时间不宜过长。在冷磨中，要注意观察各机件的工作情况，保证发动机润滑系中润滑油压力正常，如发现有不正常现象，应停止冷磨，排除故障后再磨。

（3）冷磨后应放出全部润滑油，加入清洗油（80% 的柴油和 20% 的润滑油），转动约 5 min，然后放出，以清洗各油道，或将各主要零件拆下，进行清洗和检查。

2. 发动机热试

发动机冷磨后，装上全部附件，利用自身动力进行运转试验，即热试。目的是检验发动机是否达到应有的性能，同时为发动机做一次走合，以保证发动机正常使用。

（1）无负荷热试

冷磨试验后进行无负荷热试，其原理与冷磨类似，发动机以较低转速（一般取 0.4～0.55 倍的发动机额定转速）运转约 1 h，运转中调整冷却液温度由 70 ℃逐渐升至 95 ℃，观察发动机有无异常现象。

（2）有负荷热试

进一步进行有负荷热试是为了检验发动机功率恢复情况及是否有故障存在。发动机在正常工作温度下，按 3～4 级转速负荷梯度磨合，一般起始转速为 0.4～0.55 倍的发动机额定转速，终止转速为 0.8 倍的发动机额定转速。

热试过程中还应检视各部位渗漏情况；检查润滑油品质、压力；检查冷却液温度；调整气门间隙、点火正时（或喷油正时）；检查发动机工作时有无异响；测量气缸压缩压力等。

磨合完成后，应按规定质量更换清洁的润滑油。

四、发动机竣工验收

1. 一般技术要求

（1）装备齐全，按规定完成了发动机的磨合，无漏油、漏水、漏气、漏电现象。

（2）加注的润滑油量、牌号以及润滑脂符合原厂规定。

（3）无异响，急加速时无突爆声。

（4）润滑油压力和冷却液温度正常。

（5）气缸压力应符合原厂规定，汽油机各缸压力差应不超过各缸平均压力的 8%，柴油机各缸压力差不超过各缸平均压力的 10%。

（6）四冲程汽油机转速在 500～600 r/min 时，以海平面为准，进气歧管真空度应在 57.2～70.5 kPa。六缸发动机进气歧管真空度波动范围不超过 3.5 kPa，四缸发动机不超过 5 kPa。

（7）电子控制系统的设置应正确无误，通过系统自诊断功能读取相关信息，应显示系统正常。

2. 主要使用性能

（1）发动机在正常工作温度下，5 s 内能启动。柴油机在 5 ℃、汽油机在 −5 ℃环境下，启动顺利。

（2）配气相位差不大于 2° 30″。

（3）加速灵敏，速度过渡圆滑，怠速稳定，各工况工作平稳。

（4）最大功率和最大转矩不低于原厂规定的 90%。

（5）最低燃料消耗率不得高于原厂规定。

（6）发动机排放限值符合国家标准。柴油发动机排放限值符合国家标准《柴油机污染物排放限值及测量方法（自由加速法及加载减速法）》（GB 3847—2018）的规定，汽油发动机排放限值符合《汽油车污染物排放限值及测量方法（双怠速法及简易工况法）》（GB 18285—2018）的规定。

二级维护竣工的发动机除装备齐全有效之外，还必须进行性能检测。要求能正常启动；低、中、高速运转均匀、稳定；冷却液温度正常；加速性能好，无断火等现象；发动机稳定后无异响。

模块三

—— 汽车底盘修理

汽车底盘以车架为基础，设置有传动系、行驶系、转向系和制动系。底盘的作用是接受发动机的动力，使汽车行驶。本章主要以乘用车为例，参照《汽车维护、检测、诊断技术规范》（GB/T 18344—2016）、《汽车自动变速器维修通用技术条件》（JT/T 720—2008）、《汽车转向系　基本要求》（GB 17675—2021）、《汽车制动系统修理竣工技术规范》（GB/T 18274—2017）等要求，介绍汽车底盘各系统中主要总成部件的常见损伤、检修方法及一些技术依据等。在零部件的技术参数和要求中，未指出汽车或总成型号的数据为一般底盘修理数据，仅供学习参考。在实际底盘修理时，应以具体车型（维修手册）提供的修理数据为准。

任务 1　传动系修理

学习目标

1. 掌握传动系各零部件常见的损伤形式及检修方法。
2. 掌握离合器、变速器、主减速器等部件、总成的安装及调试方法。

一、离合器总成修理

汽车上广泛使用干式摩擦片离合器，根据压紧弹簧的形式，分为螺旋弹簧式离合器和膜片弹簧式离合器。离合器在使用过程中，经常需要接合或分离，离合器的技术状况将随使用时间的增长而逐渐变差，最终会出现离合器打滑、分离不彻底、抖动和异响等故障，从而影响离合器的正常工作，缩短离合器的使用寿命。因此，需要对离合器进行检修。

1. 离合器拆卸及解体注意事项

（1）为保证重新安装后原有的平衡不被破坏，拆卸和分解离合器前应在离合器盖、压盘和飞轮三者的相对应位置做上装配标记（图 3–1–1）。安装时，对准装配标记后连接紧固。

（2）离合器总成解体必须使用专用压具（图 3–1–2），压缩弹簧后，拆卸传动盘和分离杠杆，解体离合器总成，以免损坏零件和发生安全事故。

图 3–1–1　离合器盖、压盘和飞轮三者的相对应位置的装配标记

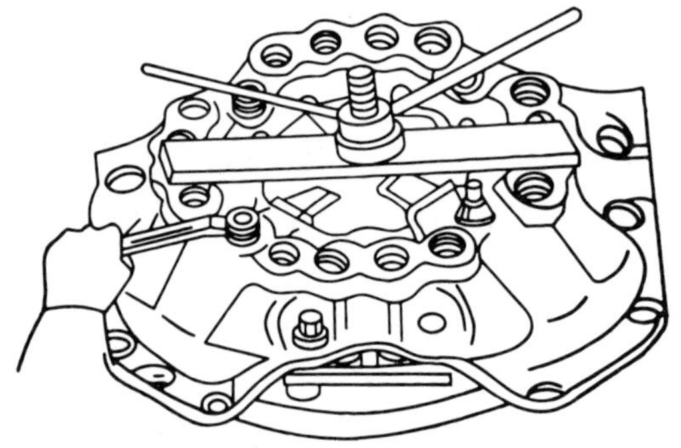

图 3–1–2　离合器总成解体专用压具

（3）摩擦衬片和分离轴承不得用油或水清洗，安装前应用棉纱擦去飞轮、离合器压盘和从动盘摩擦衬片上的污渍，不允许沾有油污。

（4）从飞轮上拆卸和安装离合器总成时，应按顺序对角交叉、分步旋松或拧紧紧固螺钉，防止离合器盖变形。

2. 离合器主要零件的损伤及检修

（1）压盘

1）压盘的主要损伤有工作平面磨损、擦伤、翘曲、裂纹等。

2）检修。压盘或中压盘平面度检查如图 3–1–3 所示。如平面度误差超过使用极限，或摩擦衬片铆钉外露擦伤压盘工作平面，使工作平面出现沟槽，可以磨削或车削修理压盘工作平面，修理后压盘厚度减小值应不超过 1.5 mm，压盘检修极限见表 3–1，否则应更换压盘。更换压盘后，应对离合器总成进行静平衡校验，用附加平衡重方法校正平衡。压盘有裂纹时需更换。

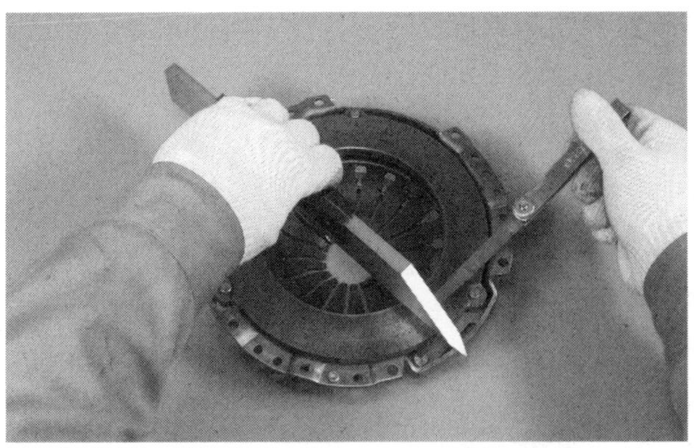

图 3–1–3　压盘或中压盘平面度检查

表 3–1　　　　　　　　压盘检修极限　　　　　　　　mm

平面度误差	沟槽深度	压盘厚度减小极限
0.2	0.5（螺旋弹簧式） 0.3（膜片弹簧式）	1.5

（2）从动盘

1）从动盘的主要损伤有摩擦衬片磨损变薄或铆钉松动，摩擦衬片烧焦、开裂，摩擦衬片沾上油污，从动盘钢片挠曲，减振弹簧损坏，花键轴套内的花键磨损。

2）检修

①钢片变形的检修。钢片变形的检查如图 3–1–4 所示，其允许值与从动盘的直径有关，见表 3–2。

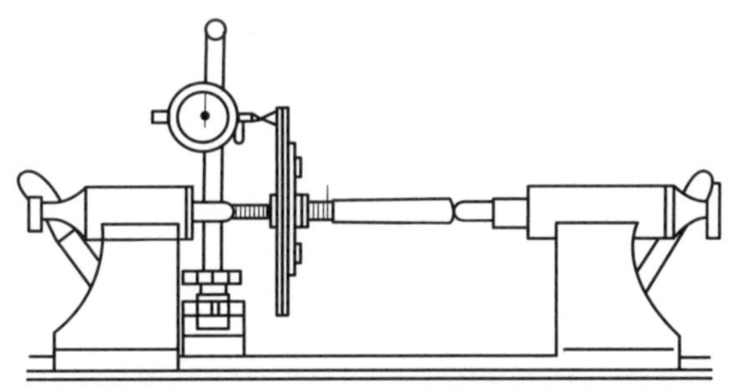

图 3–1–4　钢片变形的检查

表 3–2　　　　离合器从动盘端面圆跳动量允许值　　　　mm

从动盘直径	允许端面圆跳动量	
	不带摩擦衬片	带摩擦衬片
≤ 200	0.30	0.40
>200 ~ 300	0.50	0.60
>300	0.60	0.80

对于平板式钢片，可用特制夹模校正，如图 3–1–5 所示；对于波浪式钢片，可用特制扳钳校正，如图 3–1–6 所示。

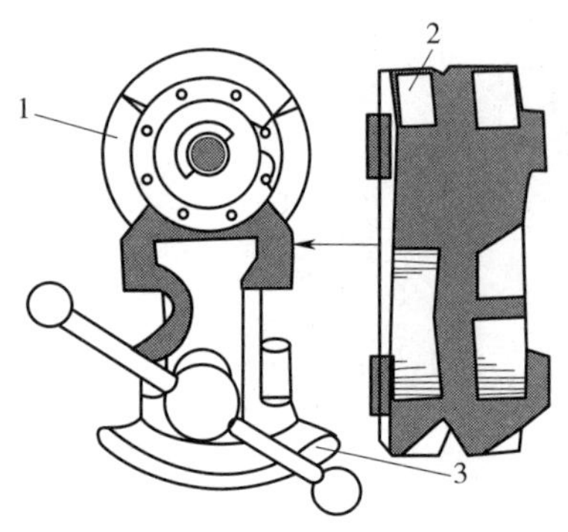

图 3–1–5　从动盘钢片夹模校正

1—钢片　2—夹模　3—台虎钳

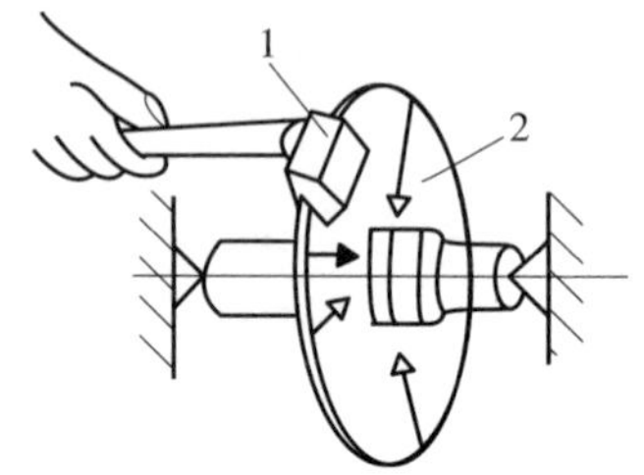

图 3–1–6　从动盘钢片扳钳校正

1—扳钳　2—钢片

②从动盘毂的检修。采用敲击法检验从动盘的铆合情况，如铆钉松动应更换从动盘或重新铆合。用百分表检验花键齿的磨损情况，如图 3–1–7 所示，将从动盘毂固定，扳动第一轴，从百分表上观察指针的摆动值，可换算出啮合间隙，从动盘毂与变速器第一轴花键的啮合间隙应小于 0.35 mm。

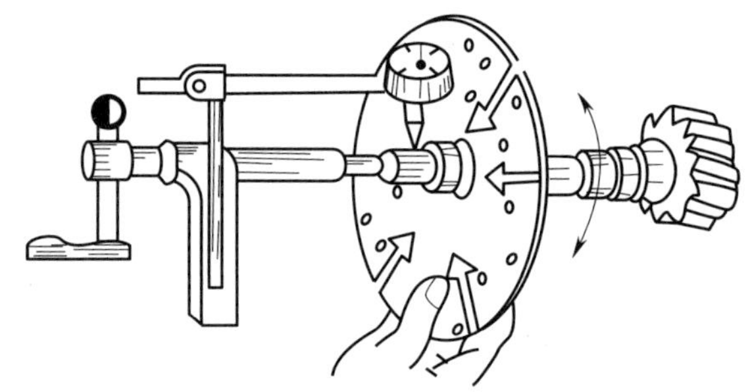

图 3–1–7　从动盘毂花键齿磨损的检查

③检查飞轮摆振。将磁性表座吸附在发动机机体上，百分表测头抵在飞轮最外圈（图 3–1–8），最大摆振应小于 0.1 mm，如摆振超差，应修理或更换飞轮。

图 3–1–8　用百分表测量飞轮摆振

④摩擦衬片的检修。如图 3–1–9 所示为用游标卡尺测量摩擦衬片厚度，应符合规定要求，见表 3–3。若摩擦衬片厚度小于规定值或出现龟裂、铆钉松动、磨损不均等现象，均应更换摩擦衬片或从动盘。

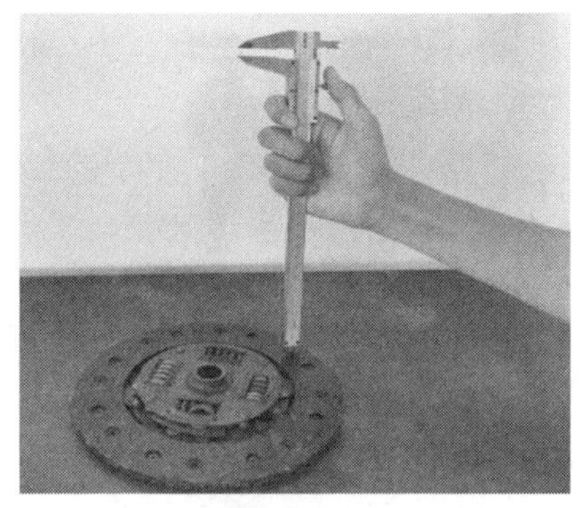

图 3–1–9　用游标卡尺测量摩擦衬片厚度

摩擦衬片的更换工艺：

a. 拆除旧摩擦衬片。

b. 选择摩擦衬片和铆钉，新摩擦衬片的厚度和直径应符合原厂规定。

c. 加工铆钉孔和沉头孔。

d. 手工铆合摩擦衬片与钢片，铆钉头应交错排列，如图 3–1–10 所示。

（3）离合器盖

1）离合器盖的主要损伤有变形、裂纹和磨损。

2）检修。离合器盖变形的检查如图 3–1–11 所示，其平面度误差不得超过 0.5 mm，否则应修整。离合器盖若有裂纹应更换或焊修，若磨损过大要更换。

表 3–3　　摩擦衬片及其厚度要求　　mm

类型	铆钉头部低于摩擦衬片工作表面的距离	标准厚度
螺旋弹簧式	>0.5	3
膜片弹簧式	>0.3	

图 3–1–10　从动盘摩擦衬片的手工铆合

图 3–1–11　离合器盖变形的检查

（4）离合器弹簧

1）离合器弹簧的常见损伤有弹力不足、变形。

2）检修

①螺旋弹簧

a. 要求螺旋弹簧自由高度的减小极限值不大于 2.0 mm（图 3–1–12），否则应更换。各弹簧的自由高度差应不大于 2.0 mm。

b. 螺旋弹簧弹力检查如图 3–1–13 所示，不符合原厂规定时应更换，离合器螺旋弹簧技术要求见表 3–4。

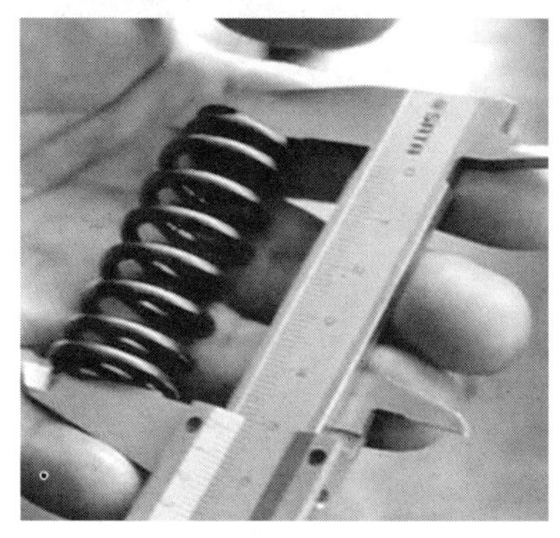

图 3–1–12　自由高度的测量

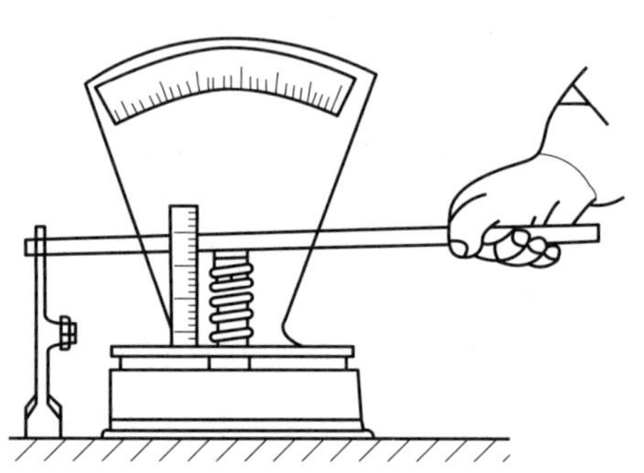

图 3–1–13　螺旋弹簧弹力检查

表 3–4　离合器螺旋弹簧技术要求

自由长度 /mm	压缩长度 /mm	弹力 /N		
		原厂规定值	大修允许值	使用限度值
67	43	617.4 ~ 695.8	588 ~ 695.8	568.4

②膜片弹簧

a. 图 3–1–14 所示为膜片弹簧高度的测量。如果测出的高度与标准高度相差大于 0.5 mm，则应更换膜片弹簧。

b. 膜片弹簧内端与分离轴承摩擦磨损不得超过膜片厚度的 1/2，如图 3–1–15 所示为膜片弹簧磨损的检查，否则应更换膜片弹簧。膜片弹簧存在裂纹时也应更换。

c. 膜片弹簧变形的检查和调整如图 3–1–16 所示，用专用工具盖住弹簧内端，用塞尺测量每个弹簧片内端与专用工具平面的间隙，弹簧片内端应在同一平面上，弯曲变形不得超过 0.5 mm，否则应用专用工具将弯曲变形过大的弹簧片内端撬起进行调整。

（5）轴承

1）轴承的主要损伤有磨损、卡滞。

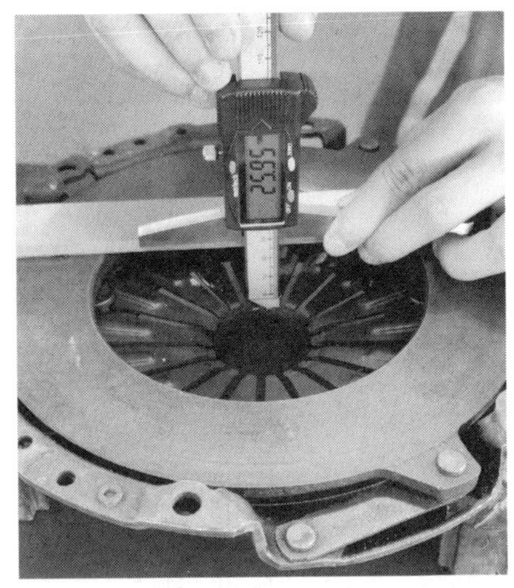

图 3-1-14　膜片弹簧高度的测量

图 3-1-15　膜片弹簧磨损的检查

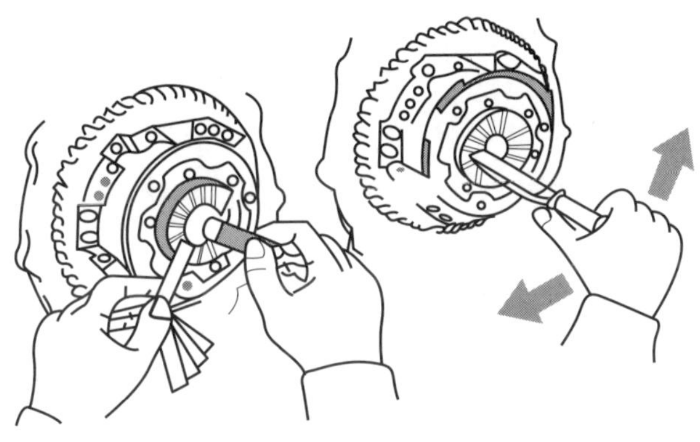

图 3-1-16　膜片弹簧变形的检查和调整

2）检修

①膜片弹簧式离合器分离轴承的检查。如图 3-1-17 所示，用手固定分离轴承内缘，转动外缘，同时在轴向施加压力，如有阻滞或有明显间隙感，应更换分离轴承。

②膜片弹簧式离合器飞轮上导向轴承的检查。如图 3-1-18 所示，用手转动轴承，在轴向加力，如果轴承有阻滞或有明显间隙感，应更换导向轴承。

图 3-1-17　分离轴承的检查

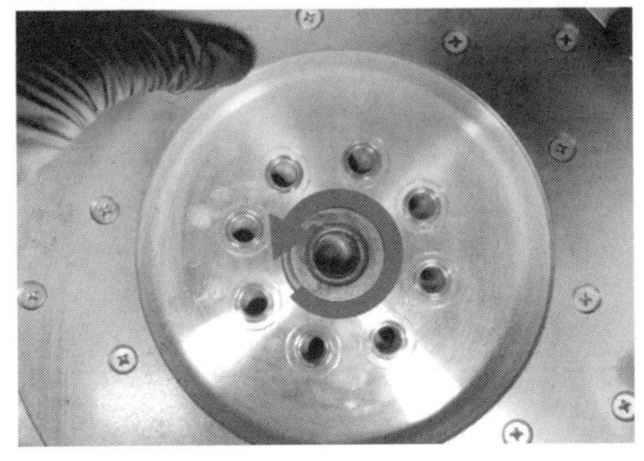

图 3-1-18　导向轴承的检查

③离合器分离轴承与分离套筒为过盈配合，配合间隙为 –0.075 ~ 0 mm。若分离轴承损坏，可从分离套筒上拆下损坏的旧轴承，压装新轴承；若配合面磨损，可电镀分离套筒磨损面进行修理。

3. 离合器总成的装配与调整

（1）离合器装配注意事项

1）在装配时，应清洁、润滑各机件的装配部位。

2）在压缩弹簧未安装前，应先对准各孔，观察各孔的偏差程度，以免给装配过程带来困难。压缩弹簧的弹力不一致时，应对称、均匀地摆放。

3）离合器与主动盘扣合时，应对正装配标记。

4）离合器从动盘的花键毂两端面与摩擦衬片的距离不一样，安装时应将短侧朝向飞轮。

5）飞轮与离合器盖装配时，应将平衡垫片按原位置装配。

6）安装离合器时，须用与变速器第一轴相同规格的花键轴定位离合器从动盘。

7）离合器装合后，应进行动平衡试验。

（2）离合器安装后的调整

1）离合器分离杠杆内端高度的调整。如图 3–1–19 所示，通过调整分离杠杆上的调整螺母，来调整分离杠杆内端至离合器从动盘端面的距离，要求分离杠杆内端高度符合技术要求值，见表 3–5，且各分离杠杆内端高度差不大于 0.5 mm。膜片弹簧式离合器无此项调整。

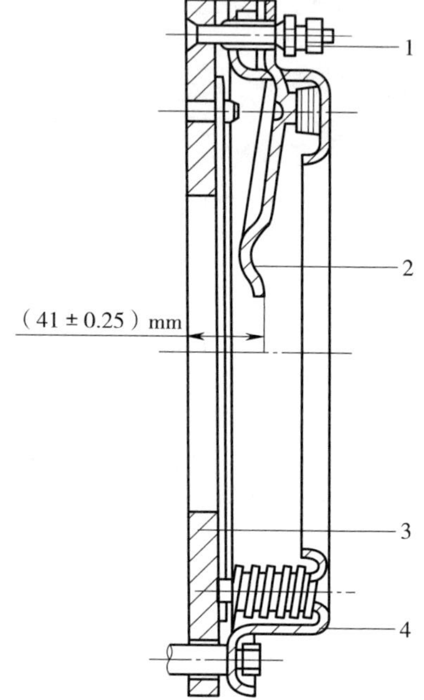

图 3–1–19　离合器分离杠杆内端高度的调整

1—调整螺母　2—分离杠杆　3—压盘　4—压盘盖

表 3–5　分离杠杆内端高度　mm

车型	货车	乘用车
内端高度	35.4	无须测量

2）离合器踏板自由行程的调整。离合器踏板自由行程应符合规定要求，见表 3–6。检查时，先测出离合器踏板在完全放松时的高度，再测量踩下踏板感觉阻力明显增大时的高度，两次测量高度差即为离合器踏板自由行程，如不符合要求应调整。

表 3–6　离合器踏板自由行程　mm

车型	货车	乘用车
自由行程	30 ~ 40	5 ~ 15

①机械拉杆操纵机构的离合器踏板自由行程是分离轴承与分离杠杆之间的间隙在踏板上的反映，通过分离拉杆上的球形螺母调整离合器踏板的自由行程。

②液压操纵机构的离合器踏板自由行程是分离轴承与分离杠杆之间的间隙和总泵推杆与活塞之间的间隙在踏板上的总反映，如图 3–1–20 所示。首先通过限位螺栓调整总泵推杆的有效长度，使其与总泵活塞在自由状态下留有 1.0 mm 左右的间隙，不妨碍总泵活塞回位；然后调整分离泵分离叉挺杆的有效长度，该长度增大，离合器分离轴承与分离杠杆内端的距离减小，踏板的自由行程减小。

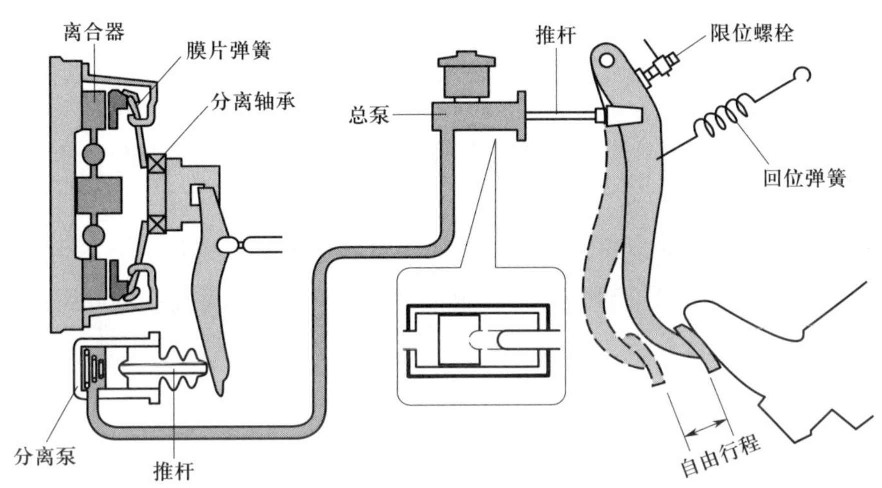

图 3–1–20　液压操纵机构示意图

有些汽车在离合器踏板自由行程的控制上采用自动调整装置，此类离合器踏板自由行程不需要进行调整，当检查其踏板自由行程失准时，应检修或更换自动调整装置。

3）离合器拉索的润滑（图 3–1–21）。检查拉索内线，若有断股、开焊应更换。润滑后的离合器拉索，应保证拉索内线在其外皮内滑动自如。

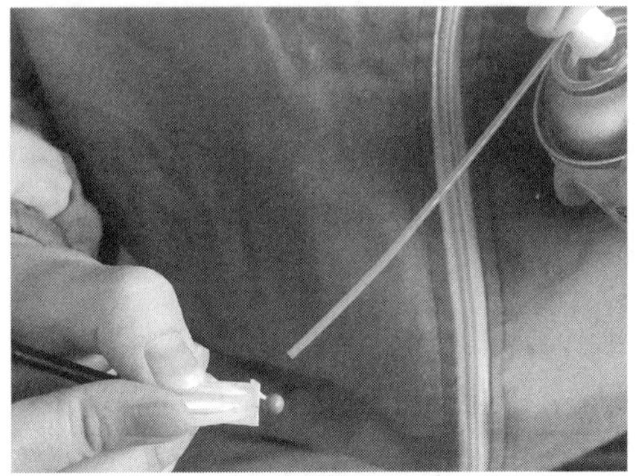

图 3–1–21　离合器拉索的润滑

二、变速器总成修理

在汽车行驶过程中，变速器担负着变速变扭的任务，以适应车辆在各种复杂条件下行驶的需要。变速器经常在高转速、大负荷下工作，随汽车行驶里程的增加，变速器内部零件磨损引起配合关系变差，出现噪声、自动脱挡和换挡困难等故障。变速器的修理主要是恢复或改善零件间的正确配合关系。

汽车普遍使用齿轮式手动换挡变速器和电子控制自动变速器。

1. 手动换挡变速器的检修

（1）手动换挡变速器解体注意事项

变速器解体检修之前，应对需要解体的部件进行检查，做到边检查、边拆卸，为零件的检修、调整提供参考。对于无异常损耗，装配关系又符合技术要求的零部件，可不予解体。变速器解体时应注意：

1）拆卸变速器盖之前，应进行变速挂挡试验，检查操纵机构的自锁、互锁性能，然后将变速器置于空挡位置，拆卸变速器盖。

2）卸下变速器盖螺栓后，应缓慢提起变速器盖，检视变速器各挡接合套或直齿轮所处位置是否正确（位于空挡）。若位置不正确，应检视操纵机构的拨叉是否变形或严重磨损。

3）卸下变速器盖后，在空挡位置用经验法检查齿轮啮合间隙、轴承径向间隙、齿轮和轴的轴向间隙及零件有无异常损伤。

4）拆卸变速器输入轴或输出轴时，应使用拉拔器等专用工具。若采用冲击法拆卸应垫铜棒等，不得直接锤击零件表面，以免损伤零件，防止零件崩脱的碎屑伤人。

5）零件拆卸前应确认安装方向和位置，拆卸后按顺序摆放或用铁丝串起来清洗，避免安装时遗漏、错乱。

（2）手动换挡变速器主要零件的损伤及检修

1）变速器壳体、盖

①变速器壳体、盖的常见的损伤有轴线平行度超限、接合面磨损、壳体端面跳动过大、轴承座孔磨损、螺纹孔损坏。

②检修

a. 变速器第一、二轴公共轴线与中间轴线的平行度超限，变速器壳体、盖的技术标准见表 3–7，应更换壳体或采用镶套法修理。

b. 变速器壳体、盖的接合面平面度或壳体端面跳动误差超限（表 3–7），可采用铲刮、磨削等方法修理。

c. 变速器壳体上轴承座孔与轴承的配合间隙超限（表 3–7），可以堆铜钎焊后加工修理，也可进行镶套修理。

表 3–7　　变速器壳体、盖的技术标准　　mm

<table>
<tr><td>检修内容</td><td>变速器第一、二轴公共轴线与中间轴线的平行度</td><td colspan="2">变速器壳体、盖的接合面平面度</td><td>壳体端面跳动</td><td>变速器壳体上轴承座孔与轴承的配合间隙</td></tr>
<tr><td rowspan="3">允许偏差</td><td rowspan="3">0.10</td><td>长度范围</td><td>误差值</td><td rowspan="3">0.10</td><td rowspan="3">0.02 ~ 0.015</td></tr>
<tr><td>≤ 250</td><td>≤ 0.10</td></tr>
<tr><td>>250</td><td>≤ 0.15</td></tr>
</table>

d. 变速器壳体上的螺纹孔损坏，应扩孔、加大螺纹直径修理。

e. 变速器壳体或盖上的裂纹，如未延伸至加工面（如变速器壳体与盖的接合面、轴承孔等），可以焊补修理，否则应报废。

f. 变速器盖球节座孔的结构与检验如图 3–1–22 所示。当座孔磨损后，球节露出部分的高度 A 大于球节高度 H 的 1/4（图 3–1–22a），当球节下陷量 B 大于 2.0 mm（图 3–1–22b）时，有球面衬套的，应更换球面衬套；无球面衬套的，可镶配球面衬套修理。

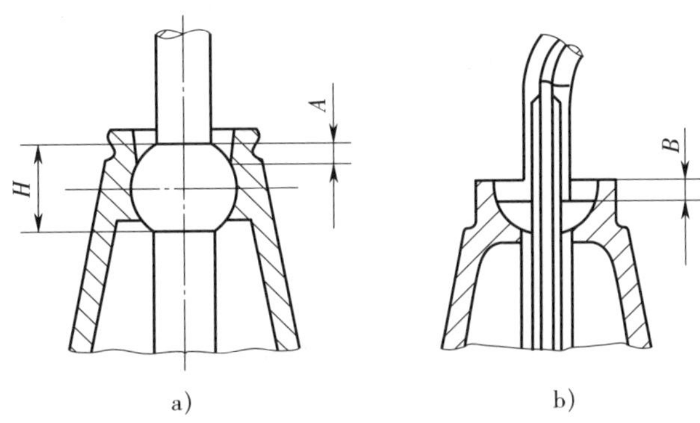

图 3–1–22　变速器盖球节座孔的结构与检验

a）球节露出座孔高度 A　b）球节下陷座孔深度 B

2）变速器齿轮

①变速器齿轮的主要损伤有齿面磨损、齿端磨损、疲劳剥落、腐蚀斑点、齿轮破碎断裂以及齿轮轴承的磨损等。这些损伤除外部检视外，可用样板、测齿卡尺测量或与新齿轮对比检验。

②检修

a. 变速器齿轮齿面有轻微斑点时可继续使用；若齿端有少许崩脱，但并无加重迹象，可用磨石修整锐边后使用。

b. 齿面呈阶梯状磨损或齿厚磨损大于 0.5 mm，应更换。

c. 直齿齿轮或齿轮上的花键沿齿长方向磨损成锥形，齿端或花键端磨损超过齿、键长度的 30%，应更换。

d. 齿轮齿面存在严重的片状剥落损坏，应更换。

e. 齿轮存在裂纹，应更换。

f. 变速器齿轮啮合侧隙的检查如图 3–1–23 所示，输出轴与输入轴按标准中心距安装后，固定住一个轴上的齿轮，转动另一个轴上的齿

图 3–1–23　变速器齿轮啮合侧隙的检查

轮，用百分表测量转动齿轮的摆动量，即为两齿轮的啮合侧隙，若超过极限应更换齿轮。

g. 常啮合齿轮的轴向间隙（图 3-1-24）要求较严格，一般为 0.1～0.3 mm，用手沿轴向拨动齿轮应无明显松旷感觉。可用更换止推环、减短齿轮轴承套的长度或更换齿轮的方法恢复轴向间隙。有的变速器中止推环被弹性挡圈替代，可通过选择不同厚度的弹性挡圈来调整齿轮的轴向间隙。

h. 变速器第一、二轴和中间轴的定位轴承外圈轴向间隙为 0～0.05 mm，使用极限为 0.08 mm。图 3-1-25 所示为调整手动变速器轴承外圈的轴向间隙，调整垫片的厚度由下式确定：

$$v=d-a+e$$

$$s=c-b+e$$

式中 a、b——输入、输出轴定位轴承外圈露出壳体端面的高度，mm；

c、d——输出、输入轴轴承定位孔肩到轴承盖与壳体接合平面的距离，mm；

e——轴承端盖密封垫片厚度，mm；

v、s——输入、输出轴轴承调整垫片厚度计算值，mm。

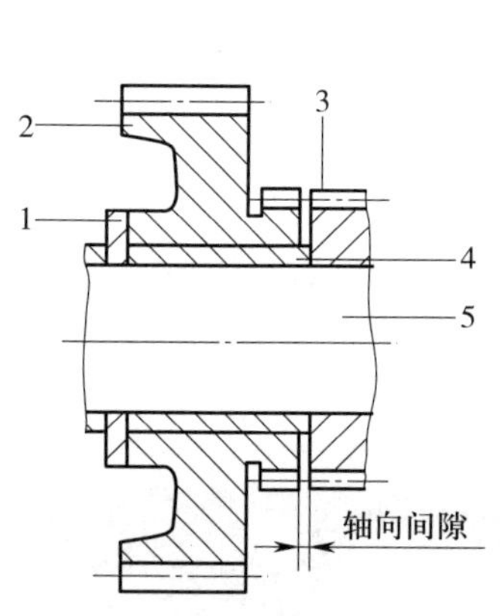

图 3-1-24 常啮合齿轮的轴向间隙

1—止推环 2—齿轮 3—齿轮孔端面 4—齿轮轴承套 5—花键轴

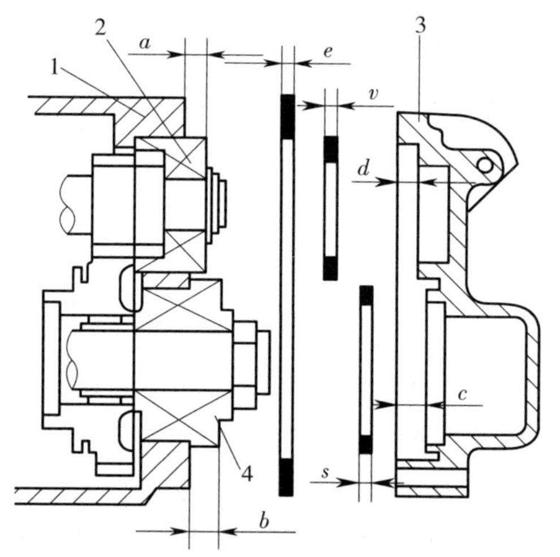

图 3-1-25 调整手动变速器轴承外圈的轴向间隙

1—变速器壳体 2—输入轴定位轴承 3—轴承端盖 4—输出轴定位轴承

i. 若调整好第一、二轴和中间轴定位轴承外圈轴向间隙后，在安装的状态下仍有明显的轴向间隙，当间隙值大于 0.30 mm 时，应更换轴承。

3）变速器轴

①手动换挡变速器轴常见的损伤有轴颈磨损，花键齿磨损，轴的弯曲变形及轴颈部位的裂纹、疲劳剥落等。

②检修

a. 轴颈与滚珠轴承配合部位的磨损量超过 0.02 mm，与滚针轴承配合部位的磨损量超过 0.07 mm 时，均应镀铬修复或更换新件。

b. 花键齿磨损量超过 0.25 mm 时，应更换新件。

c. 变速器轴径向跳动量的检查如图 3-1-26 所示，用 V 形架支承两端轴颈，用百分表测量轴中间部位的径向跳动量。若径向跳动量超过 0.15 mm，可压力校直或更换新件。

图 3-1-26　变速器轴径向跳动量的检查

d. 变速器轴有裂纹时应更换新件，可采用敲击检视法或磁粉探伤法来检查。

4）同步器

①同步器常见的损伤是摩擦锥面磨损。

②检修

a. 当锁环式惯性同步器齿环内锥面、锁销式惯性同步器摩擦锥环锥面上的螺旋槽被磨平时，应更换。

b. 互换齿环或锥环后，要检查同步器后备行程，若后备行程不符合要求，则齿轮或锥盘也要更换。同步器后备行程的检查如图 3-1-27 所示，检查同步器后备行程时应将锥面相互压紧，锁环式同步器间隙 A 不能小于 0.20 mm，锁销式同步器间隙 B 不能小于 0.30 mm。

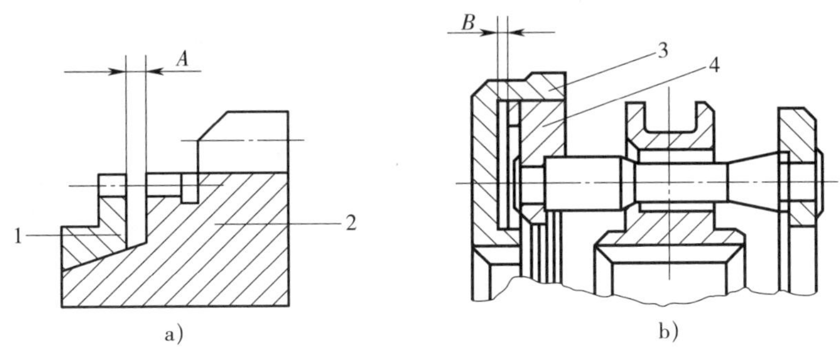

图 3-1-27　同步器后备行程的检查

a）锁环式　b）锁销式

1—齿环　2—齿轮　3—锥盘　4—锥环

5）换挡机构

①换挡机构常见的损伤是磨损。

②检修

a. 如图 3–1–28 所示，用塞尺检查换挡拨叉与同步器接合套的侧面间隙，若超过极限应更换换挡拨叉。

b. 如图 3–1–29 所示，检查换挡拨叉轴定位凹槽处的磨损，若磨损严重，应更换换挡拨叉轴。

图 3–1–28　换挡拨叉与同步器接合套侧面间隙的检查

图 3–1–29　换挡拨叉轴定位凹槽处磨损的检查

c. 如图 3–1–30 所示，检查换挡拨叉在换挡拉杆上的移动情况，若有卡滞现象，应调整或更换。

（3）手动换挡变速器的装配及检验

1）装配注意事项

①装配前所有零件应清洗干净，齿轮、轴和轴承盖上的油道、油孔应疏通。

②选用合适的工具进行装配，如拉拔器、压力机等。采用温差法装配过盈配合零件时，加热温度不宜超过 400 ℃。

③橡胶件全部换新，安装时表面应涂抹润滑油，防止损伤橡胶密封件。

④在变速器的接合面上涂密封胶后安装。

⑤所有螺栓应采用可靠的防松措施，如图 3–1–31 所示。

2）变速器的磨合试验

①磨合试验的目的

a. 改善各运动配合副，特别是齿面的配合要求，延长变速器的使用寿命。

b. 检查变速器修理与装配质量，排除故障，提高变速器的可靠性。

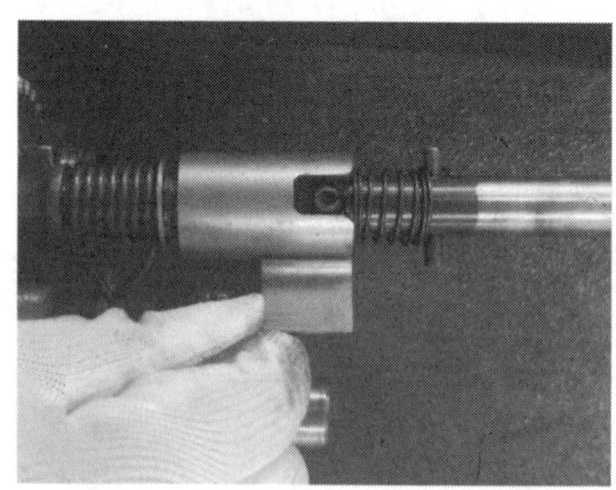

图 3–1–30　换挡拨叉在换挡拉杆上移动的检查

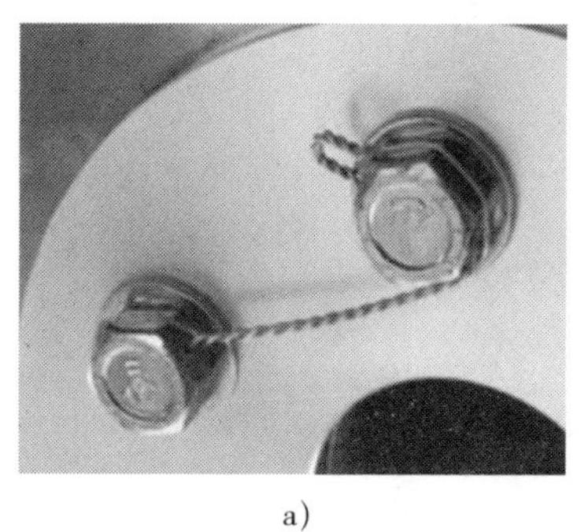
a)

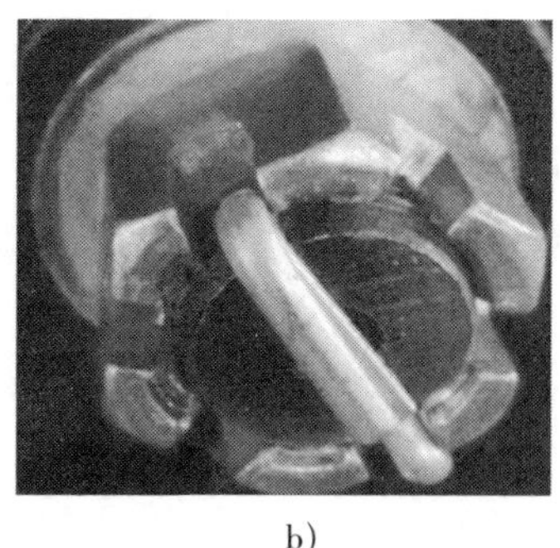
b)

c)

图 3-1-31　螺栓的防松措施
a）加装钢丝防松　b）开口销防松　c）加弹簧垫圈防松

②磨合试验的规范

变速器磨合分无负荷与有负荷两个阶段。变速器各挡空载磨合时间为 20 min 左右，加载磨合时间为 15 min 左右，所加负荷为传递最大转矩的 30% 左右。各车型规定的磨合试验的转速不同，第一轴转速一般为 1 000～2 000 r/min。磨合时应加润滑油，油温升高应不超过环境温度 40 ℃。磨合结束后应放掉润滑油，用由 50% 煤油和 50% 柴油组成的混合油清洗干净。

③磨合试验的检查

磨合试验中发现异常现象时应查明原因并予以排除。变速器加载磨合时，在任何挡位均不允许有自动脱挡、乱挡现象；变速操纵机构和同步器换挡应轻便、灵活、迅速、可靠；运转和换挡时不得有异常响声，变速操纵杆不允许有明显的抖动现象；所有密封装置不得有漏油现象。

2. 自动变速器机械零件的检修

（1）自动变速器拆解注意事项

1）自动变速器修理前，必须关闭点火开关，断开蓄电池负极接地线。

2）分解变速器之前应对其外部进行彻底清洗，以防外部脏物污染内部零件。

3）拆卸和分解自动变速器时，应保持零件原有的顺序，以便装复。

4）对组件进行分解、检查和装配时，应依序分组进行，避免同时放在工作台上造成混装。若因其他原因致使某一组件不能装复，应保证将该组的所有零件都单独放置，然后再检查和装配。

5）所有零件必须彻底清洗干净，液压油道和小孔都要用压缩空气吹净，确保其不被堵塞。一般用自动变速器油或煤油清洗零件。

6）分解阀体总成时，每一阀门都应与其弹簧放在一起。

7）所有拆、装过程最好使用专用工具。

8）所有拆卸下来的密封垫片、橡胶密封圈、油封等均应换新件，且应涂抹变速器油后安装。

9）放油螺栓安装前应清洗吹干，然后涂密封胶安装。

10）拆卸后暴露的油道和油孔及接头，必须用洁净的橡胶塞或橡胶片掩盖，防止异物落入。安装前必须用变速器油彻底清洗。

（2）自动变速器零件检修

1）变矩器的检修

①变矩器常见的损伤有单向离合器磨损和打滑、轴套变形。

②检修

a. 检查单向离合器。如图 3–1–32 所示，顺时针方向旋转单向离合器应能自由转动，逆时针旋转单向离合器应能锁住，否则应更换变矩器总成。

b. 测量变矩器轴套偏摆。如图 3–1–33 所示，将变矩器装在驱动盘上，装好百分表，旋转变矩器，如果偏摆超限且无法调整，则应更换变矩器。

图 3–1–32　检查单向离合器

图 3–1–33　测量变矩器轴套偏摆

2）油泵的检修

①油泵常见的损伤是磨损。

②检修

a. 油泵各组成结构如图 3–1–34 所示。

b. 如图 3–1–35、图 3–1–36 所示，用塞尺测量从动齿轮与泵体、泵体半月形部分之间的间隙，最大间隙超限应更换泵体总成。

c. 如图 3–1–37、图 3–1–38 所示，用内径百分表测量油泵泵体衬套、定子轴衬套内径，若超过标准，则应更换油泵泵体总成和定子轴。

3）直接离合器、前进挡离合器的检修

①直接离合器、前进挡离合器常见的损伤有单向阀球密封不严、离合器盘磨损或烧蚀、凸缘磨损或烧蚀、离合器衬套磨损。

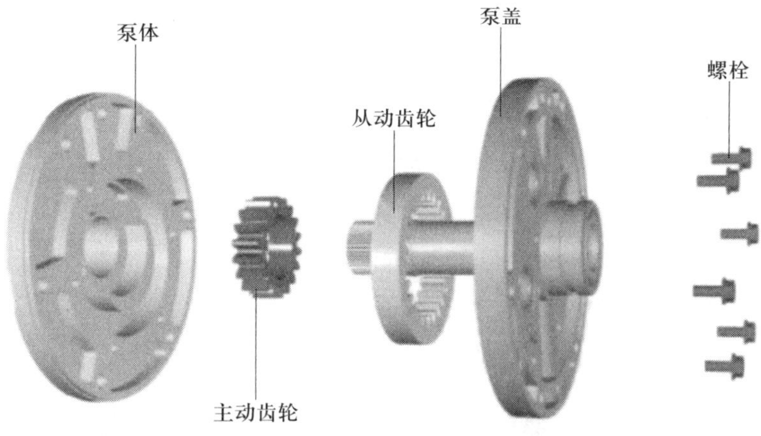

图 3-1-34　油泵的组成结构

图 3-1-35　测量从动齿轮与泵体间的间隙

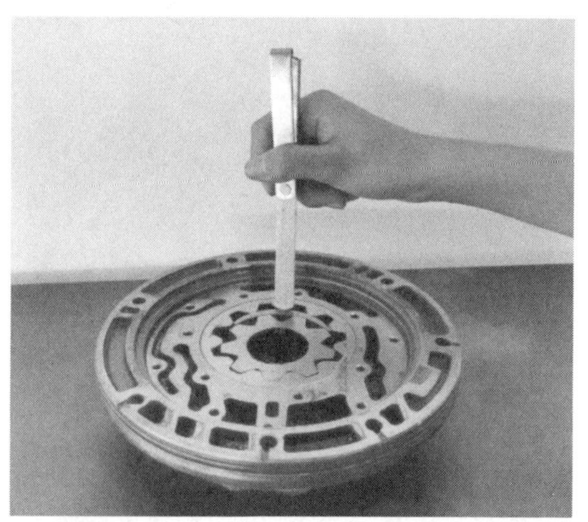

图 3-1-36　测量从动齿轮轮齿与泵体半月形部分间的间隙

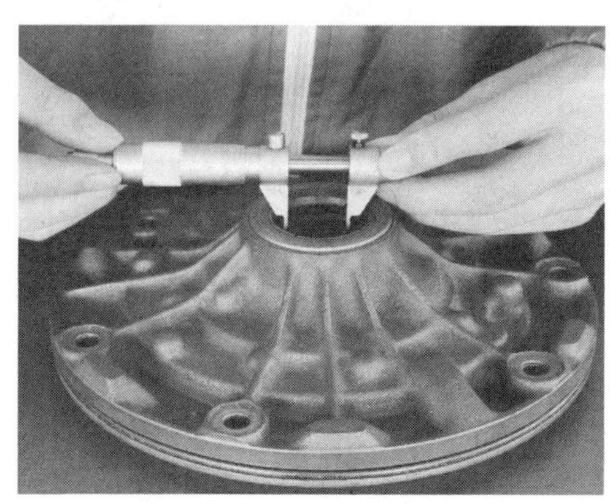

图 3-1-37　测量油泵泵体衬套

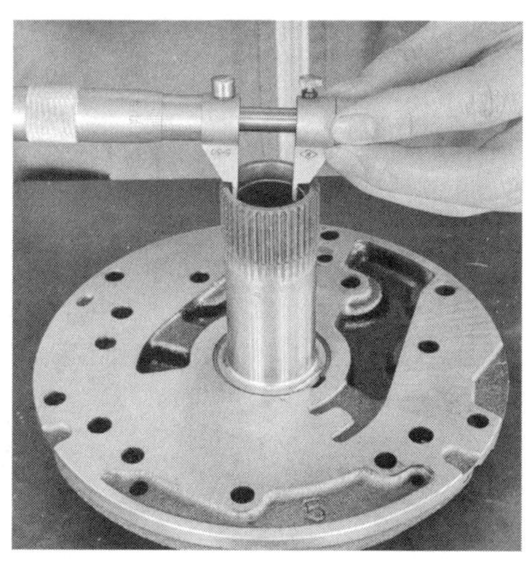

图 3-1-38　测量油泵定子轴衬套内径

②检修

a. 检查离合器活塞。如图 3–1–39 所示，摇动活塞时，单向阀球应能自由移动；对单向阀加低压压缩空气，单向阀不应漏气。

b. 检查离合器盘及凸缘。检查离合器盘及凸缘的滑动面是否磨损或烧蚀，若有应更换；如离合器盘摩擦衬层剥落、脱色或印刷号码表面部分磨损，应更换。新离合器盘在组装前，至少要在自动变速器油中浸泡 15 min。

c. 测量离合器衬套内径。如图 3–1–40 所示，用内径百分表测量离合器衬套的内径，如果内径不符合标准，应更换离合器鼓。

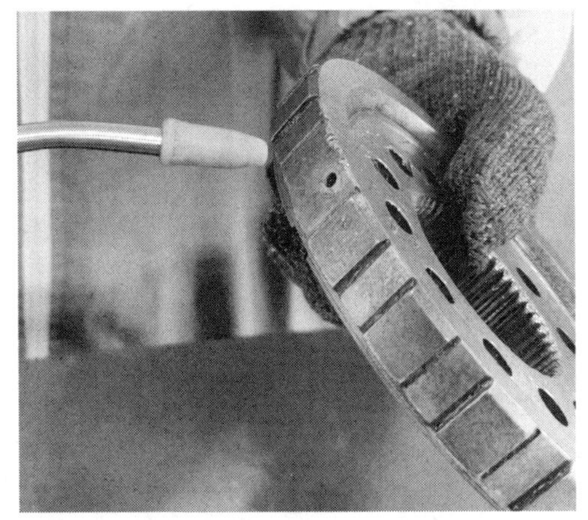

图 3–1–39 检查离合器活塞

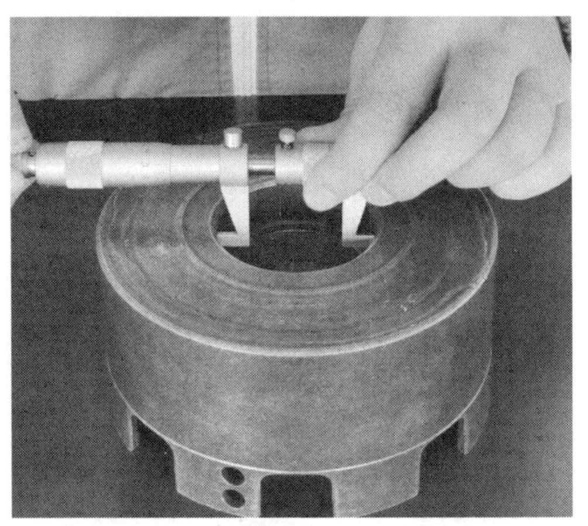

图 3–1–40 测量离合器衬套内径

d. 检查离合器活塞行程。如图 3–1–41、图 3–1–42 所示，固定安装百分表，用加压压缩空气（392 ~ 785 kPa）和放出压缩空气的方法测量离合器活塞行程。如果活塞行程小于极限值，可能零件装错，应检查并重新装配；如果活塞行程不在规定范围内，则可更换另一个凸缘（法兰盘），凸缘有不同的厚度规格。

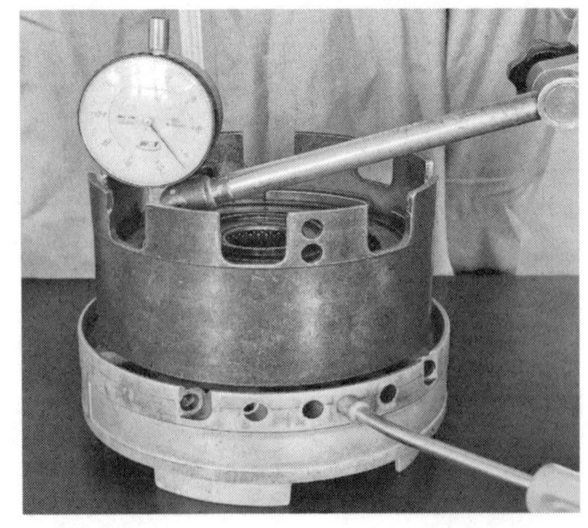

图 3–1–41 检查离合器活塞行程

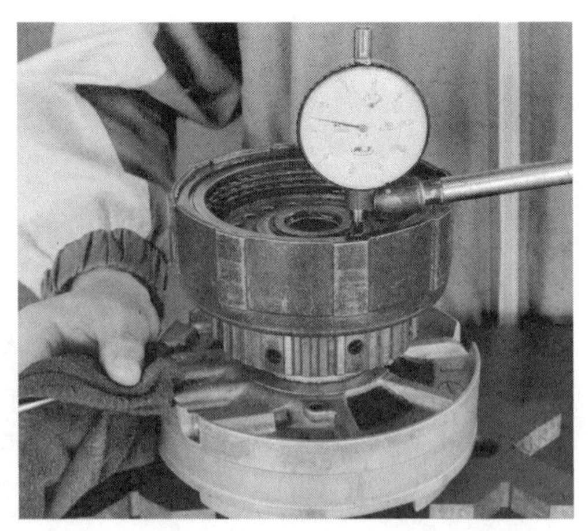

图 3–1–42 检查前进挡离合器活塞行程

4）前后行星齿轮的检修

①行星齿轮常见的损伤有单向离合器打滑、太阳齿轮衬套内径磨损、齿圈凸缘内径磨损、行星齿轮轴向间隙过大。

②检修

a. 检查 1、2 号单向离合器动作。检查 1 号单向离合器动作时（图 3–1–43），握住太阳齿轮，转动离合器毂，离合器毂应能沿顺时针方向自由转动，逆时针方向应锁住；检查 2 号单向离合器动作时（图 3–1–44），握住行星架，转动后太阳轮，后太阳轮应能沿逆时针方向自由转动，顺时针方向应锁住。

图 3–1–43　检查 1 号单向离合器动作

图 3–1–44　检查 2 号单向离合器动作

b. 测量太阳齿轮衬套内径及齿圈凸缘内径。如图 3–1–45、图 3–1–46 所示，用内径百分表测量太阳齿轮衬套内径、齿圈凸缘内径，如内径超过最大值，应予更换。

c. 测量前、后行星齿轮轴向间隙。如图 3–1–47 所示，分别用塞尺测量前、后行星齿轮的轴向间隙，如间隙超过最大值，应予更换。

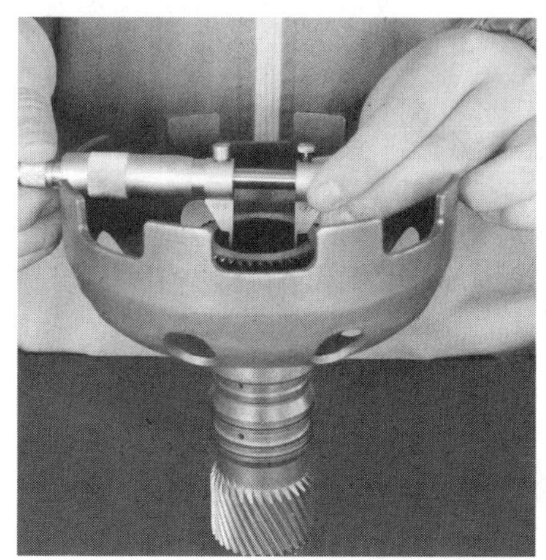

图 3–1–45　测量太阳齿轮衬套内径

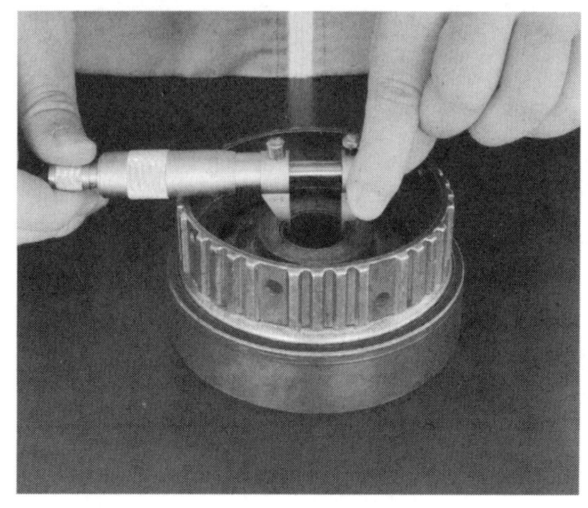

图 3–1–46　测量太阳齿轮齿圈凸缘内径

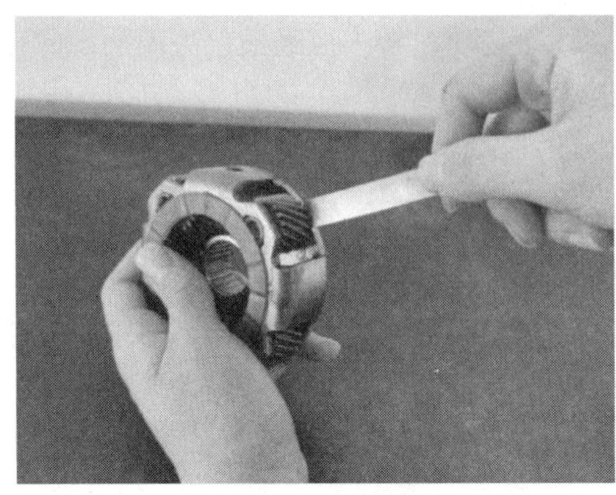
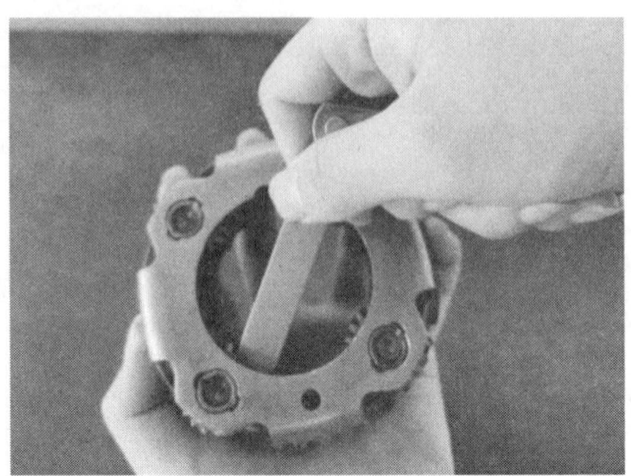

图 3–1–47　测量前、后行星齿轮轴向间隙

5）O/D 超速机构的检修

① O/D 超速机构常见的损伤有活塞上的单向阀球密封不严、离合器毂衬套内径磨损、离合器活塞行程不符合要求、行星齿轮轴向间隙过大、中间轴主动齿轮安装高度不符合要求。

②检修

a. 先分解 O/D 超速机构。

b. 检查活塞上的单向阀球及离合器盘和齿圈凸缘，具体方法与前文所述相同。

c. 检查 O/D 离合器活塞行程。如图 3–1–48 所示，压缩空气压力为 392 ~ 785 kPa，如果活塞行程不符合要求，应重新装配或更换配件。

d. 测量 O/D 离合器毂衬套内径。如图 3–1–49 所示，采用内径百分表测量，如内径超过最大值，应予更换。

图 3–1–48　检查 O/D 离合器活塞行程

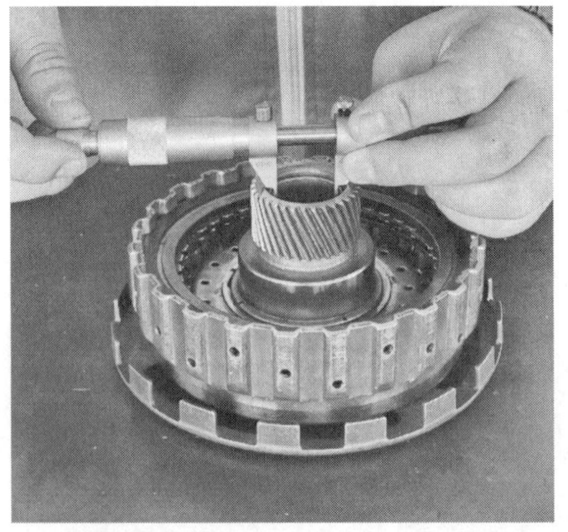

图 3–1–49　测量 O/D 离合器毂衬套内径

e. 测量行星齿轮轴向间隙。如图 3–1–50 所示，用塞尺测量，如间隙超过最大值，应予更换。

f. 检查 O/D 单向离合器。如图 3–1–51 所示，将 O/D 离合器装入单向离合器，握住 O/D 离合器转动中间轴，中间轴应能沿顺时针方向自由转动，逆时针方向应锁住。

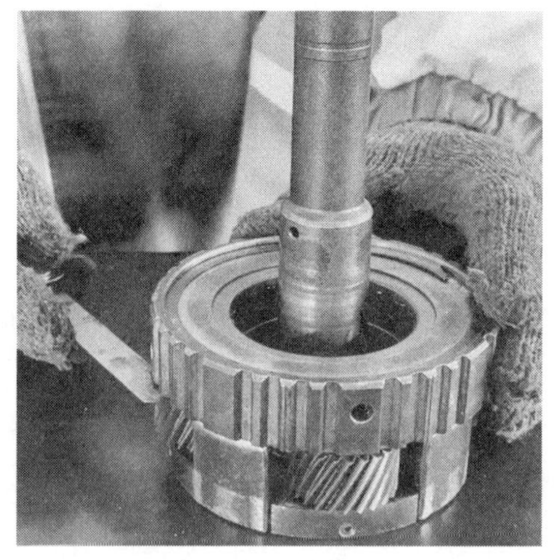

图 3–1–50　测量行星齿轮轴向间隙

图 3–1–51　检查 O/D 单向离合器

g. 将 O/D 超速挡行星齿轮安装至 O/D 离合器上后，中间轴主动齿轮距超速挡离合器壳的高度 h 应符合要求（图 3–1–52），否则应重新装配。

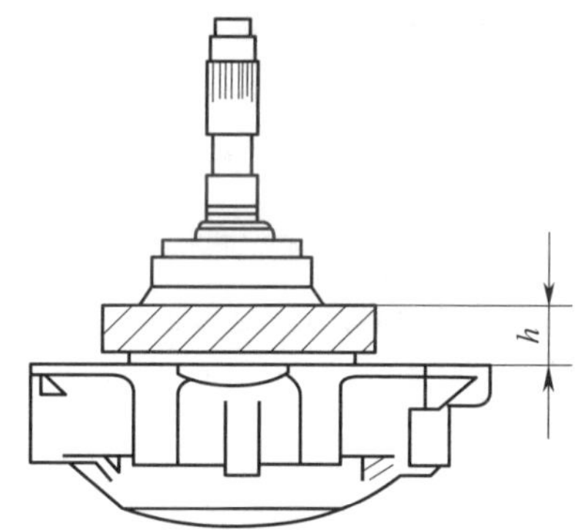

图 3–1–52　O/D 超速挡行星齿轮安装后的检测

6）油路控制阀的检修。自动变速器油路控制阀的结构较复杂，一般情况下损坏较少，主要进行弹簧尺寸和限位尺寸的检测。若诊断无故障，一般不解体液压控制阀，否则可根据故障现象修理或更换总成。

（3）自动变速器的装配注意事项

自动变速器修复后的装配应按维修手册规定的顺序进行，即按分解时相反的顺序装配。装配时应注意以下几点：

1）各零件在装配过程中，有规定力矩的螺栓必须按规定力矩拧紧；各部件之间的密封衬垫必须换新；在拆卸时做装配记号的，装复时必须对准装配记号。

2）液力变矩器装复前必须加注新的变速器油，装入变速器壳内后，必须用卡钳和直尺测量变速器壳安装面到变矩器前面的距离（图 3–1–53），如不符合要求则需找出原因予以调整。

3）安装油门拉线时，如果是新换的油门拉线，应在内拉线上做上记号，以便调整。方法是先轻拉内拉线，感到轻微阻力时停止拉动，用油漆做上宽约 4 mm 的记号，如图 3–1–54 所示。

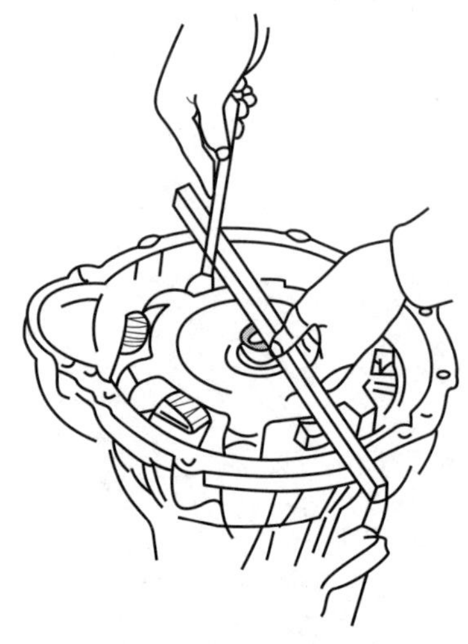
图 3-1-53　测量变速器壳安装面到变矩器前面的距离

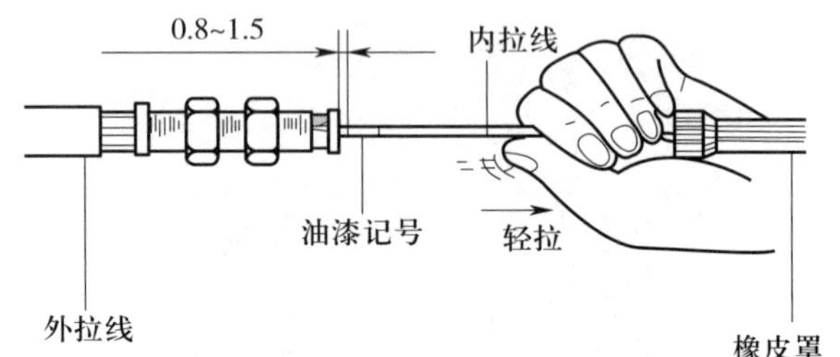

图 3-1-54　内拉线上油漆记号的位置

4）凡开口销、密封垫、O 形密封圈、油封等零件，都属于一次性使用件，每次修理均应更换新件。

5）更换磨损的衬垫，必须连同带有衬套的零件总体一起更换。

6）推力轴承座圈滚道若已磨损或损坏时必须更换。

7）待装配的新离合器、制动器摩擦片，在装配前必须放在自动变速器油中浸泡至少 15 min。

8）所有密封油环、离合器摩擦片、离合器钢片、旋转元件和滑动表面，在装配时都应涂抹自动变速器油。

9）自动变速器是高精度的零件总成，总装前要仔细检查，即使是一道小的划痕也会引起漏油或影响性能。

10）在密封垫或类似零件上不能用密封胶。

11）所有零件都应静置干燥或用空气吹干，绝不能用抹布，否则抹布上的纤维会影响变速器的工作性能。

12）总装前，应再次确认所有组件都装配正确。若装配期间发现某些组件有损坏，立即将这些组件分解检修。

三、万向传动装置修理

万向传动装置由万向节、传动轴及中间支承装置组成。万向传动装置的工作条件恶劣，加之整个装置在汽车底部，泥泞、灰尘极易进入各个机件，装置中各机件经长期使用后，会造成严重的磨损，导致配合间隙增大。因此，万向传动装置的检查与修理十分重要。

1. 万向传动装置主要零件的损伤和检修

（1）万向节的检修

1）万向节常见的损伤有卡滞和磨损。

2）检修

①十字轴轴承轴向及径向间隙的检查如图 3–1–55、图 3–1–56 所示，轴向及径向间隙极限值为 0.05 mm，超过使用极限时，应更换十字轴轴承。十字轴轴承轴颈处应无明显磨损痕迹，否则也应更换十字轴。

图 3–1–55　十字轴轴承轴向间隙的检查

图 3–1–56　十字轴轴承径向间隙的检查

②位于传动轴管的万向节叉（轴管叉）和花键轴若有损坏，可用局部更换法修复。

③球笼式万向节球毂体、球毂及钢球均为选配件，因此，万向节产生明显异响时，应整体更换，一般不拆卸。如果拆卸解体，应辨认清钢球所处的球毂滚道或做安装标记，并按顺序摆放，以免安装错乱。

（2）传动轴的检修

1）传动轴常见的损伤有磨损、振抖、裂纹、弯曲、凹陷。

2）检修

①传动轴轴管径向跳动的检查如图 3–1–57 所示，乘用车传动轴轴管径向跳动的极限值为 0.8 mm，弯曲量的极限值为 5 mm，超过使用极限时，可用冷压法校直。当轴管弯曲严重或存在较大凹陷时，应更换传动轴。轴管上凹陷不得多于 4 处，总面积不得大于 500 mm^2。

②传动轴上的花键轴与滑动叉花键孔的配合侧隙的检查如图 3–1–58 所示，传动轴上的花键轴与滑动叉花键孔的配合侧隙见表 3–8，当配合侧隙超过使用极限，或检视花键存在阶梯形磨损时，应更换花键副，不可只更换花键轴或滑动叉。

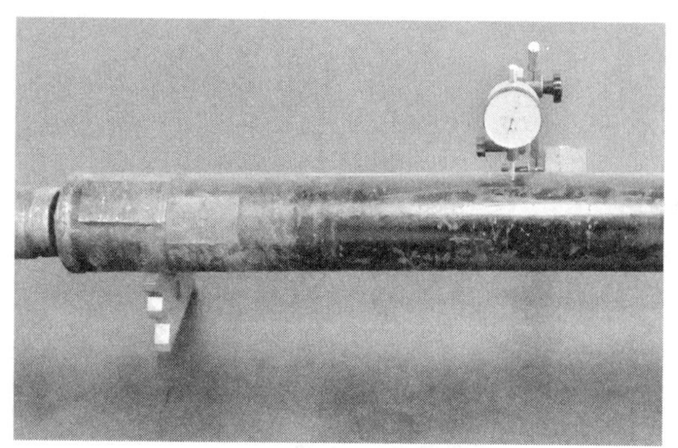
图 3–1–57　传动轴轴管径向跳动的检查

图 3–1–58　花键轴与滑动叉花键孔的配合侧隙的检查

表 3–8　传动轴上的花键轴与滑动叉花键孔的配合侧隙　mm

间隙要求	花键轴与滑动叉花键孔的配合侧隙	中间轴凸缘内花键的配合间隙
标准	0.35	0.3
使用极限	0.8	0.6

③传动轴中间支承轴颈磨损，会使中间支承轴承与轴颈的配合松旷。轴承与轴颈的配合尺寸应为 –0.02 ~ 0.02 mm。当轴颈磨损量超过 0.40 mm 时，应修理传动轴中间支承轴颈。

2. 传动轴总装及试验

（1）传动轴大修后的动平衡

传动轴大修后，应在专用的动平衡试验机上进行动平衡试验，且按规定方向装上滑动叉、万向节和防尘套。乘用车传动轴允许的动不平衡量应不大于 10 g · cm，其他车型见表 3–9 的规定。

表 3–9　传动轴允许的动不平衡量

传动轴管外径 d/m	$d \leqslant 58$	$58<d \leqslant 80$	$d>80$
允许的动不平衡量 /（g · cm）	30	50	100

传动轴进行动平衡后，应在滑动叉、凸缘叉上做位置记号，以防拆装时错乱破坏平衡。

（2）传动轴总装注意事项

1）组装十字轴万向节时，若轴承壳安装不到位，应检查滚针是否侧倒卧于壳内端部。

2）十字轴的润滑油嘴应指向轴管，几个十字轴上的润滑油嘴应处在滑动叉润滑油嘴处的同一方向，以便于维护。

3）组装时，应对正解体时所做的安装标记。更换零件后应进行动平衡试验，并在换装的零件上补做安装标记。

4）同一轴管两端的万向节叉应位于同一平面，同时还应保证传动轴两端通过万向节相连的两轴（即输出轴、输入轴）与传动轴的夹角相等，如图 3–1–59 所示，即 $\alpha_1=\alpha_2$。

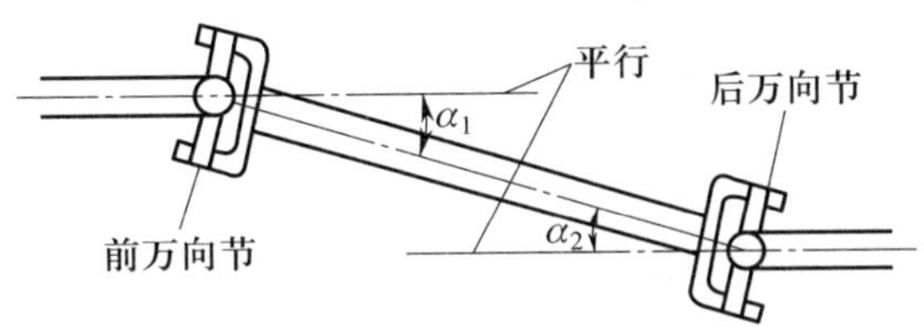

图 3–1–59　双万向节传动

5）传动轴装备应齐全。防尘套两卡箍的锁扣应相互错开 180° 装配，避免增大平衡误差。

6）螺栓防松措施要可靠。用 U 形螺栓固定万向节十字轴轴承壳时，其螺栓应按规定力矩拧紧。

7）万向节轴承盖上原加有配重（平衡重）时，应按原位装复。

8）中间支承装置的橡胶衬圈，应在传动轴受力时运转，待其位置自行找正后再予以紧固。

9）经过平衡校正的组件，拆卸检修后，零件的相对装配位置不应随意改变，因此拆卸前应核对或补做原安装标记。图 3–1–60 所示为乘用车传动轴安装标记，图 3–1–61 所示为国产载货车传动轴安装标记。

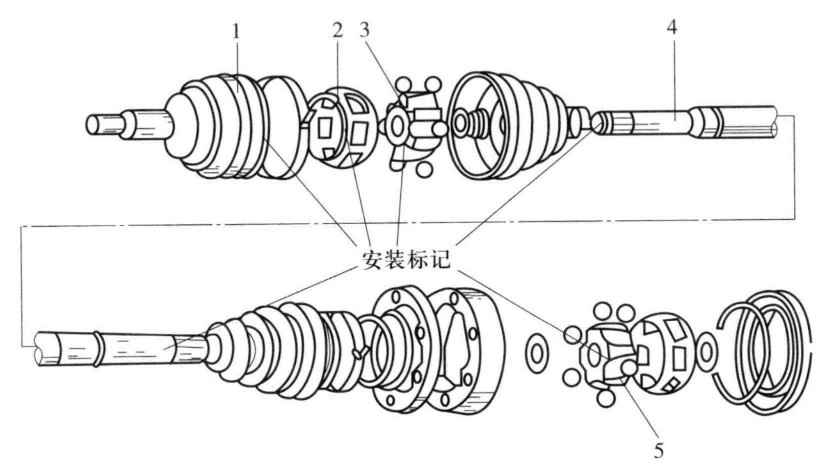

图 3–1–60　乘用车传动轴安装标记

1—固定型等角速万向节球毂壳体　2—球笼　3—球毂　4—传动轴　5—伸缩型等角速万向节球毂

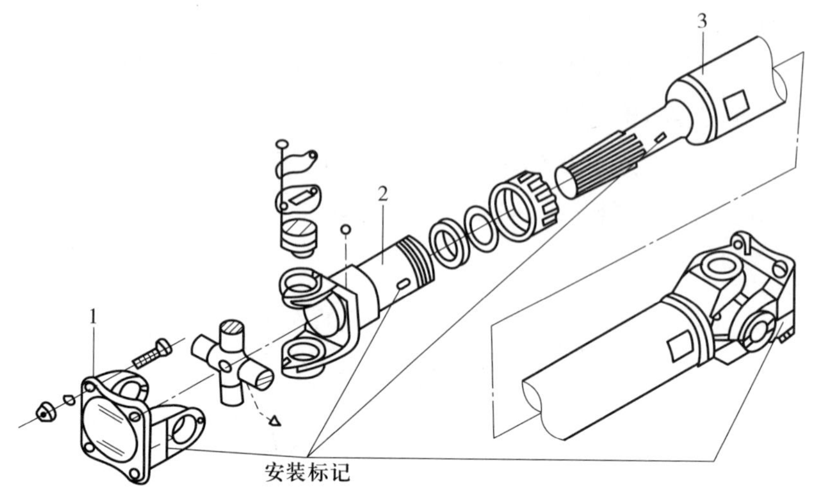

图 3-1-61　国产载货车传动轴安装标记

1—凸缘叉　2—滑动叉　3—传动轴

四、驱动桥总成修理

汽车使用过程中，驱动桥承受着较大的扭矩和负荷，在汽车起步过猛或紧急制动时，驱动桥内各机件还承受了较大的冲击力矩。经长期使用后，驱动桥的各部齿轮、花键及轴承等配合零件将产生不同程度的磨损，甚至超过允许使用限度，驱动桥壳也可能产生变形，影响各部机件的正常配合关系，使驱动桥总成工作恶化，出现异响、发热或传动效率下降等故障。因此，为保证驱动桥的正常工作，必须适时对驱动桥进行修理。

1. 主减速器及差速器解体注意事项

（1）解体前应对齿轮啮合间隙、轴承轴向间隙进行初步检查。

（2）解体后应记录各部位调整垫片的数量、厚度，并有序放置。

（3）从动齿轮轴承调整螺母解体前应做安装位置标记，避免安装时左、右调整螺母错位。

（4）在取下轴承和调整螺母后，从动齿轮轴承座盖应装合至原处，防止左、右轴承座盖错乱。

（5）差速器解体时，应在左、右差速器壳及十字轴的相对安装位置做上标记，各行星齿轮及与其对应的止推垫片应对应摆放，半轴齿轮及与其对应的止推垫片应左右分开摆放。

2. 驱动桥主要零件的损伤及其检修

（1）桥壳与轴管的检修

1）桥壳与轴管常见的损伤有桥壳弯曲变形、裂纹，轴管上轴承轴颈磨损，轴头螺纹损坏，钢板弹簧座磨损等。

2）检修

①整体式桥壳弯曲变形的检验如图 3–1–62 所示，将轮毂正确装配于轴管上，修整轮毂端面，将两根标准半轴安装于轮毂上，在桥壳中部检视左右半轴端部的轴心是否对正，要求二者轴心位置之差小于 1 mm。

②分段式桥壳弯曲变形的检验如图 3–1–63 所示，可测量底板凸缘到桥壳接合面凸缘的距离 S，要求对径位置测得的距离之差不超过 2 mm。

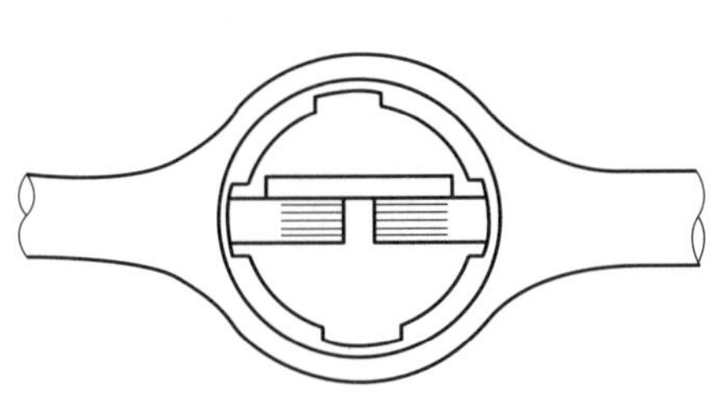

图 3–1–62　整体式桥壳弯曲变形的检验

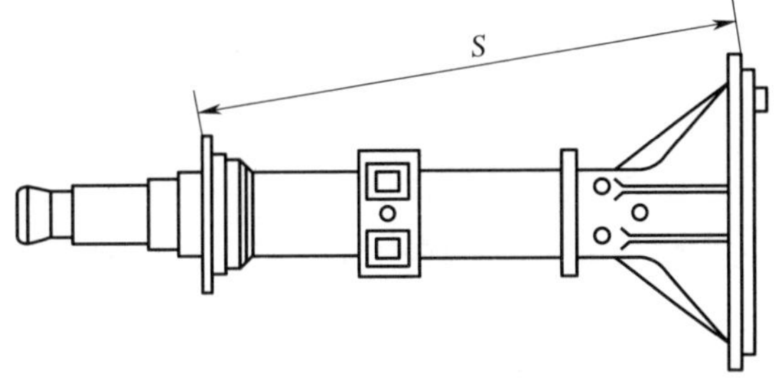

图 3–1–63　分段式桥壳弯曲变形的检验

③钢板焊接制造的桥壳产生弯曲变形，可用冷压校直，冷校过程中为减小校正力，可对明显变形处加热，但加热温度不得超过 400 ℃。铸造的桥壳若变形严重，则应更换。

④桥壳中部出现裂纹，可以焊补修理，并在焊缝处增设加强板。桥壳在钢板弹簧座处出现裂纹，则应更换。

⑤桥壳上与主减速器的接合面存在划痕沟槽时，应焊锡填平。

⑥当轴管上轴承轴颈磨损超过 0.08 mm，轴头螺纹严重损坏时，应更换轴管。若仅为轴头螺纹损坏，可重新套制螺纹、配制螺母修理。

⑦更换轴管工艺如下：

a. 测量轴管从桥壳伸出的长度。

b. 拆下止动螺钉（图 3–1–64），用拉拔器拉出轴管。

图 3–1–64　拆下止动螺钉

c. 测量新轴管与桥壳承孔的配合轴颈尺寸，若大于旧轴管直径 0.02 mm 左右，可将新轴管压入桥壳，直到轴管的伸出长度与原测量值相等。

d. 用手电钻通过桥壳定位孔，在轴管上钻止动螺钉定位孔，旋入止动螺钉。

（2）半轴的检修

1）半轴常见的损伤有弯曲、扭曲、断裂和键齿磨损等。

2）检修

①半轴花键有明显扭曲，花键键齿侧呈阶梯形磨损；半轴内端的键齿磨损，与半轴齿轮内键槽的配合有较大间隙；半轴键齿明显扭斜以及半轴存在裂纹时，均应更换半轴。

②如图 3–1–65 所示，用百分表检测半轴的径向跳动量，超差可冷压校正或更换。

③半轴凸缘接合面端面跳动的检测如图 3–1–66 所示，误差极限值为 0.15 mm 时，超出极限值可以半轴中心孔为定位车削或磨削端面。

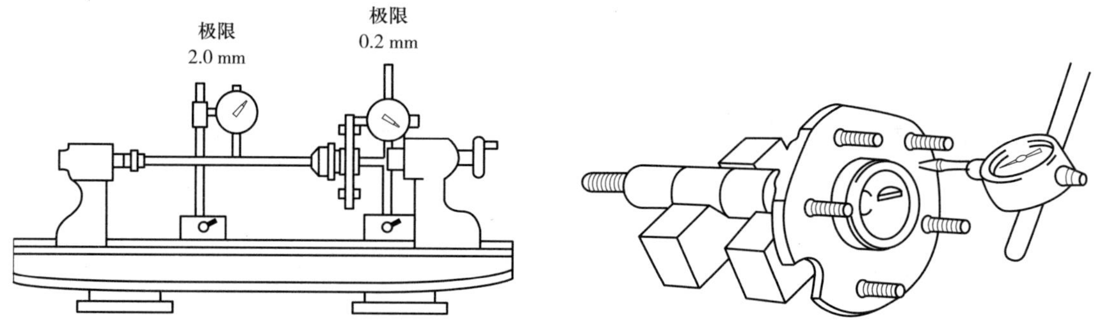

图 3–1–65　半轴径向跳动的检测　　图 3–1–66　半轴凸缘接合面端面跳动的检测

（3）轮毂的检修

1）轮毂常见的损伤有轴承座孔磨损、螺纹孔损坏。

2）检修

①检查轮毂轴承外圈不应松动，当轴承孔形成明显孔肩时，应更换轮毂。需要更换轮毂轴承时，必须连同轴承外圈一起更换。

②轮毂上螺纹孔损坏，可用加大螺纹直径并配制阶梯双头螺柱的方法修理。

③轮毂轴承的轴向间隙为 0.10～0.15 mm。采用锁紧螺母调整轴承的轴向间隙时，旋紧调整螺母后，松回 1/10 圈，使调整螺母与轴承之间的止推垫圈略有松动感即可；然后套上锁止套，朝松动螺母的方向旋转锁止套，使后轴承上的径向小孔与锁止套上的槽口相对，穿入开口销并掰开销端防松。

（4）主减速器齿轮的检修

1）主减速器齿轮常见的损伤有裂纹、磨损。

2）检修

齿轮不得有裂纹；齿面不允许有片状疲劳剥落现象和呈阶梯形的磨损，轻微斑点面积不得大于齿轮面积的25%；齿端崩脱缺损部分不得超过齿高的1/3和齿长的1/10。主动齿轮上损伤齿的数量不多于2个，且不能相邻；从动齿轮上损伤齿的数量不多于3个，且相邻者不多于2个。

若不符合上述要求，则必须更换齿轮。锥齿轮的主、从动齿轮必须成对更换。一些主减速器主、从动锥齿轮，在非工作面上印有配对编号及配对测量参数，必须按相同编号配对组装。

（5）轴承与孔、轴配合的检修

1）轴承与孔、轴配合常见的损伤有轴承孔磨损、轴承松动。

2）检修

①主减速器中，除主动锥齿轮前轴承与轴颈的配合为过渡配合外，其他轴承与轴颈、轴承孔均属过盈配合，过盈量约为0.03 mm。若配合出现松动，应电镀轴颈或轴承孔。若轴颈或轴承孔磨损形成明显轴肩或孔肩，则应更换。

②检视圆锥轴承滚子、保持架和滚道表面未见剥落、缺损等现象，一般不拆卸过盈配合的轴承和轴承外座圈。

（6）主减速器壳体的检修

1）主减速器壳体常见的损伤有裂纹、接合平面划伤。

2）检修

①主减速器壳体上不允许出现裂纹，否则应更换壳体。

②主减速器壳与桥壳的接合平面、与主动齿轮轴承座的接合平面以及与从动齿轮轴承侧盖的接合平面，若有明显的沟槽划伤，应焊锡填平。

（7）差速器总成的检修

1）差速器总成常见的损伤有差速器壳裂纹、轴承孔磨损、半轴齿轮轴承孔磨损、十字轴有裂纹、齿面剥落。

2）检修

①差速器壳体检修。差速器壳体不允许有裂纹，其与行星齿轮、半轴齿轮垫片的接触面应光滑、无沟槽，十字轴承孔磨损不得大于0.1 mm，半轴齿轮轴承孔磨损不得大于0.1 mm，否则应更换差速器壳体。

②差速器十字轴检修。差速器十字轴不允许有裂纹；其与行星齿轮配合的轴颈，不得有大于工作面25%的表面剥落，磨损极限一般为0.08 mm；与差速器壳体配合的轴颈磨损极限一般为0.12 mm。若不符合以上要求，应更换十字轴。

③差速器齿轮检修。半轴齿轮和行星齿轮的齿面剥落不得超过齿长的1/10和齿高的1/3，若上述损耗不超过两个齿，且两个齿又不相邻，可修磨平滑后继续使用，否则应更换齿轮。半轴齿轮轴颈磨损超过0.15 mm，花键键齿侧呈阶梯形磨损时，应更换半轴齿轮。行星齿轮承孔磨损不得超过0.12 mm，否则应更换行星齿轮。

3. 主减速器总成的检查与调整

（1）主减速器总成的检查

1）检查从动锥齿轮的偏摆量，如图 3–1–67 所示，固定磁性表座，将百分表测头抵在从动齿轮背面最外端，从动齿轮旋转一周，记下百分表指针摆差读数，偏摆量要小于 1.0 mm，否则应更换。

图 3–1–67　从动锥齿轮偏摆量的检查

2）检查主、从动齿轮的啮合间隙，如图 3–1–68 所示，固定磁性表座，将百分表测头抵在从动齿轮任一齿面上，固定主动齿轮，将从动齿轮沿周向来回扳动，记下百分表指针摆差读数，数值应在 0.13 ~ 0.18 mm。

3）检查半轴齿轮与行星齿轮的啮合间隙，如图 3–1–69 所示，固定磁性表座，将百分表测头抵在半轴齿轮任一齿面上，将一个行星齿轮固定，用手拨动半轴齿轮，记下百分表指针摆差读数，数值应在 0.05 ~ 0.20 mm。

图 3–1–68　主、从动齿轮啮合间隙的检查

图 3–1–69　半轴齿轮与行星齿轮啮合间隙的检查

4）检查主、从动齿轮轮齿的啮合情况。在从动齿轮三个不同位置上涂红丹油，朝两个不同方向转动主动齿轮，检视轮齿的啮合印痕，正确的印痕应在从动齿轮中间偏齿根的位置，如图 3–1–70 所示。

（2）主减速器总成的调整

1）齿轮轴承预紧度的要求。轴承无预紧度时，齿轮啮合产生的轴向分力会使齿轮轴产生轴向位移，使齿轮轴前轴承出现较大间隙，进一步恶化齿轮啮合状态，使齿轮齿面异常损耗。因此，齿轮轴承必须有合适的预紧度，以稳定齿轮啮合状态。

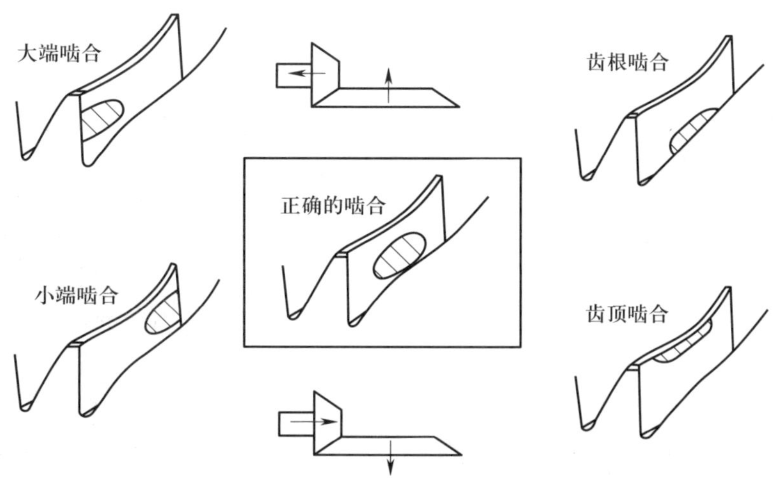

图 3-1-70　齿轮啮合情况的检查

2）主动锥齿轮的装配及轴承预紧度的检查与调整。依次将调整垫片、后轴承装到主动锥齿轮轴颈上，装入隔圈后，一起装入轴承座壳内，再依次装入前轴承、接合法兰、槽形螺母，先不装油封（调整轴承预紧度后，再装油封），如图 3-1-71 所示。

主动锥齿轮轴承预紧度可凭经验检查。用手左右转动接合法兰，转动灵活无阻滞；沿轴向推拉法兰，无间隙感，即为合适。也可用扭力扳手扭动主动锥齿轮检查，扭力矩应为 1.9～2.6 N · m，如图 3-1-72 所示。

图 3-1-71　主动锥齿轮的装配

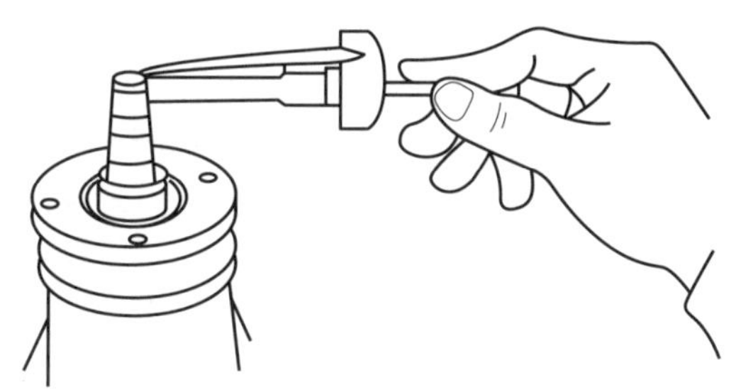

图 3-1-72　主动锥齿轮轴承预紧度的检查

如果转动主动锥齿轮的力矩不合适，即为主动锥齿轮轴承预紧度不合适，一般可用修理工具夹紧接合法兰，通过拧紧接合法兰槽形螺母来调整，如图 3-1-73 所示。当调整槽形螺母无法满足预紧度要求时，可通过更换调整垫片来调整，如果转动力矩过大，应减小垫片厚度；反之，应增大垫片厚度。

3）半轴齿轮与行星齿轮啮合间隙的调整

①按前文所述方法测量半轴齿轮与行星齿轮的啮合间隙，如间隙不当，应换用不同

厚度的止推垫圈，左、右两边的止推垫圈厚度应一致。

②半轴齿轮轮齿大端端面的弧面与行星齿轮的背面弧面应相吻合，并在同一球面上。不合适时，应通过改变行星齿轮背面球形垫圈的厚度来调整。

③安装行星齿轮轴上的直销，并将销与差速器壳体铆接，如图 3–1–74 所示。检查半轴齿轮的转动是否灵活，半轴齿轮与行星齿轮的啮合间隙是否合适。

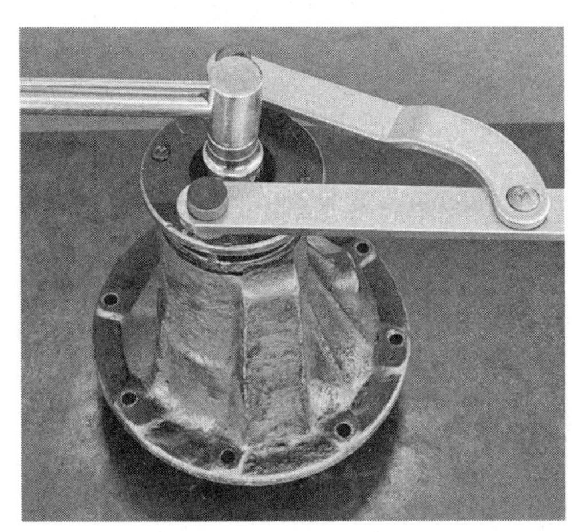

图 3–1–73　拧紧接合法兰槽形螺母

图 3–1–74　行星齿轮轴上直销的安装

4）从动锥齿轮的装配及轴承预紧度的检查与调整

①如图 3–1–75 所示，将从动锥齿轮在油浴中加热至 100 ℃后，对准记号装上差速器壳体。

②如图 3–1–76 所示，将差速器总成装在托架上。注意左、右轴承外座圈不能交换位置。先装调整螺母，再装轴承盖。轴承盖要按拆卸前所做记号装回，并拧紧螺栓。用手拧紧左、右调整螺母，对称、均匀地压紧差速器总成左、右轴承。

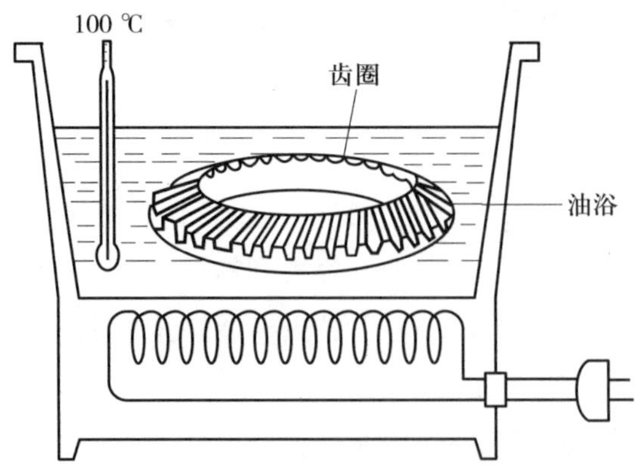

图 3–1–75　在油浴中加热从动锥齿轮

图 3-1-76　差速器总成的装配

③用修理工具将从动锥齿轮一侧的调整螺母拧紧，直至主、从动锥齿轮啮合间隙约为 0.2 mm，如图 3-1-77a 所示。

④如图 3-1-77b 所示，将百分表测头抵在从动锥齿轮一侧的调整螺母顶上，用修理工具拧紧另一侧调整螺母直至百分表指针开始摆动，再将调整螺母拧入 1.0～1.5 圈。

a)

b)

图 3-1-77　从动锥齿轮调整螺母的拧紧

⑤轴承预紧度的检查。用手转动从动锥齿轮，应灵活、无卡滞感；沿轴向撬动从动锥齿轮，无间隙感，即为合适。也可用扭力扳手扭转主动锥齿轮，扭紧力矩应增大 0.4～0.6 N · m。

5）主、从动锥齿轮啮合间隙的调整。用前文所述方法检测主、从动锥齿轮啮合间隙，如不符合要求，可通过等量转动差速器壳体左右两边的调整螺母来调整。

6）主、从动锥齿轮轮齿啮合印痕与啮合间隙的调整见表 3-10。调整口诀可简化为：大进从，小出从，顶进主，根出主。

表 3-10　　主、从动锥齿轮啮合印痕与啮合间隙的调整

向前行驶	向后行驶	调整方法	图示	调整口诀
		将从动锥齿轮向主动锥齿轮移拢，若此时所得轮齿间的齿隙过小，则将主动锥齿轮移开		“大进从”
		将从动锥齿轮自主动锥齿轮移开，若此时所得轮齿间的齿隙过大，则将主动锥齿轮移拢		“小出从”
		将主动锥齿轮向从动锥齿轮移拢，若此时所得轮齿间的齿隙过小，则将从动锥齿轮移开		“顶进主”
		将主动锥齿轮自从动锥齿轮移开，若此时所得轮齿间的齿隙过大，则将从动锥齿轮移拢		“根出主”

4. 驱动桥装复后的磨合试验

为了改善各运动副的工作表面状况和检查修理质量，驱动桥修理装复后应进行磨合试验。驱动桥修理与装配质量的好坏主要从齿轮工作噪声的大小，轴承发热、漏油等情况来判断。

试验前，应按规定加注指定的齿轮油进行运转试验。试验时，传动轴的转速一般为 1 400～1 500 r/min，要进行正转、反转、无负荷及有负荷试验。运转 5 min 后，用手摸外壳各轴承处，不得有过热的感觉。总磨合时间不得低于 15 h，带负荷运转一般不超过 15 min。

进行运转试验时，可就车进行，也可在试验台上进行。就车进行适用于没有试验设备的小型修理企业，将驱动桥装在汽车上，顶起驱动桥，将变速器挂入对应传动轴转速为 1 400～1 500 r/min 的挡位，加载时可调小制动蹄片间隙，比较有无负荷的运转情况。在试验台上进行磨合试验时，试验设备一般由驱动装置、加载装置和台架组成，驱动装置常用电动机，加载方式可采用电涡流制动器。

齿轮啮合不允许有敲击声或高低速变化的响声，各轴承区的温度升高不应大于 25 ℃，各接合部位不允许有漏油现象。试验合格后，应用清洗液清洗干净，并加入规定质量和数量的齿轮油。

任务 2　行驶系修理

学习目标

1. 了解行驶系各部件常见的损伤。
2. 掌握车架、车身、悬架、车轮和轮胎的检修方法。
3. 熟悉轮胎的检查、换位方法。

汽车行驶系支承汽车的总质量，将转矩转化为汽车行驶的驱动力，承受并传递各种反力、弯矩和转矩，减小振动，缓和冲击，保证汽车平稳行驶。

一、车架与车身的检修

1. 常见损伤

车架与车身常见的损伤有纵、横梁变形、断裂和悬架支架磨损。

2. 乘用车车架（身）的检修

乘用车和载货（客）车的车架尽管结构不同，但均可参照如图 3-2-1 所示车架基准尺寸图，根据各制造厂家规定的数据，从图示的基准线测量各部分的实际尺寸，来检查车架的弯曲、扭曲变形等。

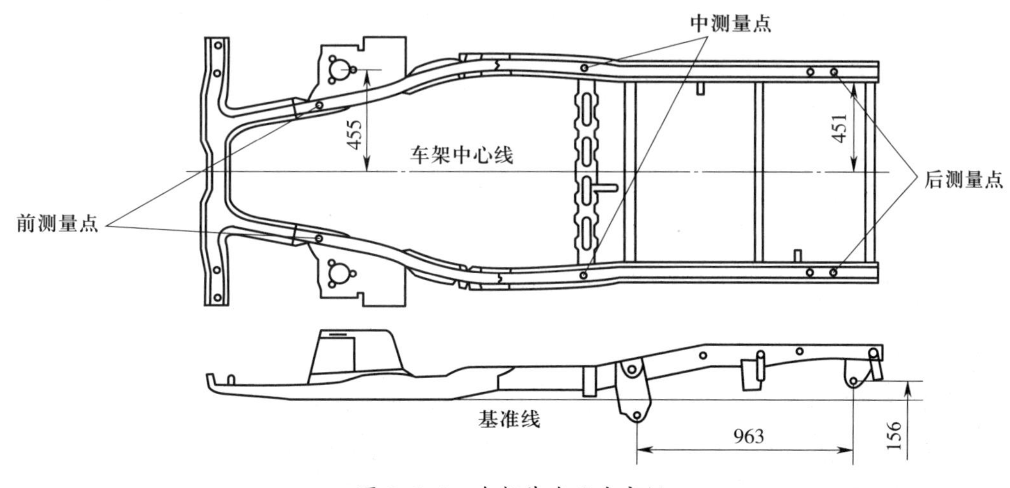

图 3-2-1　车架基准尺寸实例

（1）乘用车车架（身）的变形，可以使用车身电子测量仪检查，也可以使用车架中心尺来检查。使用车架中心尺时，把测量杆悬挂在图 3–2–1 所示的主要测量点（前、中、后测量点）下，通过测量杆中心上、下或左、右的扭转变形状况来检查车架（身）变形。

（2）在修整受到损伤的车架（身）时，使用不同的工具有不同的方法。最常用的是汽车车架校正仪（图 3–2–2），还有车架修整机、便移式液压车身加力器等。

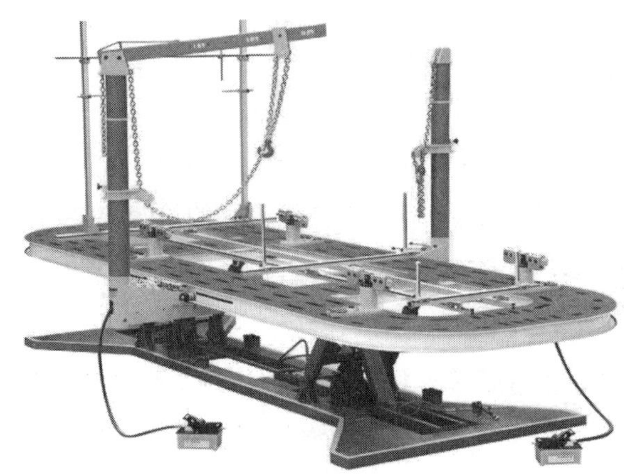

图 3–2–2　汽车车架校正仪

二、悬架的检修

悬架分为非独立（整体式）悬架和独立悬架，如图 3–2–3 所示。

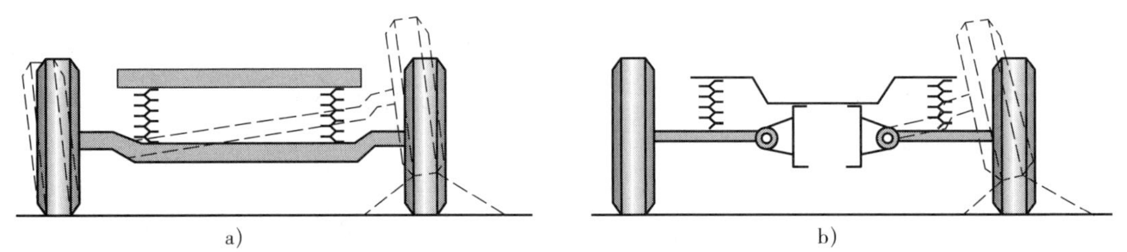

图 3–2–3　悬架
a）非独立悬架　b）独立悬架

1. 常见损伤

悬架常见的损伤有中心螺栓变形和严重磨损、U 形螺栓螺纹损伤、弹簧裂纹和损伤、减振器漏油。

2. 检修

（1）钢板弹簧（图 3–2–4）的检修

作为载货车的悬架，钢板弹簧弧高应符合设计规定，左、右钢板片数应相同，弧高差不得大于 10 mm。前钢板弹簧弧高改变会影响前轮的正确定位。

1）钢板弹簧中心螺栓，除串联各片片簧外，其头部还作为与车轴连接的定位装置。中心螺栓剪切变形和头部严重磨损时，必须更换。更换时应注意钢板卡子的螺栓应从钢板弹簧的内侧穿入，螺母靠轮胎侧，避免螺栓松脱退出时划伤轮胎。

2）钢板弹簧与车轴连接用 U 形螺栓，紧固力矩为 300～400 N·m。螺栓工作段螺纹损伤超过 2 牙即应更换。

3）大修时，应清除钢板弹簧上的锈迹，在各片钢板之间涂抹石墨润滑脂。钢板弹簧发现裂纹即应更换。修理时，应同时更换钢板弹簧销衬套。

（2）螺旋弹簧（图 3-2-5）的检修

使用刻度尺和直角尺在平台上检测螺旋弹簧的自由长度和直角度，将测量值与新件相应值对比，如有显著差异，应予更换。此外，可用目视方法检查弹簧是否有损伤、裂纹，发现不良状况时，也应更换。

图 3-2-4　钢板弹簧

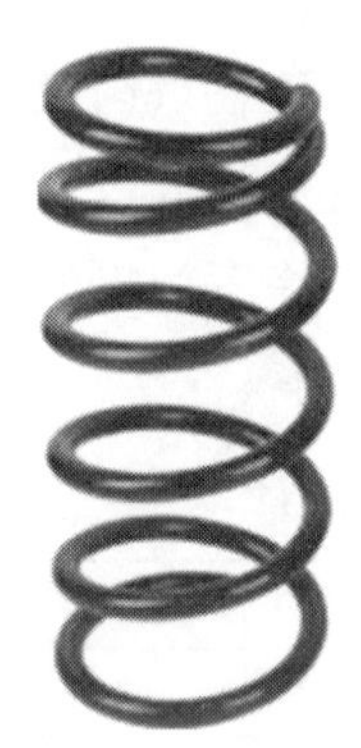

图 3-2-5　螺旋弹簧

（3）筒式减振器的检修

1）拉出时应感到阻力沉重，推进时则阻力较轻，推或拉的过程中应无卡滞，全程阻力稳定，否则应更换。

2）漏油时应更换或检修减振器。解体后的减振器应更换活塞杆油封，油封的密封唇应朝向活塞端安装。

3）减振器弯曲、变形，应修复或更换。

4）要求活塞与工作缸的配合间隙大于 0.15 mm，活塞杆圆度误差不超过 0.1 mm，各阀片不得缺损、严重变形，否则应更换损耗的零件。

三、车轮和轮胎的检修

1. 常见损伤

车轮和轮胎常见的损伤有轮辋锈蚀、裂纹和变形，轮盘裂纹和变形，轮胎漏气、裂纹、损伤和磨损。

2. 检修

以常见的盘式车轮为例，说明就车检查车轮作业的方法。

（1）轮辋。当轮辋发生损伤时，对于带有压圈的车轮，有可能引起压圈位置变动。应目视检查轮辋有无锈蚀、裂纹和变形情况。同时，在车轮实时状态中，使用划针检查轮辋的摆差，摆差过大时，不仅使轮胎急剧磨损，而且将导致车辆行驶轨迹弯曲。

（2）压圈。目视检查压圈的镶配状况，压圈必须可靠地镶配在车轮上。

（3）轮盘。目视检查轮盘接触车轮装配螺母的锥部有无磨损、裂纹和变形情况。

（4）轮胎检查方法

1）轮胎气压。把汽车停放在平坦、硬实的场地上，用轮胎气压表在常温下检查轮胎气压（图 3–2–6），应符合标准，轮胎气压标准见表 3–11。检查完毕，用肥皂水涂在气门嘴上，检查是否漏气，如果有明显的气泡或抖动，表示气门芯漏气，应拧紧或更换气门芯。将气门嘴的防尘帽戴上，以防脏物和水汽进入气门嘴。

图 3–2–6　用轮胎气压表检查轮胎气压

表 3–11　　轮胎气压标准　　MPa

高压胎	低压胎	超低压胎
0.5 ~ 0.7	0.2 ~ 0.5	0.2 以下

2）轮胎裂纹和损伤状况。目视检查车轮花纹、侧壁有无划伤及裂纹等。

3）轮胎磨损。用深度规测量轮胎槽深来检查花纹的磨损情况，如图 3–2–7 所示，槽深不足 1.6 mm（乘用车）且露出安全标记的轮胎，应更换。此外，还需检查轮胎花纹有无偏磨损、台阶式磨损及其他异常磨损现象。轮胎偏磨损实例及其主要原因见表 3–12，可根据实际情况对各部位进行检查、修整。轮胎气压值不当时的变形状况如图 3–2–8 所示。

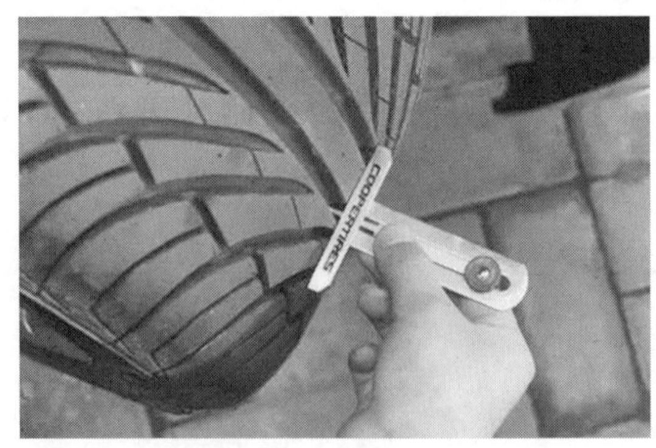

图 3–2–7　测量轮胎槽深

表 3–12　　轮胎偏磨损实例及其主要原因

形状		主要原因（需要检查的部位）	形状		主要原因（需要检查的部位）
	轮胎呈多角形磨损，特别是胎肩处磨损严重	1. 轮胎、车轮偏心或弯曲 2. 轮毂、转向节偏心或弯曲 3. 轴承、转向销松旷，回转部分处于不平衡状态		两侧胎肩处发生位置不同的磨损	1. 轮胎、车轮偏心或弯曲 2. 轴承、转向销松旷
	约半周轮胎早期严重磨损	1. 回转部分处于不平衡状态 2. 轮胎、车轮偏心，轮毂、转向节偏心或弯曲		胎肩处的槽早期磨损，只留下轮周中心槽	由于过载或低压等原因使轮胎挠度过大
	轮胎某一部位早期严重磨损	1. 由于紧急制动或起步，引起某一部位磨损（当某一部位发生早期磨损后，往往容易在该处继续磨损） 2. 轮胎内部放入垫片		凸棱处发生单侧锯齿状磨损	1. 频繁地紧急制动 2. 前轮外倾及前束调整不良
	轮胎单侧胎肩处（主要是外侧）发生早期严重磨损	1. 车轮外侧、前束调整不良 2. 频繁地紧急制动		凸缘处发生单侧边缘早期磨损，形成锯齿状单侧凸缘	1. 对于装在前部的轮胎，因只受制动力影响，容易发生此类磨损 2. 对于装在后部的轮胎，因受制动力与驱动力交替影响，将产生较均匀的磨损 这种轮胎容易发生单侧磨损，必须按规定换位（从前向后）

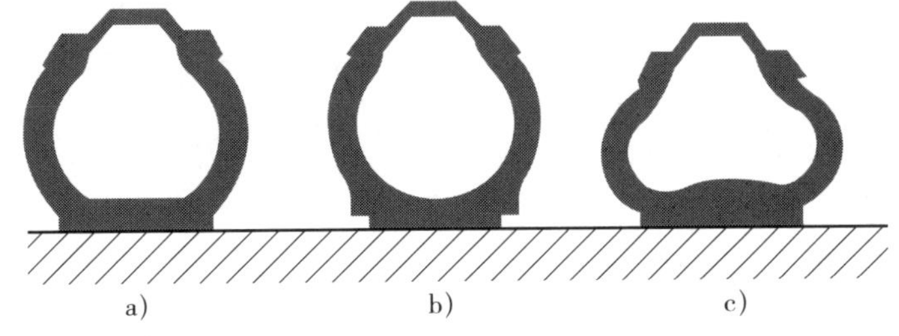

图 3–2–8　轮胎气压值不当时的变形状况

a）适当气压　b）过高气压　c）过低气压

4）其他。检查轮胎花纹槽内是否夹进小石子或扎入铁钉、金属片等。检查气门嘴是否错位、气门芯是否漏气及有无气门芯帽等。

（5）轮胎换位。轮胎换位可使胎面磨损均匀，能合理地使用轮胎并延长轮胎的使用寿命。一般新车轮胎换位间隔为 10 000 km，以后每行驶 10 000 km 进行一次轮胎换位。轮胎换位应根据轮胎的不同特点采用不同的换位方法。如图 3–2–9 所示为乘用车轮胎换位方法实例。

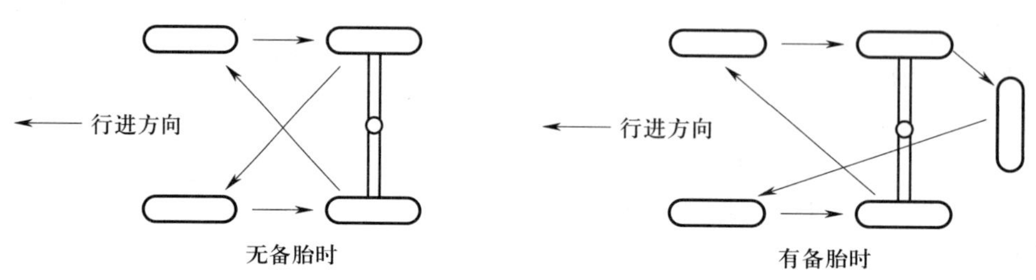

图 3–2–9　乘用车轮胎换位方法实例

任务 3　转向系修理

学习目标

1. 掌握转向系各部件的常见损伤及检修方法。
2. 熟悉转向传动机构的安装、调整方法。
3. 熟悉动力转向系的检查和空气排放的方法。

汽车转向系一般设置在汽车前轴。若前轴技术状况不良，会出现转向沉重、行驶跑偏故障，影响行驶安全。非独立悬架的前轴总成一般由前轴、转向节、转向节主销和轮毂等部分组成；独立悬架的前轴构造形式较多，常用的滑柱连杆式前轴总成由滑柱、减振器、螺旋弹簧、横摆臂（连杆）、轮毂、轮毂轴承座与滑柱管固连形成的转向节组成，如图 3–3–1 所示。

一、独立悬架前轴总成的检修

1. 常见损伤

独立悬架的前轴总成常见的损伤有漏油、磨损、裂纹、锈蚀。

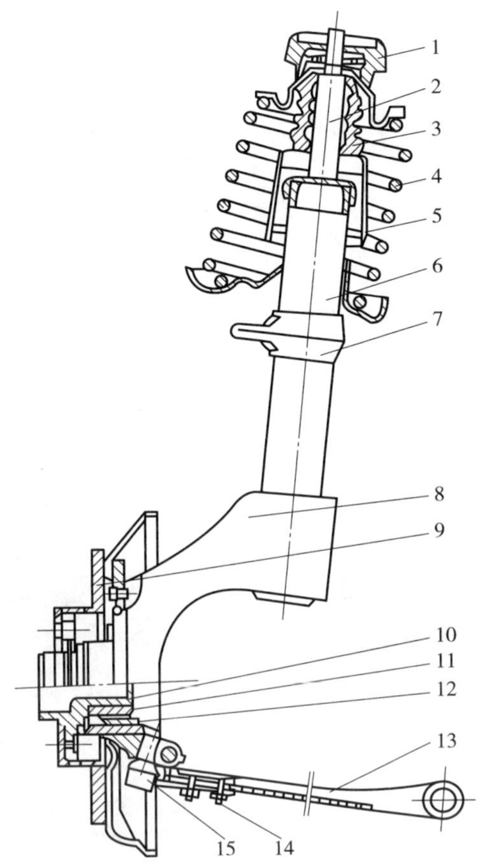

图 3–3–1　滑柱连杆式前轴总成的结构组成

1—推力轴承　2—滑柱（减振器轴）　3—限位缓冲器　4—螺旋弹簧　5—护套　6—滑柱管　7—轴向臂　8—轮毂轴承座　9—制动盘　10—轮毂　11—轮毂轴承　12—弹性挡圈　13—横摆臂　14—连接螺栓　15—球销组件

2. 检修

（1）缓冲减振零部件的检修

1）横向稳定杆轻微变形可继续使用，严重变形则应更换，不宜进行校正修理。横向稳定杆有裂纹时，应更换。

2）将前轴总成的转向臂夹持在台虎钳上，竖直固定前轴总成，然后用弹簧压缩器压缩螺旋弹簧（图 3–3–2），旋下减振器轴上的槽形螺母（图 3–3–3），依次取下推力轴承、上弹簧座、限位缓冲器、螺旋弹簧，对前轴总成进行解体检修。

3）用手推压、旋转推力轴承，若有卡滞现象应整体更换推力轴承。推力轴承不允许用溶剂清洗，也无须另行润滑。

4）限位缓冲器破损应更换。

5）用手推拉减振器轴（滑柱）（图 3–3–4），拉伸阻力应大于推压阻力，推拉时全程阻力均匀，若不符合要求或有漏油现象，应更换减振器。

图 3-3-2　用弹簧压缩器压缩螺旋弹簧

图 3-3-3　旋下槽形螺母

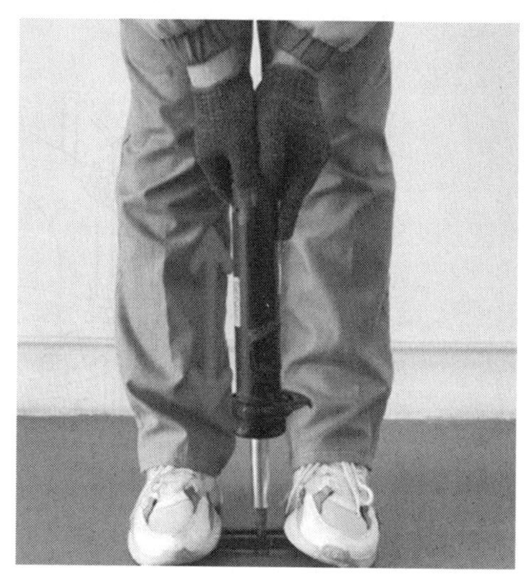

图 3-3-4　用手推拉减振器轴

6）目视检查螺旋弹簧，若有裂纹或严重锈蚀应更换。

（2）转向节和轮毂检修

1）如图 3-3-1 所示，滑柱管 6 和轮毂轴承座 8 焊接为一体组成转向节。轮毂与轮毂轴承为过盈配合，轮毂轴承外圈安装在轮毂轴承座孔内，用弹性挡圈定位。

用手转动轮毂运转平稳、轴承无异响，推拉和摇摆轮毂无明显松旷，轮毂花键无明显磨损时，不必拆卸轮毂和轮毂轴承。否则，应拆卸制动盘、挡泥板后在压力机上压出轮毂，卸下弹性挡圈后压出轮毂轴承，解体检修。

2）轮毂轴承不得用溶剂清洗。用经验法检验轴承，若有明显松旷或转动卡滞及异响，应更换轴承。

3）轮毂出现裂纹或花键严重磨损应更换。弹性挡圈变形失效必须更换。

4）转向节上的滑柱管、轮毂轴承座，一旦出现变形或裂纹就应更换。

（3）横摆臂检修

1）横摆臂与车架铰接，若连接处橡胶衬套老化，产生永久变形、破损和磨损松旷，须用压力机压出橡胶衬套，更换新件。

2）用手推拉和摇摆球销组件，若明显松旷应更换球销组件。

3）横摆臂轻微变形可继续使用，若严重变形应更换。

4）球销组件用螺栓固定在横摆臂上，松动紧固螺栓后，球销组件可沿汽车横向移动，以调整前轮外倾角。因此，拆卸球销组件时，应在这两个零件的相对位置上做安装标记（图 3–3–5），避免安装后前轮正确定位角被破坏。

图 3–3–5 球销组件和横摆臂上的安装标记

二、转向器与转向柱检修

转向器主要有蜗杆曲柄销式、循环球式和齿轮齿条式三种。乘用车上应用最为广泛的是齿轮齿条式转向器。下面以齿轮齿条式转向器为例介绍其检修内容。

1. 常见损伤

转向器常见的损伤有漏油、扭曲、磨损、卡滞。

2. 转向器检修

齿轮齿条式转向器的结构组成如图 3–3–6 所示。

（1）应检查转向横拉杆头防尘罩的损伤、球窝接头的松旷、管铆接处的松旷、管的弯曲状况等，发现不良情况应予更换。

（2）齿轮支架如有裂纹、损伤时，应予更换。

（3）对于转向齿条，首先应检查其弯曲状况，然后再检查其齿面磨损、损伤状况，发现不良情况应予更换。此外，不可用钢丝刷清洁齿条。

（4）转向小齿轮和转向齿条啮合面不能有划伤和磨损的痕迹，否则应整体更换转向齿轮和齿条。转向小齿轮下端应安装到下轴承中，轴承预紧度靠上端调整螺钉调整。再用专用工具调整转向齿条导向套的弹簧螺母预紧度。

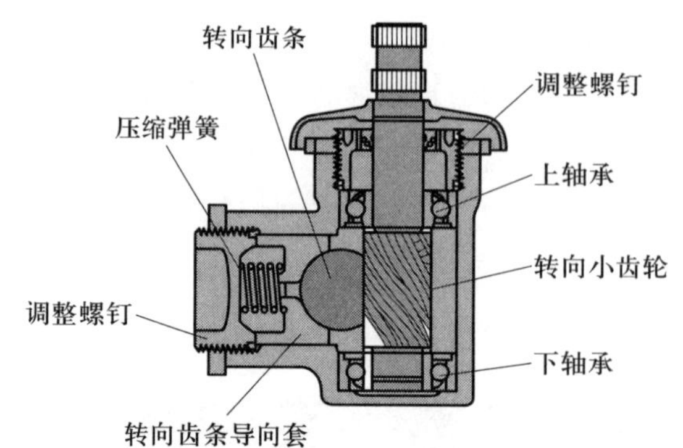

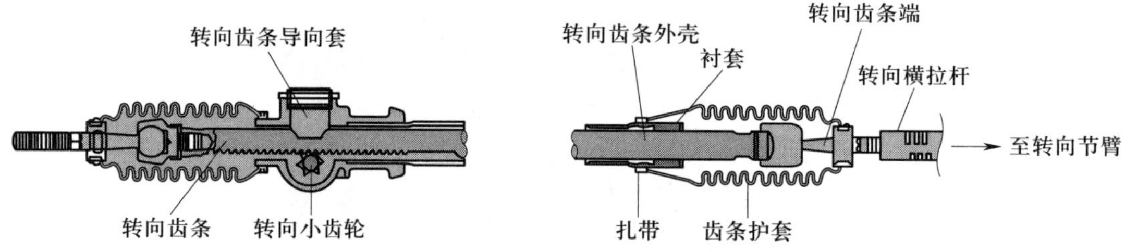

图 3-3-6　齿轮齿条式转向器的结构组成

（5）润滑油封原则上均应换用新件。

3. 转向柱检修

（1）检查转向柱的滚珠轴承及滚珠轴承的间隙、运动情况，如果有噪声或间隙过大，则更换万向节或转向柱总成。

（2）检查定位凸缘是否损坏，如果损坏应更换定位凸缘。

（3）检查减振板、减振板导向元件、滑盖是否变形或断裂，如果有变形或断裂应更换。

（4）检查倾斜杆预载

1）将倾斜杆从松动的位置移到锁止的位置 3～5 次，然后测量倾斜杆端部的预载，预载为 70～90 N。

2）如测得的值不在规定的范围内，则按以下步骤调整预载：松开倾斜杆，将转向柱置于“空挡”位置；拆下锁紧螺母和限位器，左、右转动锁紧螺栓来调整预载，将倾斜杆拉到最高位置，并装入限位器，再次检查预载。如测得的值仍不在规定的范围内，则重复上述步骤。

三、球销组件检修

1. 常见损伤

球销组件常见的损伤有磨损、卡滞。

2. 检修

球销球头部和颈部磨损、起槽，球销与销座配合松旷时，应整体更换球销组件。

四、转向传动机构的安装与调整

1. 转向器与转向传动机构的连接

转向摇臂与摇臂轴之间，通常用安装标记或特殊结构（如摇臂轴在某段弧面上制成光滑柱面，与三角形花键区分开）来保证其相互位置间的正确连接。在未做安装标记，或无法识别标记的情况下，可采取以下方法连接：

（1）将装好转向传动装置的转向轮置于直线行驶位置。

（2）记住转向盘从一侧极限位置转到另一侧极限位置所转动的圈数后，使转向盘停在总圈数一半的位置上。

（3）将转向摇臂套装于摇臂轴上，并用螺栓紧固连接。

2. 最大转向角的检查与调整

要求转向轮在左或右最大转角位置，与最靠近轮胎的其他构件保持 10～20 mm 以上的距离。非独立悬架的前轴，在转向节凸缘上设有限位螺柱（图 3-3-7），旋进限位螺柱，车轮的最大转角增大，调整完毕应旋紧锁紧螺母。

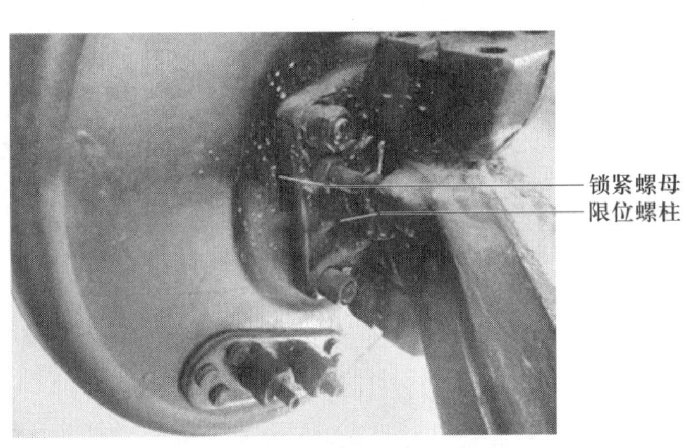

图 3-3-7　限位螺柱

前轮驱动车辆的车轮最大转角限位装置的结构一般是固定的。

3. 转向盘自由行程的检查与调整

转向盘自由行程一般为 25°，不能超过 50°～60°，若转向盘自由行程过大，可能是转向柱万向节、伸缩套花键配合松旷，转向器啮合间隙过大，转向器输入、输出轴的支承轴轴承配合松旷，摇臂与摇臂轴连接松动，转向拉杆球销与球销座配合松旷，转向节主销衬套与主销配合松旷等原因导致。

转向盘自由行程检查与调整时，通常由一人左右转动转向盘，另一人在车下观察，如果转向臂摆动了很多而前轮并不转动，则故障在传动机构；如果转向盘转动了较大角度，而转向臂（摇臂）并不转动，则故障在转向器本身。

4. 车轮定位的检查与调整

前轮定位参数有主销后倾角、主销内倾角、前轮外倾角和前轮前束。某些乘用车后轮定位也设置后轮外倾角和后轮前束。

采用非独立悬架的车轮定位一般只有前轮前束一项调整内容；采用独立悬架的车轮定位，常有前轮外倾角和前轮前束两项定位参数可以调整。

五、动力转向系检修

1. 常见损伤

动力转向系常见的损伤有油压过低、漏油、系统内有空气。

2. 检修

动力转向系的油泵可参照发动机润滑系润滑油泵的技术要求检修；机械传动部分可参照机械转向器的技术要求检修；液压系统的滑阀阀芯与阀体的配合间隙在 0.03 mm 左右，明显松旷或卡滞应更换阀芯。

动力转向系就车检查的内容主要有：

（1）检查油泵传动带张力

在带中段施加 98 N 的力，新带挠度应为 5～7 mm，旧带挠度应为 7～9 mm，若挠度过大说明传动带松弛，工作时会打滑使转向沉重，应松开油泵固定螺栓重新调整。若带老化变质、失去弹性，则应更换新带。

（2）检查储油罐液位（图 3-3-8）

液面应处于“MAX”（上限）与“MIN”（下限）之间，液面低于“MIN”时，应加至“MAX”。

（3）更换动力转向液压油

若油液已乳化、变质，则应全部更换。更换时将汽车前轮顶离地面，拆下储油罐的回油管，将油液排放到容器内。发动机怠速运转，一边排放油液，一边将转向盘在左、右极限位置间反复转动，待油液排完后使发动机熄火，再向储油罐中加满油，并将储油罐回油管口用塞子堵上。启动发动机以 1 000 r/min 左右运转，当回油管出油时，立即将发动机熄火，再次向储油罐内补充液压油。重复以上过程 4～5 次，直到动力转向系统中没有空气为止，最后将回油管与储油罐回油口连接。

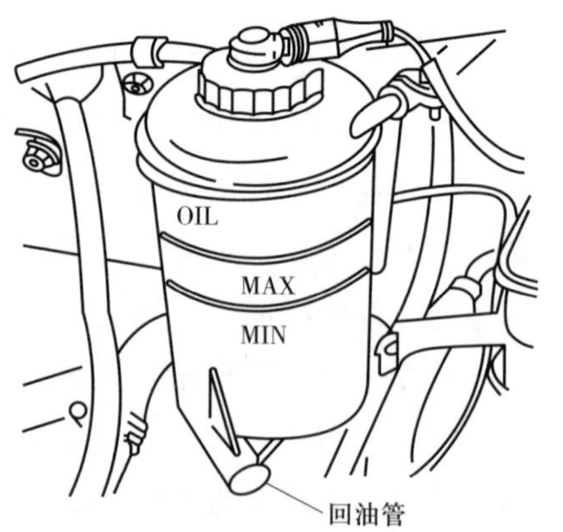

图 3-3-8　储油罐液位

（4）排除动力转向系中的空气

检查储油罐液位是否正常，若不够则补充油液。

启动发动机使其在 1 000 r/min 左右运转，反复转动转向盘至左、右极限位置，重复 3～4 次，观察液压油中有无气泡。发动机熄火后，液压油液面上升不应超过 5 mm，否则应重复放油，排出系统中的空气。

（5）检查油压

将带有手动阀的压力表连接到油泵压力管道中，如图 3-3-9 所示，启动发动机并使其怠速运转，将油温升到 80 ℃。首先检查手动阀关闭时油泵的压力应符合规定值，否则应修理或更换油泵，检查时应注意手动阀关闭时间不能超过 10 s；开启手动阀，当发动机转速为 1 000 r/min 和 3 000 r/min 时，压力表指示压力均应小于规定值，否则应更换油泵的流量控制阀；最后将转向盘转到左、右极限位置，发动机怠速时的压力值也应符合要求，压力过低说明转向助力器有泄漏，应予修理或更换。

（6）检查转向力

将转向盘摆正，使发动机怠速运转。如图 3-3-10 所示，使用测力计测量左、右两个方向的转向力，应符合标准要求，如转向力过大则修理动力转向装置。

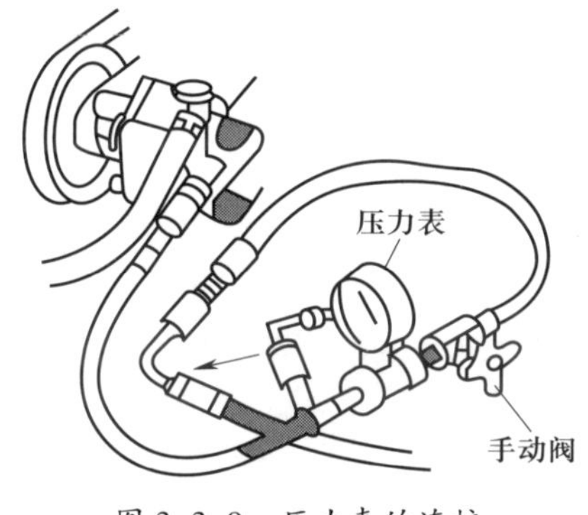

图 3-3-9　压力表的连接

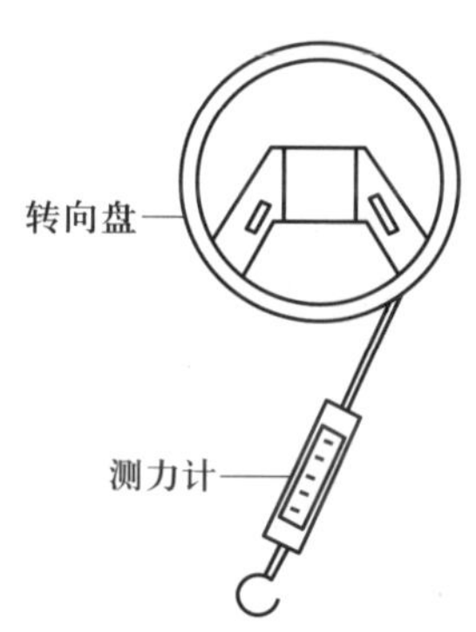

图 3-3-10　检查转向力

任务 4　制动系修理

学习目标

1. 掌握制动系各部件的常见损伤及修理方法。
2. 熟悉制动器的调整及液压制动系统排放空气的操作方法。
3. 熟悉制动踏板自由行程及驻车制动器传动装置的检查与调整方法。

制动系各零部件的损坏，将直接影响制动力矩，产生制动失效、跑偏、制动距离拖长等故障，严重影响行车安全。因此，保持制动装置的良好技术状况，可以提高汽车行驶的平均速度，提高汽车运输效率，同时也能确保汽车行驶的安全性。

汽车制动系有行车制动和驻车制动两套独立的制动装置。

一、制动系主要零件的损伤和检修

1. 制动器检修

（1）制动器拆装注意事项

1）制动鼓、制动盘为高速旋转零件，因此拆卸时应做安装标记。更换制动鼓、制动盘时，应对轮制动鼓（盘）组件进行静平衡校正。

2）为防止制动工作缸活塞被压出，钳式制动器可用长度合适的物体支承工作缸活塞，鼓式制动器可捆绑工作缺口。

3）安装制动蹄时，制动蹄片定位销应无松动情况，如图 3–4–1 所示。

4）制动器摩擦面不许有油污。

5）制动蹄回位弹簧的拆装应使用专用工具，并注意防止弹簧崩脱伤人。

（2）制动鼓检修

1）制动鼓常见的损伤有磨损、变形、裂纹。

2）检修

用百分表测量制动鼓工作面的圆度、圆柱度以及与轮毂轴承中心线的同轴度，如图 3–4–2 所示；再用制动鼓量规测量制动鼓内径，如图 3–4–3 所示。制动鼓内工作面允许磨损极限值见表 3–13，当超差时，应对制动鼓工作面进行车削或镗削加工。车削或镗削后的制动鼓内径尺寸应不大于原尺寸 1 mm。

图 3–4–1　制动蹄片定位销位置

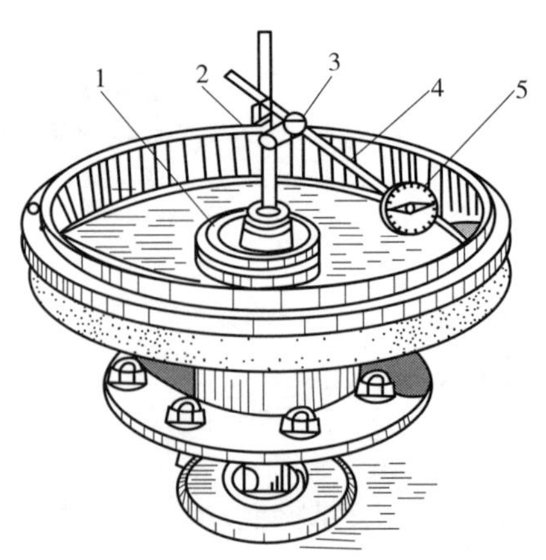

图 3–4–2　检查制动鼓

1—夹具　2—锁紧装置　3—中心杆
4—支架　5—百分表

图 3-4-3　用制动鼓量规测量制动鼓内径

表 3-13　　制动鼓工作面允许磨损极限值　　mm

工作面圆度	工作面圆柱度	与轮毂轴承中心线的同轴度	工作面上的拉槽深度
≤ 0.25	≤ 0.25	≤ 0.50	≤ 0.50

当制动鼓工作面出现裂纹或变形严重时要更换。

（3）制动盘的检修

1）制动盘常见的损伤有磨损起槽、变形、裂纹。

2）检修

①制动盘磨损起槽，应进行光磨或车削处理。制动盘厚度的检查如图 3-4-4 所示。有些制动盘上标有“MIN”来表示允许磨损的最小厚度。

②制动盘工作面的端面跳动应符合标准要求，测量方法如图 3-4-5 所示。如超限，应光磨制动盘。若光磨后还不符合要求，则应更换制动盘。

图 3-4-4　制动盘厚度的检查

图 3-4-5　制动盘工作面端面跳动的测量

③制动盘出现裂纹、制动盘的厚度接近或超过使用极限时，应更换。

修理时，要求同轴左、右车轮制动器的摩擦衬片材料相同、厚度一致，摩擦衬片与制动鼓、制动盘的接触面积相同，制动鼓内径相同。同时，制动鼓、制动盘要有足够的刚度和厚度，吸热、散热能力强，制动时变形小。

（4）摩擦衬片与制动蹄的检修

1）摩擦衬片与制动蹄常见的损伤有磨损、裂纹、表面严重烧蚀、铆钉松动。

2）检修

①摩擦衬片厚度的检查如图 3–4–6 所示。乘用车前轮摩擦衬片总厚度为 12 mm，后轮摩擦衬片总厚度为 9.5 mm，前、后轮摩擦衬片厚度最小值均为 1 mm，摩擦衬片铆钉头深度小于 0.5 mm。若超差，应更换新摩擦衬片。

摩擦衬片总厚度小于极限值时，若摩擦衬片有裂纹、铆钉松动或表面严重烧蚀，均应更换新摩擦衬片。更换时，左、右两轮摩擦衬片需同时更换，铆合工艺与离合器衬片的铆合工艺基本相同，铆合后根据制动鼓的直径用专用光磨机（图 3–4–7）进行光磨。

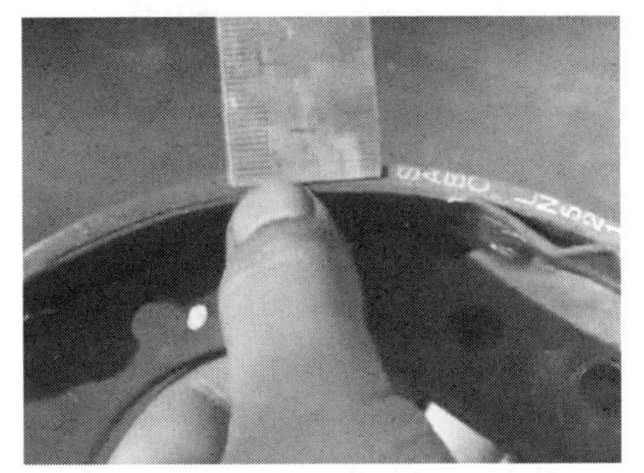

图 3–4–6　摩擦衬片厚度的检查

图 3–4–7　专用光磨机

②制动蹄支承销孔与支承销的配合间隙一般为 0.10～0.18 mm，当配合间隙大于 0.38 mm 时，应更换支承销并镶套修理制动蹄支承销孔。

③制动鼓、制动蹄修理后，还应检查它们之间的贴合情况，如图 3–4–8 所示。在制动鼓摩擦面上均匀涂抹一层白粉笔，将制动蹄在制动鼓内贴合转一周，检查制动蹄表面与制动鼓的接触面积（制动蹄表面的白色部分），应占整个摩擦面的 90% 以上，否则，应用砂纸或锯片打磨制动蹄摩擦表面再进行贴合试验，重复上述操作，直至符合要求。在制动蹄中间部分约 10 mm 宽的地方横向打磨后，进行贴合试验，该位置不应与制动

图 3–4–8　制动鼓与制动蹄贴合情况的检查

鼓接触，即制动蹄上无白粉笔痕迹，这样有利于提高制动蹄与制动鼓的接触面积。

（5）底板、回位弹簧的检修

1）底板、回位弹簧常见的损伤有制动底板翘曲、承孔磨损、回位弹簧弹性减弱。

2）检修

①制动底板翘曲超过 0.6 mm、承孔磨损超过 0.15 mm 时，应校正或镶套修复。

②凸轮胀蹄式制动器的凸轮轴与支架承孔的配合间隙一般为 0.03～0.06 mm，超过 0.8～1.2 mm 时，可镶套修复承孔，轴颈可堆焊后车削或磨削至标准尺寸。当凸轮表面严重磨损时，应更换或焊修。

③制动蹄回位弹簧弹性减弱或自由长度超过标准尺寸的 5% 时，应更换回位弹簧。

2. 制动器调整

制动蹄摩擦衬片与制动鼓工作面间隙的调整应在轮毂轴承调整好之后进行，其一般间隙见表 3–14。制动蹄支承销端取小值，驱动端取大值。

表 3–14　　制动蹄摩擦衬片与制动鼓工作面的一般间隙　　mm

凸轮胀蹄式制动器	液压活塞胀蹄式制动器	盘式中央驻车制动器
0.2～0.6	0.12～0.30	0.3～0.6

（1）非平衡式和单向平衡式制动器的调整

非平衡式和单向平衡式制动器的结构如图 3–4–9、图 3–4–10 所示。调整时，踩下制动踏板，松开两个支承销螺母，转动支承销，使制动蹄片与制动鼓贴紧，然后紧固支承销螺母。放松制动踏板，转动制动鼓，如不能自由转动，应朝反方向转动支承销，直到车轮制动鼓能转动为止，然后将螺母紧固。若放松踏板后，车轮制动鼓能自由转动，则应锁紧支承销螺母，用手扳动偏心调整轮，使制动蹄片与制动鼓紧贴。然后，向反方向转动偏心调整轮，直至制动鼓刚好能转动。

（2）双向平衡式制动器的调整

双向平衡式制动器的结构如图 3–4–11 所示。调整时，将车桥支起，车轮能自由转动，从制动底板孔拨转调整螺母，直至车轮不能转动，然后反方向拨转调整螺母，使车轮刚好能自由转动。

（3）自动增力式制动器的调整

自动增力式制动器的结构如图 3–4–12 所示。调整时，将车桥支起，车轮能自由转动。取下制动底板下部的调整孔橡胶盖，用螺钉旋具伸入调整孔内拨动两制动蹄下端之间的推杆上的调整螺母，直至制动鼓不能转动，然后再反方向拨动螺母 2～3 个齿，直至车轮能自由转动。

（4）有些车型的制动器无须调整。安装完毕，排出制动系空气，踩踏制动踏板数次，即可自动恢复至规定值。这种制动器制动蹄的结构无制动销。

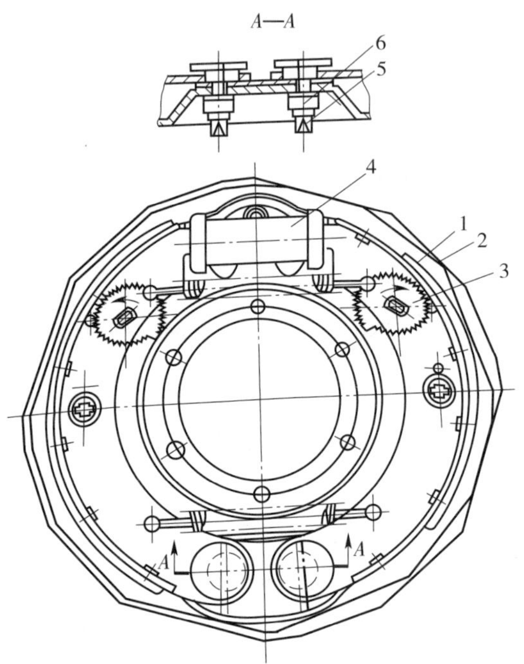

图 3-4-9 非平衡式制动器的结构

1—制动蹄片 2—制动鼓 3—偏心调整轮
4—制动轮缸 5—支承销 6—支承销螺母

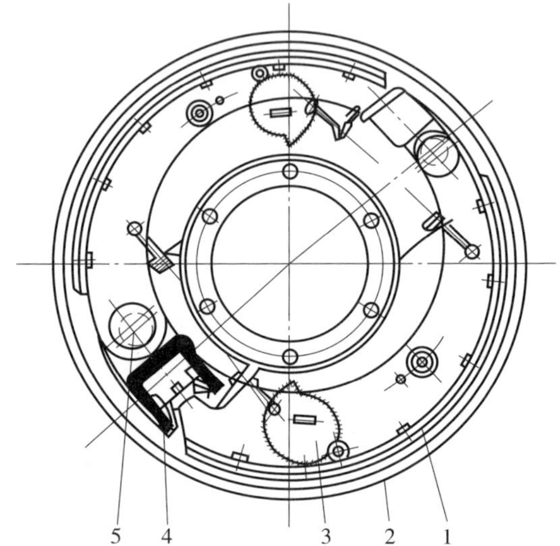

图 3-4-10 单向平衡式制动器的结构

1—制动蹄片 2—制动鼓 3—偏心调整轮
4—制动轮缸 5—支承销

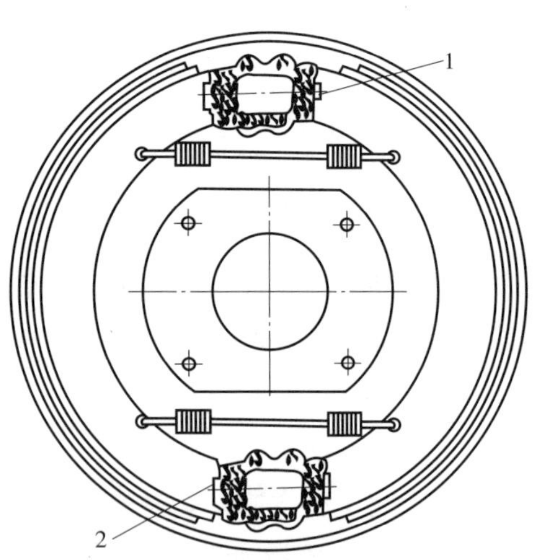

图 3-4-11 双向平衡式制动器的结构

1、2—调整螺母

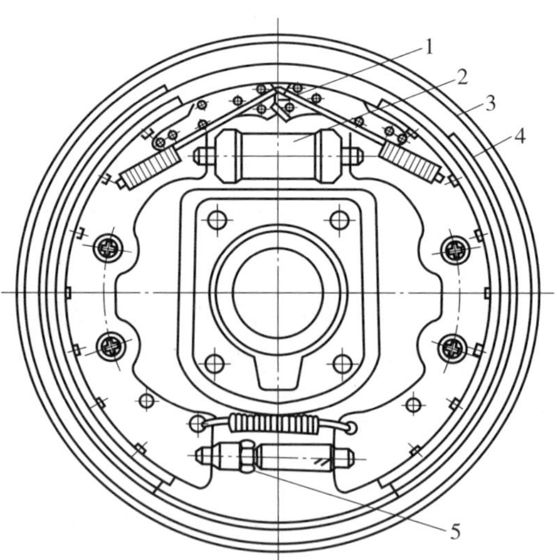

图 3-4-12 自动增力式制动器的结构

1—支承销 2—制动轮缸 3—制动鼓
4—制动蹄片 5—调整螺母

二、液压制动传动装置检修

1. 制动主缸和轮缸检修

（1）制动主缸和轮缸常见的损伤有缸壁严重锈蚀、拉伤，橡胶件老化，内孔磨损。

（2）检修

1）制动主缸和轮缸内壁严重锈蚀或拉伤时，应更换新件。

2）制动主缸和轮缸的橡胶件大修时应全部换新。

3）活塞与缸筒配合间隙为 0.025～0.080 mm，大于 0.150 mm 时，应更换新件。

4）缸筒内径磨损量大于 0.12 mm、圆度误差大于 0.05 mm、圆柱度误差大于 0.25 mm 时，应更换新件；若活塞磨损，与缸筒配合间隙增大，但未超过 0.10 mm，可更换活塞以改善配合。

（3）制动主缸和轮缸拆装注意事项

1）若活塞不易取出，可输入压缩空气，将活塞压出。

2）要用与制动系所用为同品种的制动液或酒精清洗零件。

3）防止制动液污染车身油漆表面及其他零件。

4）组装前，应彻底清洁制动主缸和轮缸，并确认活塞在缸内运动不卡滞。

5）可用金属丝探查制动主缸橡胶皮碗的唇缘是否堵塞旁通孔，金属丝的直径应小于旁通孔孔径。

2. 串联双腔真空助力式制动主缸检修

（1）串联双腔真空助力式制动主缸常见的损伤有塑料和橡胶材料老化，活塞、缸壁表面被杂质划伤。

（2）检修

串联双腔真空助力式制动主缸的结构如图 3-4-13 所示，一般若确认其存在故障，应采用更换总成的方法修理。

1）串联双腔真空助力式制动主缸检验技术要求

①发动机运转 1～2 min 后关闭发动机，以 5 s 以上的时间间隔踩踏制动踏板若干次，制动踏板的底位应逐次提高。

②发动机运转 1～2 min 后踩下制动踏板，在保持踩踏力不变的情况下关闭发动机，30 s 内制动踏板高度应无变化。

③反复踩踏制动踏板数次，至制动踏板底位的高度再无变化时，踩住制动踏板不动，然后启动发动机，此时制动踏板应稍许向下移动。

上述第①②项为气密性能检验，第③项为助力功能检验。若全部符合要求，可不予修理。

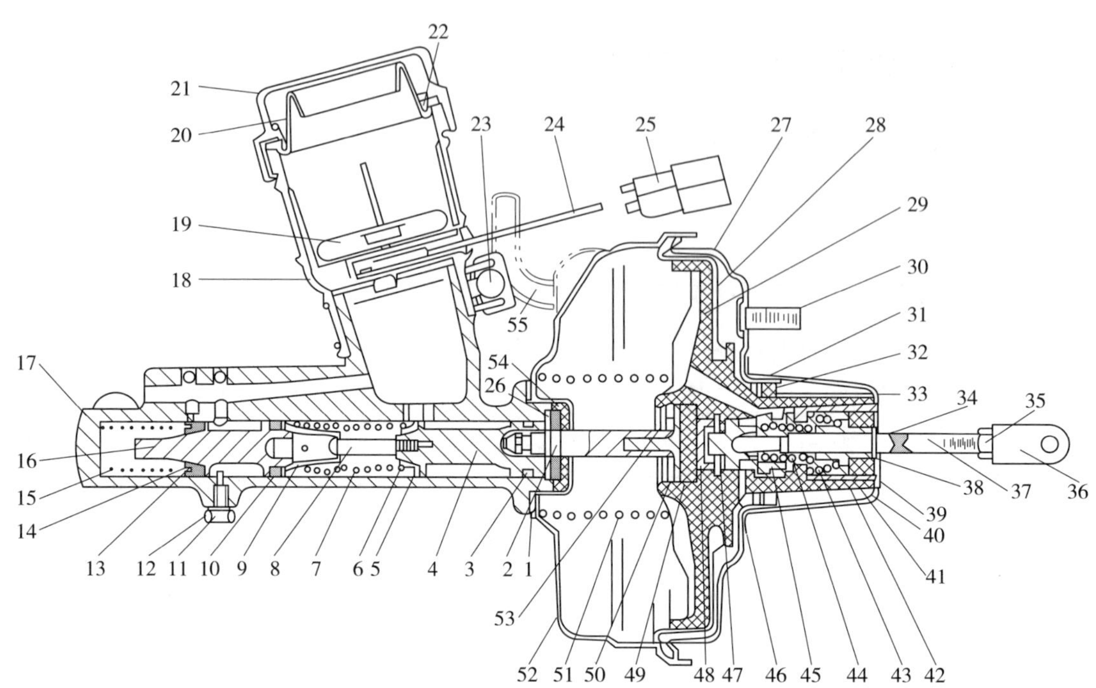

图 3-4-13　串联双腔真空助力式制动主缸的结构

1—垫片　2—推杆　3、5、10、13—橡胶皮圈　4—第一活塞　6、9、14—弹簧座　7、15—活塞回位弹簧
8—连接螺栓　11—限位螺钉　12—防松垫圈　16—第二活塞　17—制动主缸缸体　18—储液罐　19—浮子
20、28—橡胶膜片　21—盖　22—隔垫　23—卡箍　24—液位开关导线　25—导线接头
26、47—弹性挡圈　27—伺服气室后壳体　29—膜片座　30—螺栓　31、53—齿形锁环
32、34—垫圈　33—后壳体气封　35—锁紧螺母　36—调整叉　37—控制阀推杆
38—E 形挡圈　39—空气滤芯　40—防尘罩　41—控制阀座　42—控制阀弹簧座
43—控制阀推杆弹簧　44—控制阀弹簧　45—控制阀　46—柱塞
48—反作用板　49—反作用橡胶块　50—反作用推块　51—回位弹簧
52—伺服气室前壳体　54—前壳体气封　55—真空供能管

2）若不能满足第①项要求，应更换或拆修制动主缸，清洗疏通旁通孔、补偿孔和活塞上的轴向小孔，更换橡胶皮圈。

若第②项不符合要求，如果连接发动机进气歧管至阻力器真空供能管之间的单向阀密封性能正常，则为真空助力器的密封性能下降，应检验前壳体气封 54、控制阀 45、后壳体气封 33、橡胶膜片 28 和伺服气室前、后壳体的连接密封情况。

若不能满足第③项要求，说明真空助力器未正常工作，应检查伺服气室气压，一般情况下伺服气室气压应低于 80 kPa，然后检查空气滤芯 39 是否堵塞。若真空助力器损坏，应更换。在更换新真空助力器或检修真空助力器后，应测量制动主缸活塞安装深度并调整制动主缸推杆长度。图 3-4-14 所示为测量制动主缸活塞安装深度，用测具靠紧贴附有垫片的制动主缸凸缘，旋动测杆，使测杆端正好与活塞接触后，紧定测杆（测具测杆的长度与测具体高度相等）；图 3-4-15 所示为调整制动主缸推杆长度，将助力器真空供能管接通 66 kPa 气压的真空源，松动制动主缸推杆上的锁紧螺母，旋动制动主缸推杆长度调整螺钉，使其与测杆之间的间隙为零，锁紧推杆调整螺钉后复测确认。

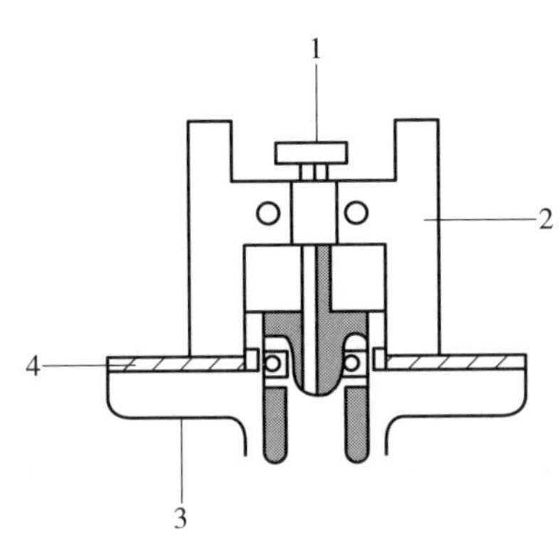

图 3-4-14　测量制动主缸活塞安装深度

1—测杆　2—测具

3—制动主缸凸缘　4—垫片

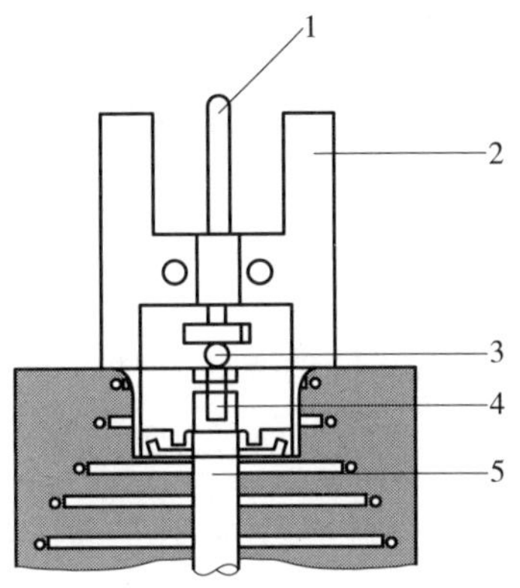

图 3-4-15　调整制动主缸推杆长度

1—测杆　2—测具　3—推杆调整螺钉

4—锁紧螺母　5—推杆

经过调整后，制动主缸体与真空助力器连接时，垫片的厚度不得更改。

3. 排出液压制动系统空气

排出液压制动系统空气作业时，应两人配合，按先远后近、先下后上的次序逐缸进行。先把主缸储液罐内的制动液加满，管的一头接到轮缸的放气门上，另一头通入瓶子，如图 3-4-16 所示。一人在驾驶室内连续踩踏制动踏板，使制动踏板位置升高，再踩下制动踏板不动，此时在车下的另一人拧松放气阀，使管路中的空气和制动液一同排出，当制动踏板位置降低时，立即拧紧放气阀。如此反复多次，直到塑料管内无气泡排出为止，最后拧紧放气阀并装好防尘罩。按上述方法依次对其他轮缸进行放气。

在排出液压制动系统空气作业过程中应注意：

（1）随时添加制动液，否则空气会因储液罐无液而窜入制动系统。

（2）合成型制动液对油漆有强腐蚀作用，溅于油漆表面的制动液应立即擦拭干净。

（3）按规定选择制动液，各种制动液不许混用。

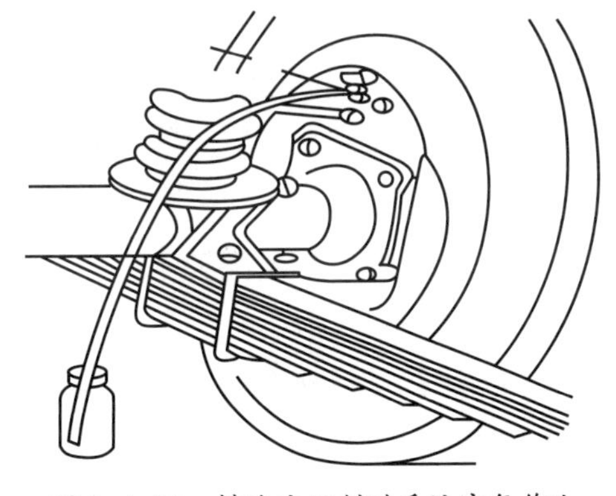

图 3-4-16　排除液压制动系统空气作业

4. 制动踏板自由行程的检查与调整

液压制动系统制动踏板的自由行程一般为 10 mm 左右。用手轻推制动踏板至感觉推动阻力明显增大时，制动踏板移动的距离即为制动踏板自由行程值。带有真空助力器的制动主缸，应在发动机停转后，反复踩踏制动踏板数次，消除真空助力器伺服气室内的真空度后测量制动踏板自由行程。

调整制动踏板自由行程时，松动锁紧螺母，改变推杆有效长度，当自由行程调整合适后，拧紧锁紧螺母，固定偏心螺栓。

三、机械制动传动装置检修

机械制动传动装置主要用于驻车制动系统，其结构分为传动杆式和拉索式，操纵柄均设有棘齿锁止机构。

机械制动传动装置零件常见的损伤是构件的磨损、变形和断裂，一般采用堆焊整形、镶补修理或更换零件的方法修理。

1. 传动杆式中央驻车制动传动装置的安装与调整

图 3-4-17 所示为传动杆式中央驻车制动传动装置的结构，其安装与调整应在制动器间隙调整正确后进行，方法如下：

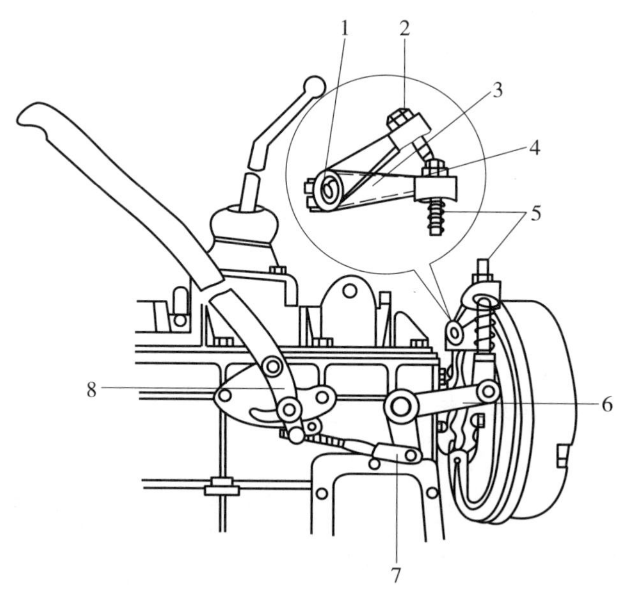

图 3-4-17 传动杆式中央驻车制动传动装置的结构
1—凸轮轴 2—夹紧螺栓 3—凸轮拉臂 4—调整螺母
5—拉杆 6—摇臂 7—传动杆 8—制动操纵手柄组件

（1）安装制动操纵手柄组件。将凸轮拉臂装于凸轮轴上，使凸轮拉臂与水平成 30°；安装摇臂。

（2）用拉杆连接凸轮拉臂和摇臂。弹簧套装在凸轮拉臂和摇臂之间的拉杆上，将球面调整螺母和锁紧螺母依次旋入拉杆螺纹，至螺纹露出锁紧螺母即可。

（3）将制动操纵手柄向前推到底，旋动传动杆，使传动杆连接叉孔与摇臂下端孔对正，穿入平头销、套垫圈，而后将开口销穿入平头销端部径向小孔，掰开开口销。

（4）拉动制动操纵手柄转过 2 个棘齿的距离，旋动球面调整螺母，至驻车制动器制动刚开始作用，锁紧调整螺母。

（5）检查调整质量。将制动操纵手柄向前推到底，制动状态应彻底解除；向后拉动制动操纵手柄转过 5 个棘齿的距离，制动器应处于最大制动状态。

2. 驻车制动器传动装置调整

乘用车驻车制动器一般与后轴车轮的行车制动器共用传动装置，采用拉索传动。驻车制动器传动装置调整前应确认制动器的间隙值正确。

将驻车操纵手柄推压到底后提拉转过 2 个棘齿的距离，旋动拉杆上的调整螺母，使汽车后轴制动器制动效能刚开始作用，锁定调整螺母。将驻车操纵手柄推压到底，驻车制动状态应彻底解除；提拉驻车操纵手柄转过 7～8 个棘齿的距离，驻车制动效能应达到最大。要求驻车操纵手柄拉至其全行程的 2/3 以内，应达到最大驻车制动效能，即汽车空载驻车于 20% 的坡道上无滑移现象，或汽车在变速器处于 2 挡时平地不能起步。

任务 5　汽车总装及大修竣工技术检验

学习目标

1. 了解汽车总装的一般顺序和要求。
2. 掌握汽车大修竣工技术检验的标准要求。

一、汽车总装

将修理竣工后的汽车各总成、组件和零件，以车架为基础，按技术要求和安装顺序，连接组装成汽车整体的过程称为汽车总装。

汽车总装前，确认各总成、组件及连接件技术状况完好；组装中所需器具、辅助材料齐全并符合要求；组装中应做到边装配、边检查、边调整，文明生产，注意安全。

汽车总装的工作顺序，因汽车构造不同而不完全一样，但安装顺序的原则基本相同：即先装底盘，后装发动机；先装基础件，后装附件；先装不便安装的零部件，后装易于安装的零部件。汽车总装的一般顺序是：

（1）安装前轴后桥总成。可以先装悬架、后装车轴（桥），也可以悬架和车轴连接后，安装在车架上。

（2）安装制动传动装置。气压制动装置的储气筒、气压制动阀定位安装后，布置气压传输管，连接传动装置，如踏板支架、拉杆等。安装液压制动系统时，若制动主缸的安装不影响其他总成（如发动机）的安装，应完整连接制动系统并排出液压制动系统空气。

（3）安装发动机离合器、变速器总成。在车下安装离合器和变速器较容易，因此应先将离合器、变速器总成和发动机组装在一起，整体装于车架上。发动机支承橡胶垫必须换新。

（4）安装传动轴。安装传动轴时一定要注意安装标记是否对齐。在传动轴运转过程中，应使传动轴中间支承轴承的位置自动找正后再紧固其橡胶衬套。

（5）安装转向装置。安装转向器，连接转向传动机构。

（6）安装消声器、储油罐。

（7）安装驾驶室、翼板。

（8）安装和连接操纵控制装置。安装转向柱、转向盘，并与转向器连接；安装离合器踏板、制动踏板、加速踏板，并分别与离合器操纵机构、制动阀连接。

（9）完成气压回路、液压回路、燃油供给系的连接。

（10）安装仪表、电气装置，布置电气总线。安装仪表盘，布置电气总线线束，连接部分电路，如起动、点火、充电、指示、仪表、照明和雨刮等电路。

（11）安装散热器、发动机罩。

（12）完成全车电气线路组装。

（13）加注润滑油、冷却液，安装蓄电池。

（14）试车。检查总装质量，根据需要调整、返修。短距离试车后，再紧固橡胶衬套，如乘用车悬架、载货车传动轴中间支承轴承的橡胶衬套。

（15）安装车厢并补漆。安装车内、车外饰件，检视装备是否齐全。

以上汽车总装的顺序不是唯一的，且有些可颠倒或交叉进行。例如电气总线的布置，视其基础件安装是否完成，及其他总成安装后对其布置是否便利，而决定电气总线的安装顺序。

二、汽车大修竣工技术检验

汽车竣工检验的目的，是通过基本检查、路试和性能检测，发现和排除质量隐患，确定被检修车辆的技术状况。在进行汽车大修竣工技术检验时应参照国家标准《机动车运行安全技术条件》（GB 7258—2017）、《汽车大修竣工出厂技术条件》（GB/T 3798—2021）等的规定执行。

1. 基本检查

（1）涂漆颜色协调、符合规定。喷漆层均匀、光洁，无裂纹、剥落、起泡、流痕、皱纹等现象。刷漆允许有不明显的流痕和刷纹。不应涂漆的部位不得有漆痕。

（2）驾驶室、车厢应形状正确、曲面圆滑，转角处无折皱，覆盖件平整，无松弛及机械损伤。

（3）驾驶室、车厢及翼板应左右对称。驾驶室、翼板、客车车厢各对称部位距离地面高度差不大于 10 mm；货车车厢不大于 20 mm。门窗启闭灵活、锁止可靠、合缝匀称、关闭严密，风窗玻璃透明、无划痕及炫目现象。

（4）车内外饰件齐全、美观、安装牢固。座椅的形状、尺寸、座间距及调节装置符合原设计要求。

（5）发动机罩锁、安全钩齐全有效。发动机罩铰链机构运动灵活，开启后的支承作用良好。

（6）车厢边板、后板、栓钩、铰链连接可靠、开关灵活，边板与底板及各板之间的间隙不大于 5 mm。

（7）汽车轴距符合原设计规定，左右轴距之差不大于 5 mm。

（8）润滑系油压符合要求。所有润滑部位及总成应加注规定品种、额定容量的润滑油。

（9）轮胎气压符合规定。同一车轴上轮胎型号、规格、胎面花纹一致。前轴不得使用翻新轮胎。

（10）汽车仪表、灯光、信号、标志齐全有效。鸣笛声符合规定。风窗玻璃雨刮、除霜装置工作正常。后视镜安装符合要求，调整锁止可靠。

（11）各种管路安装不松动、不擦碰、不渗漏。电气线路包扎卡固良好。

（12）转向盘自由转动量应不大于 10°。转向传动装置连接不松旷。

（13）离合器踏板、制动踏板的自由行程和驻车制动操纵手柄的最大有效行程应符合原设计要求。

（14）气压制动系统压力升至 600 kPa，且不使用制动器时，停转空气压缩机 3 min，气压下降值不超过 10 kPa；压力升至 600 kPa，停转空气压缩机，将制动踏板踩到底，待气压指示稳定后观察 3 min，单车气压下降值不超过 20 kPa，列车不超过 30 kPa。

（15）液压制动系统，当踩踏制动踏板的力最大时，保持 1 min，踏板不得有缓慢下移现象。

（16）用手动气泵将冷却系压力升至 150 kPa，各连接处应无渗漏。电动风扇在冷却液温度达 95 ℃时，应高速转动。

（17）发动机常温下启动时间不超过 5 s，柴油机在环境温度不低于 5 ℃、汽油机在

不低于 −5 ℃时，应启动顺利。发动机在各种转速下运转稳定，突然加速、减速时，不得有突爆声。柴油机停机装置灵活、有效。发动机运转稳定后，只允许正时齿轮、润滑油泵齿轮、喷油泵传动齿轮及气门间隙处有轻微、均匀响声，不允许有活塞敲缸及曲轴、连杆轴承、活塞销异响等情况存在。

2. 路试

（1）行驶中的要求

汽车路试里程不少于 30 km。

1）离合器接合平稳，分离彻底，不打滑，不发抖，无异响。

2）汽车转向轻便、灵活，无跑偏和摇摆现象，最小转弯直径符合要求。

3）变速器换挡灵活，不脱挡、不乱挡、无异响。

4）驻车于 20% 的坡道上不溜滑。行车制动不跑偏，制动效能或距离符合规定。

5）传动轴在正常行驶时无异响，高速行驶时不振抖。

6）驱动桥在直行和转弯时均无异响。

7）带限速装置时，汽车以直接挡空载行驶，从 20 km/h 加速到 40 km/h 的时间应不超过 15 s；在经济车速下，每百公里燃油消耗量不高于原设计规定值的 85%，磨合期满后应不高于原设计规定。

8）各种仪表指示正常。

（2）路试中停车检查的要求

1）制动鼓（盘）、轮毂、变速器壳、主减速器壳、传动轴中间支承轴承不发烫，齿轮油温度不高于 85 ℃，发动机润滑油温度不高于 95 ℃，冷却液温度不高于 90 ℃。

2）各部位无渗漏，不漏气、不漏液、不漏电。

3）发动机润滑油无异常变色，无燃油气味。发动机排出的尾气颜色无异常。

汽车大修竣工检验的结果应做记录。修理竣工车辆经检验合格，送修方确认后，办理交接手续，修理合格证和汽车修理技术资料应随车交付送修方。承修方应按规定承担修理质量保证责任。

模块四 汽车检测基础

汽车在使用过程中，随着行驶里程的增加，技术状况逐渐变差，出现动力性下降、经济性下降、排放污染物增加、使用可靠性降低、故障率上升等现象，严重时不能正常运行。汽车检测是通过对汽车进行检查、测试、分析，从而对其技术状况做出评价或判断的一项技术。

汽车检测技术要求有明确的参数、限值和检测手段，以及一定的理论基础；要求明确汽车检测意义，了解汽车技术状况变化的原因及规律，熟悉技术状况参数的选择原则，掌握测量仪表的选择、测量数据的规则等知识。分析和研究汽车的技术状况，及时检测和诊断影响汽车技术状况的原因，排除汽车故障，是提高汽车完好率，延长汽车使用寿命的重要措施。

任务1　汽车检测及汽车技术状况

学习目标

1. 了解汽车技术状况的分类及其变化的外观症状。
2. 掌握汽车检测与诊断的目的。

一、汽车技术状况

1. 汽车技术状况的分类

汽车技术状况是定量测得的表征某一时刻汽车外观和性能的参数值的总和。表征汽车技术状况的参数分为两大类，一类是结构参数，另一类是技术状况参数。结构参数是指表征汽车结构特性的各种物理量，如几何尺寸、声学参数、电学参数和热学参数等。技术状况参数是指评价汽车使用性能的物理量和化学量，如发动机的输出功率、扭矩、油耗、排放值、踏板的自由行程等。

汽车技术状况可分为汽车完好技术状况和汽车不良技术状况。

（1）汽车完好技术状况

汽车完好技术状况是指汽车完全符合技术文件规定要求的状况，即汽车技术状况的各种参数值，包括主要使用性能、外观、外形等参数值，都完全符合技术文件的规定。处于完好技术状况的汽车，能正常发挥其全部功能。

（2）汽车不良技术状况

汽车不良技术状况是指汽车不符合技术文件规定的任一要求的状况。处于不良技术状况的汽车，可能是某些主要使用性能指标不符合技术文件的规定，也可能仅是外观、外形及其他次要性能的参数值不符合技术文件的规定。

2. 汽车的工作能力与汽车故障

汽车按技术文件规定的使用性能指标，执行规定功能的能力，称为汽车的工作能力，或称为汽车的工作能力状况。

汽车故障是指汽车部分或完全丧失工作能力的现象。因此，只要汽车工作能力遭到破坏，汽车就处于故障状态。

3. 汽车技术状况变化的外观症状

按照国家标准《机动车运行安全技术条件》（GB 7258—2017）的规定，汽车技术状况变差的主要现象有：

（1）汽车动力性变差。

（2）汽车燃料消耗量和润滑油消耗量显著增加。

（3）汽车的制动性能变差。

（4）汽车的操纵稳定性能变差。

（5）汽车排放污染物和噪声超过限值。

（6）汽车在行驶中出现异响和异常振动，存在引起交通事故或机械事故的隐患。

（7）汽车的可靠性变差，使汽车因故障停驶的时间增加。

二、汽车检测与诊断

1. 汽车检测

汽车检测是指为确定汽车技术状况或工作能力而进行的检查和测量。汽车检测与诊断的目的是确定汽车的技术状况和工作能力，查明故障部位、故障原因，为汽车继续运行或修理提供依据。汽车检测可分为安全环保检测和综合性能检测两大类。

（1）安全环保检测

对汽车进行定期和不定期安全运行和环境保护方面的检测，目的是在汽车不解体的情况下，建立安全和公害监控体系，确保车辆具有符合要求的外观、良好的安全性能和符合规定的尾气排放物，在安全、高效和低污染的情况下运行。

（2）综合性能检测

对汽车进行定期和不定期的综合性能检测，目的是在汽车不解体的情况下，对运行车辆确定其工作能力和技术状况，查明故障或隐患的部位和原因；对修理车辆实行质量监督，建立质量监控体系，确保车辆具有良好的安全性、可靠性、动力性、经济性和排放性。

2. 故障诊断

故障诊断是在不解体的情况下，为查明运行车辆故障部位、故障原因而进行的检查、测量、分析和判断。诊断出故障后，通过调整或修理的方法排除，以确保车辆在良好的技术状况下运行。

任务2　汽车检测与诊断参数及其标准

学习目标

1. 了解汽车诊断参数、诊断参数标准、最佳诊断周期。
2. 掌握汽车检测与诊断的方法。

汽车检测与诊断是确定汽车技术状况的技术，不仅要求有完善的检测、分析、判断的手段和方法，而且在检测和诊断汽车技术状况时，必须选择合适的诊断参数，确定合理的诊断参数标准和最佳诊断周期。诊断参数、诊断参数标准、最佳诊断周期是从事汽车检测与诊断工作必须掌握的基础知识。

一、汽车诊断参数

1. 诊断参数概述

诊断参数是表征汽车、总成及机构技术状况的量。在检测和诊断汽车技术状况时，需要采用一种与结构参数有关且又能表征技术状况的间接指标，该间接指标称为诊断参数。诊断参数既与结构参数紧密相关，又能够反映汽车的技术状况，是一些可测的物理量和化学量。

汽车诊断参数包括工作过程参数、伴随过程参数和几何尺寸参数。

（1）工作过程参数

该参数是汽车、总成或机构工作过程中输出的一些可供测量的物理量或化学量，如发动机功率、汽车燃料消耗量、制动距离或制动力等。汽车不工作时，工作过程参数无法测量。

（2）伴随过程参数

该参数是伴随工作过程输出的一些可测量，如振动、噪声、异响、温度等。这些参数可提供诊断对象的局部信息，常用于复杂系统的深入诊断。汽车不工作时，无法测量该参数。

（3）几何尺寸参数

该参数可提供总成或机构中配合零件之间或独立零件的技术状况，如配合间隙、自由行程、圆度、圆柱度、端面圆跳动、径向圆跳动等。这些参数虽提供的信息量有限，但能表征诊断对象的具体状态。

汽车常用诊断参数见表 4–1。

表 4–1　　汽车常用诊断参数

诊断对象	诊断参数	诊断对象	诊断参数
汽车整体	最高车速	汽油机供油系	空燃比
	加速时间		汽油泵出口关闭压力
	最大爬坡度		供油系供油压力
	驱动车轮输出功率		喷油器喷油压力
	驱动车轮驱动力		喷油器喷油量
	汽车燃料消耗量		喷油器喷油不均匀度
	汽车侧倾稳定角	柴油机供油系	输油泵输油压力
	CO 排放量		喷油泵高压油管最高压力
	HC 排放量		喷油泵高压油管残余压力
	NO_x 排放量		喷油器针阀开启压力
	CO_2 排放量		喷油器针阀关闭压力
	O_2 排放量		喷油器针阀升程
	柴油车自由加速时的烟度		各缸喷油器喷油量

续表

诊断对象	诊断参数	诊断对象	诊断参数
柴油机供油系	各缸喷油器喷油不均匀度	传动系	传动系游动角度
	供油提前角		传动系功率损失
	喷油提前角		机械传动效率
发动机总成	额定转速		总成工作温度
	怠速转速	转向系	车轮侧滑量
	发动机功率		车轮前束值
	发动机燃料消耗量		车轮外倾角
	单缸断火（油）转速下降值		主销后倾角
	排气温度		主销内倾角
曲柄连杆机构	气缸压力		转向轮最大转向角
	气缸漏气量		最小转弯直径
	气缸漏气率		转向盘自由转动量
	曲轴箱漏气量		转向盘最大转向力
	进气管真空度	制动系	制动距离
配气机构	气门间隙		制动减速度
	配气相位		制动力
点火系	点火波形重叠角		制动拖滞力
	点火提前角		驻车制动力
	火花塞间隙		制动时间
	各缸点火电压		制动协调时间
	各缸点火短路电压		制动完全释放时间
	点火系最高电压	行驶系	车轮静不平衡量
	火花塞加速特性		车轮动不平衡量
冷却系	冷却液温度		车轮端面圆跳动量
	冷却液液面高度		车轮径向圆跳动量
	风扇传动带张力		轮胎胎面花纹深度
	风扇离合器温度	其他	前照灯发光强度
润滑系	润滑油压力		前照灯光束照射位置
	油底壳油面高度		车速表误差
	润滑油温度		喇叭声级
	润滑油消耗量		客车车内噪声
	理化性能指标变化量		驾驶员耳旁噪声
	清净性系数 K 的变化量		
	介电常数的变化量		
	金属微粒含量		

2. 诊断参数的选择原则

为了保证诊断结果的可信性和准确性，在选择诊断参数时应遵循以下原则：

（1）灵敏性。选用灵敏度高的诊断参数诊断汽车的技术状况时，可使诊断的可靠性提高。

（2）稳定性。诊断参数的稳定性越好，其测量值的离散度越小。稳定性不好的诊断参数，其灵敏性也不好，可靠性差。

（3）信息性。信息性是指诊断参数对汽车技术状况具有的表征性。表征性好的诊断参数，能揭示汽车技术状况的特征和现象，反映汽车技术状况的全部情况。诊断参数的信息性越好，包含汽车技术状况的信息量越多，得出的诊断结论越可靠。

（4）经济性。经济性高的诊断参数，所需要的诊断作业费用（包括人力、工时、场地、仪器、设备和能源消耗等费用）低。

3. 诊断参数的测量条件和测量方法

不同的测量条件和测量方法，可以得出不同的诊断参数值。在测量条件中，一般有温度条件、速度条件、负荷条件等。多数诊断参数的测得需要汽车处于正常工作温度，只有少量诊断参数可在冷车下进行。除了温度条件外，速度条件和负荷条件也很重要。没有规范的测量条件和测量方法，无法统一尺度，因而测得的诊断参数值也就无法评价汽车的技术状况。因此，要把诊断参数及其测量条件、测量方法看成一个不可分割的整体。

二、汽车诊断参数标准

为了定量地评价汽车、总成及机构的技术状况，确定修理的范围和深度，预报无故障工作里程，必须建立诊断参数标准，提供一个比较尺度，以便确定汽车是继续运行还是要进行修理。

1. 诊断参数标准的分类

汽车诊断参数标准与其他标准一样，分为国家标准、行业标准、地方标准和企业标准四类。

（1）国家标准。国家标准具有强制性和权威性，一般冠以“GB”字样，如《机动车辆　间接视野装置　性能和安装要求》（GB 15084—2022）。

（2）行业标准。行业标准也称部委标准，在部委或行业系统内贯彻执行，一般冠以某某行业标准，如交通行业标准《汽车排放性能维护技术规范》（JT/T 1474—2023）。

（3）地方标准。地方标准由省级、市地级、县级制定并发布，在地方范围内具有强制性和权威性。地方标准中的限值可能比上级标准中的限值要求更严格。

（4）企业标准。企业标准包括汽车制造厂推荐的标准、汽车运输企业和汽车修理企业内部制定的标准、检测仪器设备制造厂推荐的参考性标准三种。

2. 诊断参数标准的组成

诊断参数标准一般由初始值、许用值和极限值三部分组成。

（1）初始值。此值相当于无故障新车和大修车诊断参数值，往往是最佳值。当诊断参数测量值处于初始值范围内时，表明诊断对象技术状况良好，无须修理便可继续运行。

（2）许用值。诊断参数测量值若在此值范围内，则诊断对象技术状况虽发生变化，但尚属正常，无须修理，按要求维护即可继续运行；若超过此值，应及时进行修理。

（3）极限值。诊断参数测量值超过此值后，诊断对象技术状况严重恶化，汽车须立即停驶修理。

随着经济的发展和技术的进步，诊断参数标准将会不断修正，在使用各类标准时，应及时采用最新的版本。

三、诊断周期

诊断周期是汽车诊断的间隔期，以行驶里程或使用时间表示。诊断周期的确定，应考虑汽车技术状况、使用条件和经济条件等，以获得车辆完好率最高、消耗费用最少的最佳诊断周期。一般二级维护周期是我国目前的最佳诊断周期，应符合国家标准《汽车维护、检测、诊断技术规范》（GB/T 18344—2016）的规定。例如，小型客车（含乘用车）二级维护行驶里程间隔上限值或行驶时间间隔上限值为 40 000 km 或者 120 日。对于以山区、沙漠、炎热、寒冷等特殊运行环境为主的道路运输，可适当缩短维护周期。

四、汽车检测与诊断的方法

汽车诊断是指在不解体（或仅拆卸个别小件）的条件下，确定汽车技术状况或查明故障部位、故障原因，包括检查、测量、分析、判断等一系列活动，其基本方法主要分为以下两种：

1. 人工经验诊断法

人工经验诊断法是指诊断人员凭丰富的实践经验和一定的理论知识，在汽车不解体或局部解体的情况下，借助简单工具，用眼看、耳听、手摸和鼻闻等手段，边检查、边试验、边分析，进而对汽车技术状况做出判断。人工经验诊断法不需要专用仪器设备，可随时随地进行，具有投资少、见效快等优点，但存在诊断速度慢、准确性差、不能进行定量分析和需要诊断人员具有较丰富的经验等缺点。

2. 现代仪器设备诊断法

在汽车不解体的情况下，用专用仪器设备检测整车、总成和机构的参数、曲线或波形，为分析、判断汽车技术状况提供定量依据的方法称为现代仪器设备诊断法。采用计算机控制的仪器设备能自动分析和判断汽车的技术状况。现代仪器设备诊断法具有检测速度快、准确性高、能定量分析、可实现快速诊断等优点，但也存在投资大和对操作人员要求高等缺点。使用现代仪器设备诊断法，是汽车检测与诊断技术发展的必然趋势。

任务 3　汽车检测设备基础知识

学习目标

1. 了解汽车检测系统的基本组成。
2. 掌握汽车检测设备的使用与维护。

一、检测系统的基本组成

汽车检测系统通常由传感器、变换及测量装置、记录及显示装置、数据处理装置等组成，如图 4–3–1 所示。

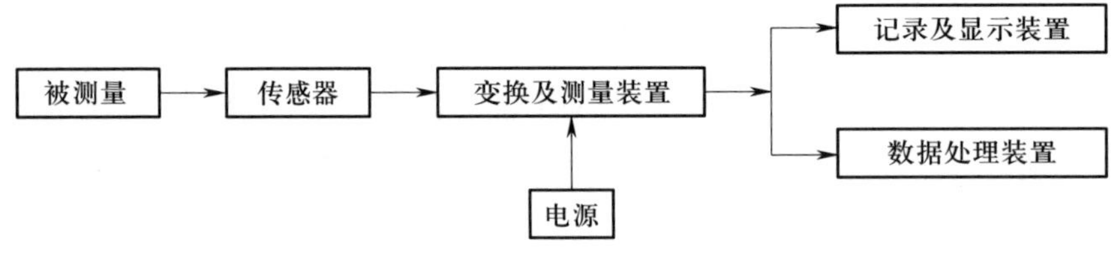

图 4–3–1　汽车检测系统的基本组成

1. 传感器

传感器是一种能够把被测量的某种信息提取出来，并将其转换成有对应关系的、便于测量的电信号的装置。

2. 变换及测量装置

变换及测量装置是一种将传感器送来的电信号变换成易于测量的电压或电流信号的装置。

3. 记录及显示装置

记录及显示装置是一种将变换及测量装置送来的电信号进行记录和显示，使检测人员了解测量值的大小和变化过程的装置。记录和显示装置的显示方式一般有模拟显示、数字显示和图像显示三种。

4. 数据处理装置

数据处理装置是一种用来对检测结果（数据或曲线）进行分析、运算的装置。

二、智能化检测系统

智能化检测系统一般是指以计算机为基础而设计制造出来的一种新型检测系统。它以微处理器作为控制单元，能把系统中各个测量环节有机地结合起来，并赋予计算机所特有的编程、自动控制、数据处理、分析判断、存储打印等功能。

智能检测系统一般由传感器、放大器、A/D 转换器、计算机系统、显示器、打印机和电源等组成。

智能检测系统与一般检测系统相比，具有自动零位校准和自动精度校准、自动量程切换、功能自动选择、自动数据处理和误差修正、自动定时控制、自动故障诊断、使用方便等特点。

三、检测设备的使用与维护

为了使检测设备保持良好的技术状况，必须做好日常的使用与维护等工作。

1. 检测设备的使用环境，如温度、湿度、灰尘、振动等必须符合其使用说明书的规定，否则应采取必要的措施。
2. 指针式检测设备在使用前应检查指针是否在机械零点位置上，否则应调整。
3. 如需预热，检测设备使用前应预热至规定温度（或时间）。
4. 应按使用说明书规定的方法对检测设备进行校准和调整，符合要求后才能投入使用。
5. 电源开关不宜频繁开启和关闭。
6. 检测设备的电源电压应在额定值 ±5% 范围内，并应加强交流滤波。
7. 严格防止高压电窜入控制线和信号线内，且控制线、信号线不宜过长。
8. 检测设备使用完毕应及时关闭电源，有降温要求的应使设备内风扇继续工作数分钟，直至温度降至符合要求为止。
9. 要经常检视检测设备传感器的外部状况，如有破损、松动、位移、积尘和受潮等现象，应及时处理。
10. 检测设备积尘，可定期用毛刷或吸尘器等清除，严禁用有机溶剂和湿布等擦拭内部元件。

模块五

汽车发动机检测

发动机是汽车动力的来源。由于其结构复杂，工作条件又很不稳定，经常在转速与负荷变化的条件下运转，某些零件还在高温、高压等恶劣条件下工作，因而故障率较高，是检测与诊断的重点。

发动机技术状况变化的主要现象有动力性下降，燃料与润滑油消耗量增加，启动困难，漏水、漏油、漏气、漏电以及运转中有异常声响等。

任务 1　气缸密封性检测

学习目标

1. 了解汽车发动机气缸密封性下降的原因。
2. 掌握汽车发动机密封性的检测方法。

气缸密封性与气缸体、气缸盖、气缸垫、活塞、活塞环和进排气门等零件的技术状况有关。在发动机使用过程中，由于这些零件磨损、烧蚀、结胶或积炭，导致气缸密封性下降，使发动机功率下降，燃油消耗率增大，使用寿命缩短。气缸密封性是表征发动机技术状况的重要参数。

在发动机不解体的条件下，检测气缸密封性的常用方法有测量气缸压缩压力、测量曲轴箱窜气量、测量气缸漏气量或漏气率、测量进气歧管真空度等。就车检测时，只要进行其中的一项或两项，就能确定气缸密封性的好坏。

一、气缸压缩压力的检测

测量活塞到达上止点时气缸压缩压力的大小，可以检测气缸的密封性。测量方法有用气缸压力表检测和用气缸压力测试仪检测。

1. 用气缸压力表检测

气缸压力表如图 5–1–1 所示。用气缸压力表检测气缸压缩压力（以下简称气缸压力）具有价格低廉、仪表轻巧、实用性强和检测方便等优点，因此在汽车维修企业中应用十分广泛。

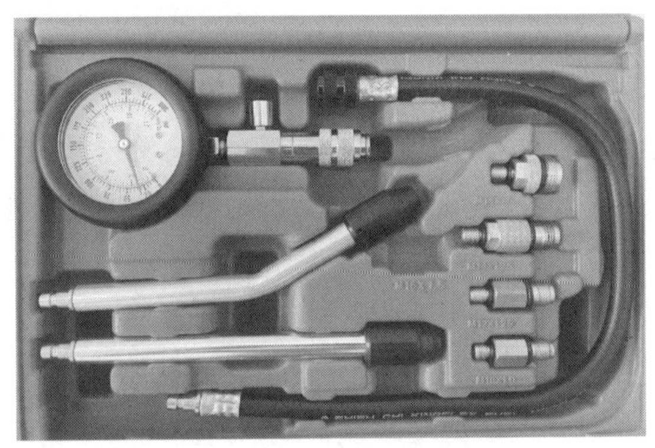

图 5–1–1　气缸压力表

（1）检测方法

发动机正常运转，使冷却液温度达 75 ℃以上。停机后，拆下空气滤清器，用压缩空气吹净火花塞或喷油器周围的灰尘和脏物，取下燃油泵继电器或喷油器熔丝，卸下全部火花塞，并按气缸次序放置，然后把气缸压力表的橡胶接头插在被测气缸的火花塞孔内并压紧。节气门置于全开位置，用起动机转动曲轴 3 ~ 5 s（不少于四个压缩行程），待气缸压力表指针指示并保持最大压力后停止转动。取下气缸压力表，记下读数，按下单向阀使气缸压力表指针回零。按上述方法依次测量各缸，每缸测量次数不少于两次。

就车检测柴油机气缸压力时，应使用螺纹接头的气缸压力表。若柴油机要求在较高转速下测量，此种情况除受检气缸外，其余气缸均应工作。其他检测条件和检测方法与汽油机相同。

（2）诊断参数标准

气缸压力标准值一般由制造厂提供。根据国家标准《汽车修理质量检查评定方法》（GB/T 15746—2011）、《汽车发动机大修竣工出厂技术条件》（GB/T 3799—2021）等规定，大修竣工发动机的气缸压力应符合原设计规定，汽油机每缸压力与各缸平均压力的差不超过 8%，柴油机不超过 10%。

几种常见车型发动机气缸压力的标准值见表 5–1。

表 5-1　　常见车型发动机气缸压力标准值

发动机型号	压缩比	气缸压力标准值 /kPa
大众帕萨特 EA8881.8T	9.8	900 ~ 1 200
丰田卡罗拉 1ZR-FE 1.6L	10.2	1 300 ~ 1 500
本田思域 L15B 1.5T	10.6	800 ~ 1 200
宝马 320 N20 2.0T	10.2	1 000 ~ 1 200
别克英朗 L2B 1.5L	10.5	1 000 ~ 1 100

（3）结果分析

气缸压力测量结果如高于原设计规定，可能是由于燃烧室积炭过多、气缸衬垫过薄或气缸体与气缸盖接合平面经多次修理加工造成的；测量结果如低于原设计规定，可向该缸火花塞或喷油器孔内注入适量润滑油，然后用气缸压力表重测气缸压力并记录。

①如果第二次测出的压力比第一次高，说明气缸、活塞环、活塞磨损过大，活塞环对口、卡死、断裂或缸壁拉伤等原因造成气缸不密封。

②如果第二次测出的压力与第一次相近，说明进、排气门或气缸衬垫密封不严。

③如果两次测量某相邻两缸压力均较低，说明两缸相邻处的气缸衬垫烧损窜气。

2. 用气缸压力测试仪检测

（1）用压力传感器式气缸压力测试仪检测

拆下被测气缸的火花塞，装上仪器配置的压力传感器，用起动机转动曲轴 3 ~ 5 s，由压力传感器输出气缸压力信号，经放大后送入 A/D 转换器进行模 / 数转换，再送入显示装置即可获得气缸压力。

（2）用起动电流（或起动电压）式气缸压力测试仪检测

因为起动电流（或起动电压）与气缸压力成正比，即启动时蓄电池的电压降与气缸压力也成正比，因此通过测蓄电池电压降可以获得气缸压力。用起动电流（或起动电压）式气缸压力测试仪检测气缸压力时，无须拆下火花塞。

（3）用电感放电式气缸压力测试仪检测

这是一种通过检测点火二次电感放电电压来确定气缸压力的仪器，仅适用于汽油机。电感放电电压与气缸压力具有近似直线的对应关系，因此各缸火花塞放电电压可作为检测各缸压力的信号，该信号经变换处理后即可显示气缸压力。

二、曲轴箱窜气量的检测

检测曲轴箱窜气量也是检测气缸密封性的方法之一。特别是在发动机不解体的情况下，使用该方法诊断气缸活塞摩擦副的工作状况具有明显的作用。

1. 检测方法

图 5-1-2　曲轴箱窜气量检测仪

曲轴箱窜气量的检测一般采用曲轴箱窜气量检测仪进行，如图 5-1-2 所示，具体检测步骤如下：

（1）打开电源开关，按仪器使用说明书的要求对曲轴箱窜气量检测仪进行预调。

（2）密封曲轴箱，即堵塞润滑油尺口、曲轴箱通风进出口等，将取样头插入润滑油加注口内。

（3）启动发动机，待其运转平稳后，曲轴箱窜气量检测仪仪表的指示值即为发动机曲轴箱在该转速下的窜气量。

曲轴箱窜气量除与发动机气缸活塞组的技术状况有关外，还与发动机转速和负荷有关。因此在检测时，发动机应加载，节气门全开（或柴油机供油量最大时），在最大转矩转速（此时窜气量达最大值）下测试。发动机加载可在底盘测功机上实现，底盘测功机的加载装置可方便地通过滚筒对发动机进行加载，以实现发动机在全负荷工况下从最大转矩转速至额定转速的任一转速下运转，因此，可用曲轴箱窜气量检测仪检测出各种工况下曲轴箱的窜气量。

2. 诊断参数标准

由于曲轴箱窜气量还与缸径大小和缸数多少有关，很难把众多车型统一在一个诊断参数标准内。有些国家以单缸平均窜气量作为诊断参数。综合国内外情况，单缸平均窜气量值可参考以下标准：

汽油机新机为 2～4 L/min，达到 16～22 L/min 时需大修。

柴油机新机为 3～8 L/min，达到 18～28 L/min 时需大修。

曲轴箱窜气量大，一般是由于气缸、活塞、活塞环磨损量大，导致各部分间隙大，活塞环对口、结胶、积炭、失去弹性、断裂，以及缸壁拉伤等原因造成，应结合使用、修理和配件质量等情况进行深入诊断。

三、气缸漏气量和漏气率的检测

气缸漏气量和漏气率的检测，无论在使用的仪器、检测的方法，还是故障判断的方法上都基本一样，只是标定单位不同，气缸漏气量是 kPa 或 MPa，而气缸漏气率是百分数。

气缸漏气量的检测方法：发动机不运转，活塞处在压缩终了上止点位置，从火花塞孔处通入一定压力的压缩空气，通过测量气缸内压力的变化，来表征整个气缸组的密封性，即不仅表征气缸活塞摩擦副的密封性，还表征进排气门、气缸衬垫、气缸盖及气缸的密封性。该方法仅适用于对汽油机的检测。

图 5-1-3　气缸漏气量检测仪

气缸漏气量检测仪如图 5-1-3 所示，此外还须配备外部气源、指示活塞位置的指针和活塞定位盘。外部气源的压力相当于气缸压缩压力，一般为 600～900 kPa。压缩空气进入气缸漏气量检测仪，其压力由进气压力表显示；随后，经由调压阀、校正孔板、橡胶软管、快速接头和充气嘴进入气缸。气缸内的压力变化情况由测量表显示。检测步骤如下：

（1）先将发动机预热到正常工作温度，然后用压缩空气吹净气缸盖，尤其是火花塞孔上的灰尘，拧下所有火花塞，装上充气嘴。

（2）在气缸漏气量检测仪上接上气源，在仪器出气口完全密封的情况下，通过调节调压阀，使测量表的指针指在 392 kPa 位置上。

（3）装上指针和活塞定位盘。活塞定位盘用较薄的板材制成，其上的刻度按缸数分布。假定是六缸发动机，点火次序为 1—5—3—6—2—4，则活塞定位盘上每 60° 有一刻度，共有六个刻度，并按顺时针方向在每个刻度上分别刻有“1、5、3、6、2、4”的字样。

（4）转动曲轴，先使第 1 缸活塞处于压缩终了上止点位置，然后转动活塞定位盘，使刻度“1”对正指针。变速器挂低速挡，拉紧驻车制动器，以保证压缩空气进入气缸后不会推动活塞下移。

（5）在 1 缸充气嘴上接上快速接头，向 1 缸充气，测量表上的读数便反映了该缸的密封性。在充气的同时，可以从进气口、排气消声器口、散热器加水口和润滑油口等处听是否有漏气声，以便找出故障部位。

（6）转动曲轴，使指针对正活塞定位盘下一缸的刻度线，按以上方法检测下一缸的漏气量。

（7）按以上方法和点火次序，检测其他各缸的漏气量。为使数据可靠，各缸应重复测量一次。

气缸漏气量检测仪使用完毕，调压阀应退回到原来的位置。

四、进气歧管真空度的检测

进气歧管真空度是进气歧管内的压力与大气压力的差值，发动机进气歧管真空度的大小随气缸活塞组零件的磨损而变化，并与气门组零件的技术状况、进气歧管的密封性以及点火系和供油系的调整有关。因此，检测进气歧管真空度，可以用来诊断发动机的多种故障。

进气歧管真空度用真空表检测，无须拆卸任何机件，快速简便，应用极为广泛。一般发动机综合分析仪也具有进气歧管真空度检测功能。

1. 测试条件及操作方法

（1）启动发动机，并使其以高于怠速的转速空转 30 min 以上，使发动机达到正常工作温度。

（2）将真空表软管接到进气歧管的测压孔上。

（3）变速器挂空挡，发动机怠速运转。

（4）读取真空表上的示值。

2. 诊断标准

根据国家标准《汽车发动机大修竣工出厂技术条件》（GB/T 3799—2021）的规定，大修竣工的四冲程汽油发动机转速为 500～600 r/min 时，以海平面为准，进气歧管真空度应为 0.056～0.069 MPa。六缸汽油发动机进气歧管真空度一般不超过 0.003 MPa，四缸汽油发动机一般不超过 0.005 MPa。进气歧管真空度随海拔升高而降低，海拔每升高 1 000 m，真空度约减小 10 kPa，检测时应根据所在地的海拔高度进行折算。

任务 2　点火系检测

学习目标

1. 了解汽车发动机点火系的主要故障和检测方法。
2. 掌握汽车点火示波器的使用和点火波形的特点。
3. 熟悉点火正时的检测方法与校正。

发动机在运行过程中出现的故障，大多数是由燃油供给系和点火系引起的。一般情况下发动机在运转中突然熄火，多为点火系故障；发动机在运转过程中逐渐熄火，多为燃油供给系故障。

点火系的主要故障有无火、缺火、乱火、火弱及点火正时失准等。点火系故障部位可分为低压线路和高压线路两部分。点火系的故障可采用人工经验诊断法和仪器诊断法进行诊断，本任务主要讲述点火系零部件的常规检查和仪器诊断法。

一、点火系的常规检查

1. 点火线圈的检查

点火线圈的常见故障有初级、次级绕组断路、短路、搭铁，绝缘盖破裂漏电，附加电阻烧断等。

检查时，首先查看点火线圈外表绝缘盖是否破裂；然后用万用表测量点火线圈的初级及次级电阻。如图 5–2–1 所示，在“+”与“–”接线柱之间，测得的是初级绕组电阻值；在“+”与高压线插孔之间，测得的是次级绕组电阻值。如测量结果不符合标准值，则应更换点火线圈。

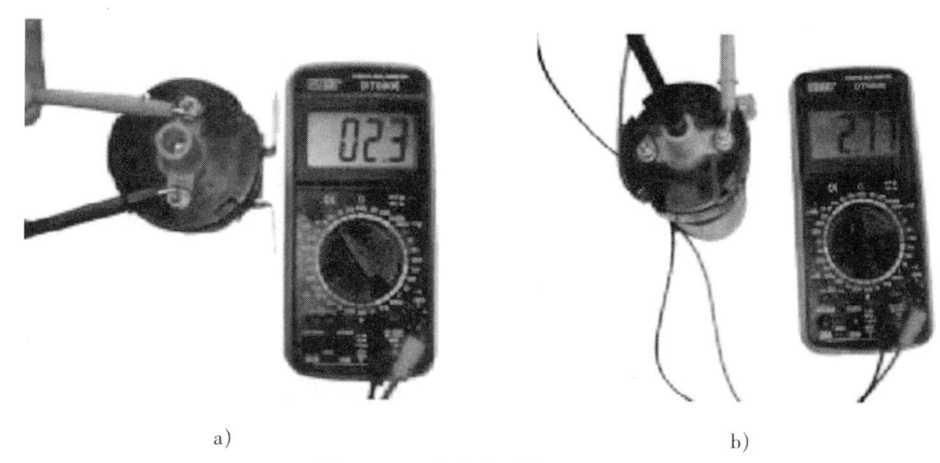

a）　　　　　　b）

图 5–2–1　点火线圈电阻的测量

a）初级绕组电阻测量　b）次级绕组电阻测量

2. 火花塞的检查

火花塞的常见故障有积炭、积油、间隙调整不当等。积炭的原因主要是混合气过浓，燃烧不彻底；积油会造成积留在电极间的油滴使火花塞的击穿电压增高，启动困难；电极间隙过大，火花塞击穿电压增高，高速时易断火；电极间隙过小，火花弱小，不能可靠点燃混合气。

检查时，先取下火花塞上的高压线，再用专用工具拧松并取出火花塞，如图 5–2–2 所示。若积炭、积油，应予以清除；若火花塞电极烧蚀严重，应予以更换。

用塞尺检查火花塞电极间隙，如图 5–2–3 所示。若间隙过大或过小，应予以调整。对于铂金火花塞，不能调整，只能更换。

检查完毕，安装火花塞时，应先接上火花塞高压线，接线时注意不能推高压线，只能推保护罩。

图 5-2-2　取出火花塞

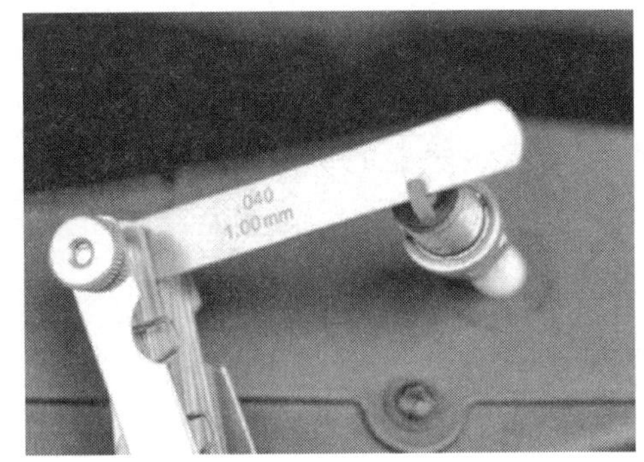

图 5-2-3　检查火花塞电极间隙

3. 高压线的检查

高压线应主要检查其接线端子是否腐蚀，外皮绝缘层有无破损、老化，芯线有无断裂等。检查时，从火花塞上松开高压线，操作时应捏住橡胶护套，小心地从火花塞上拆下高压线，不要抽拉或弯曲高压线，以免损坏内部的导线。目视检查高压线表面有无龟裂、破损，如有则需更换所有高压线。

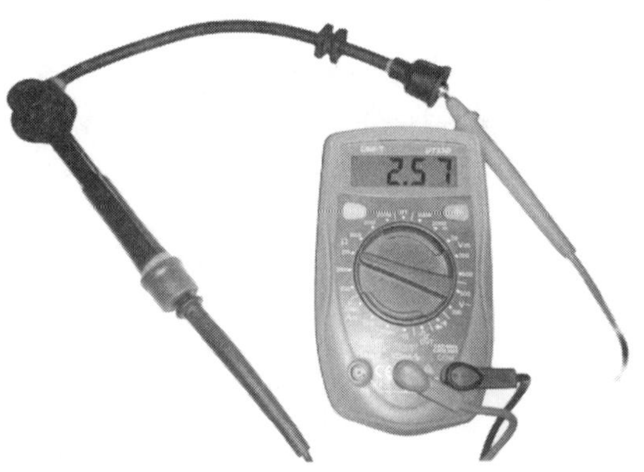

图 5-2-4　高压线电阻的测量

用万用表测量高压线电阻，如图 5-2-4 所示。每根高压线最大电阻为 25 kΩ，如果电阻大于最大值，则应更换所有高压线。

二、点火示波器的使用及波形特点

1. 点火示波器

示波器可显示电压随时间变化的波形，是一种多用途的检测设备。示波器显示信号的速度比一般电子检测设备要快得多，是能即时显示瞬态波形的仪器。示波器一般由传感器（包括夹持器、测试探头和测针等）、中间处理环节和显示器等组成。

汽油机点火示波器是示波器的一种，专门用来检测汽油机点火系的技术状况。当把点火示波器连接在运转的汽油机点火系电路上时，点火示波器屏幕上将显示出点火系中电压随时间变化的曲线，即点火波形。在垂直方向上表示电压，在水平方向上表示时间。基线的上方为正电压，下方为负电压。

2. 典型点火波形

点火示波器可显示发动机点火过程的三类波形，即直列波、重叠波和高压波。通过所显示的波形与标准波形的比较，即可诊断出故障所在部位。

（1）直列波

在进行测试时，将点火示波器的信号线和电源线接好，打开点火示波器电源，调整点火示波器上的上下、左右旋钮，使屏幕上的光点位于屏幕的中央。启动发动机，使发动机的转速保持在 1 500 r/min，调整各旋钮，使各气缸直列波形显示在坐标刻度内，其波形如图 5-2-5 所示。

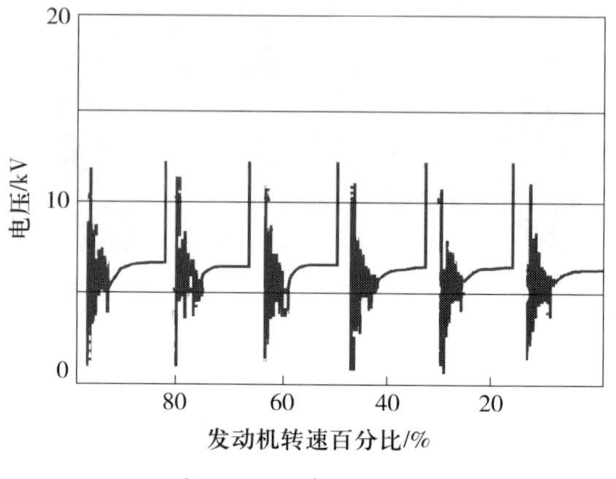

图 5-2-5　直列波形图

发动机工作时，其次级电压的波形即为直列波。调整点火示波器的左右旋钮，使要观察的某一缸的波形位于屏幕标线的适当位置，此时屏幕上所显示的即为单缸直列波，如图 5-2-6 所示。

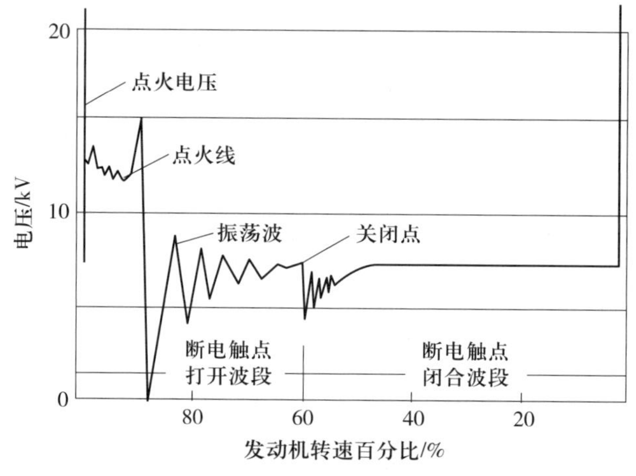

图 5-2-6　单缸直列波形图

（2）重叠波

重叠波是将多缸发动机次级电压的波形重叠在一起形成的。利用重叠波可以检查初级电路的闭合角、各缸工作的均匀情况等。

检查时，在上述单缸直列波的基础上调出各缸的直列波，并使发动机的转速保持在 1 000 r/min 左右，按下示波器的重叠波按键，调整各旋钮，使波形位于坐标刻度内，此时屏幕上出现的波形即为重叠波，如图 5-2-7 所示。

在标准重叠波中，四缸发动机初级电路导通时间（触点闭合的时间）所占的比例为 45%~50%，六缸发动机为 63%~70%，八缸发动机为 64%~71%。此外，要求闭合波段波形的变化范围不应超过整个闭合波段的 5%。

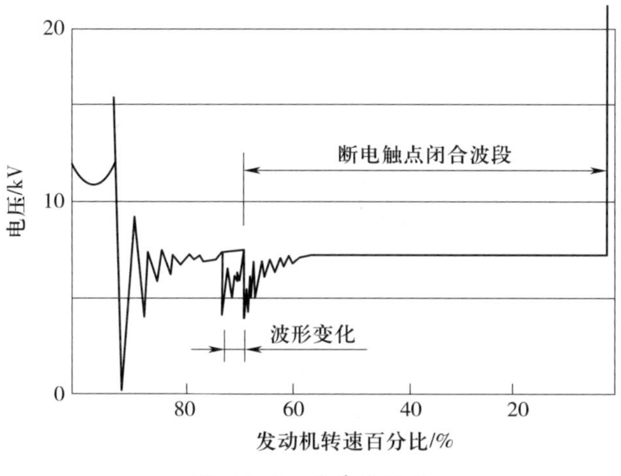

图 5-2-7 重叠波形图

（3）高压波

多缸发动机各缸的次级点火电压同时显示于屏幕上，即为高压波，一般用于诊断次级电路故障。检查时，先将各缸直列波调出，使发动机转速保持在 1 500 r/min，按下 kV 键，调整上下、左右旋钮，将各缸波形调整到屏幕的坐标刻度上，高压波形底端与横坐标重合，高压波的标准波形如图 5-2-8 所示。

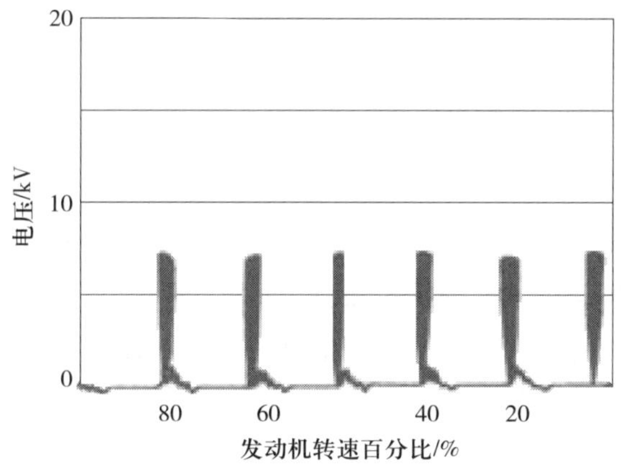

图 5-2-8 高压波的标准波形图

3. 电子点火系点火波形的特点

随着电子技术的发展，汽车上广泛采用电子点火系。电子点火系使发动机的动力性和经济性大大提高，污染物排放显著下降。电子点火系的点火波形与传统点火系波形相比，波形类别、波形观测方法等均相同，不同之处如下：

（1）点火波形上低频振荡波异常时，仅表示点火线圈的技术状况不良，而不是电容器的原因，因为电子点火系中无电容器。

（2）点火波形上闭合点处和张开点处的波形，虽然与传统点火系极为相似，但不是

触点闭合和张开造成的，而是三极管或晶闸管的导通和截止电流造成的。

（3）点火波形上闭合波段的长度、形状与传统点火系波形不完全相同，不同车型之间也略有差异，有的车型闭合波段在发动机高速时加长，这属正常现象。

（4）有的电子点火系当点火波形闭合波段结束时，先产生一条锯齿状的上升斜线，然后导出点火线，而传统点火系闭合波段结束时的点火波形会随着触点打开产生一条急剧上升的点火线。

三、点火正时的检测与校正

发动机的点火正时是非常重要的，它直接影响汽车的动力性、燃料经济性和排放性能。检测点火正时的方法有正时灯法和缸压法等。

1. 正时灯法

正时灯是一种频率闪光灯，每闪光一次表示第 1 缸的火花塞点火一次，因此闪光与第 1 缸点火同步。正时灯一般由闪光灯、传感器、中间处理环节和指示装置等组成。当正时灯对准发动机第 1 缸活塞压缩终了上止点标记，并按实际点火时间进行闪光，此时飞轮或曲轴传动带盘上的标记还未到达固定指针，即第 1 缸活塞还未到达压缩终了上止点时，可调整正时灯电位器，使闪光时机推迟至转动部分上的标记正好对准固定指针，那么推迟闪光的时间就是点火提前的时间，将其显示到表头上，便可读出点火提前角。

如图 5–2–9 所示为发动机综合测试仪上的正时灯，发动机综合测试仪既能用闪光法测出发动机的点火提前角，还能测出发动机转速、触点闭合角以及电压、电阻等参数。

2. 缸压法

点火正时仪由缸压传感器、点火传感器、中间处理环节和指示装置等组成，若带有油压传感器，还可以检测柴油机供油提前角。国产 QFC–5 型和 WFJ–1 型等发动机综合测试仪，都带有缸压法检测点火（供油）正时的装置，其测量的基本原理是采用缸压传感器找出某一缸压缩压力的最大点作为活塞上止点，同时用点火传感器（油压传感器）找出同一缸的点火（供油）时刻，两者之间的凸轮轴转角即为点火（供油）提前角，如图 5–2–10 所示。

用点火正时仪检测点火提前角时，应预热发动机，拆下任意一缸的火花塞，装上缸压传感器。在拆下的火花塞上插接点火传感器并接上原高压线，然后放置在机体上使之良好接地，启动发动机运转。由于被测缸不工作，因而缸压传感器采集的是气缸压缩压力信号，其压力最大点就是活塞压缩终了上止点。拆下的火花塞虽在缸外但仍在点火，其上的点火传感器可采集到点火开始信号。此时，通过按键或输入操作码，即可从指示装置得到怠速、规定转速或任意转速下的点火提前角及对应的转速。测得的点火提前角如不符合规定，应在点火正时仪监测下重新调整，直到符合要求。

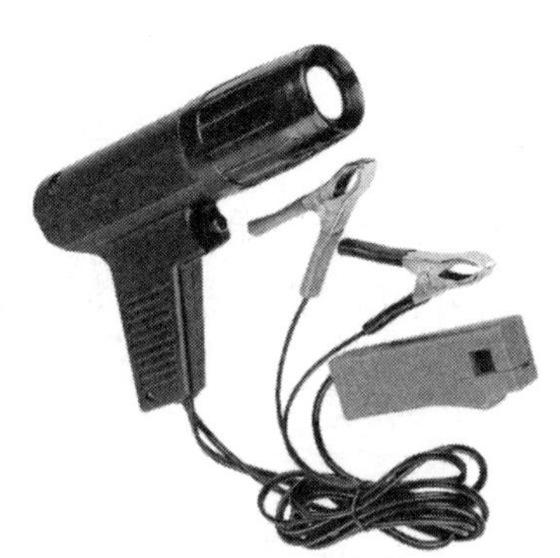

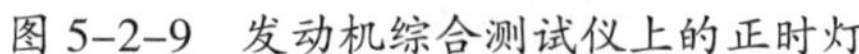

图 5-2-9　发动机综合测试仪上的正时灯

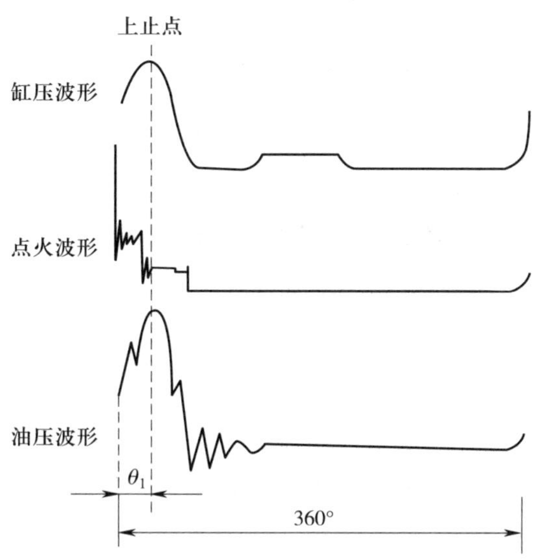

图 5-2-10　缸压法检测点火提前角原理图

3. 电控汽油喷射发动机点火提前角的检测

电控汽油喷射发动机由电子控制器 ECU 控制点火系，其点火提前角包括初始点火提前角、基本点火提前角和修正点火提前角三部分。电控汽油喷射发动机的点火提前角一般是不可调的，但需要检测，目的是当发现点火提前角不符合要求时，进一步确定微处理器或传感器是否存在故障。

电控汽油喷射发动机点火提前角的检测方法，与传统发动机相同。

任务 3　电控汽油喷射系统检测

学习目标

1. 掌握汽车主要传感器和开关信号的检测。
2. 掌握燃油供给系统和空气供给系统主要零部件的检测方法。
3. 熟悉电控汽油喷射系统综合诊断基本流程。

电子控制汽油喷射系统（electronic fuel injection，EFI），是利用计算机代替传统的化油器装置控制燃油喷射。电控系统中的各种传感器、开关信号以及电动汽油泵、喷油器等执行元件的性能对发动机运行的影响很大，也是故障的多发元器件。

一、传感器的检测

检测传感器信号是否正常，可用万用表、示波器，也可用检测仪。这里主要介绍用万用表检测传感器的方法。

1. 冷却液温度传感器的检测

冷却液温度传感器安装在发动机冷却液通道上，它与 ECU 之间有两条连线，一条是电压信号线，另一条是接地线。冷却液温度传感器内部是一个负温度系数热敏电阻，低温条件下传感器电阻值大，信号电压高；温度升高，传感器电阻值减小，信号电压降低。

（1）冷却液温度传感器电阻值的检测

如图 5-3-1 所示，在盛有冷水的容器中放入温度计，再将冷却液温度传感器下部放入水中，逐渐把水加热，测量不同温度下冷却液温度传感器的电阻值。对应不同的温度，冷却液温度传感器有固定的对应电阻值，对照汽车制造商提供的电阻值，若不符合则应更换。图 5-3-2 所示为丰田汽车发动机冷却液温度传感器的接线及其电阻值随温度变化的特性曲线。

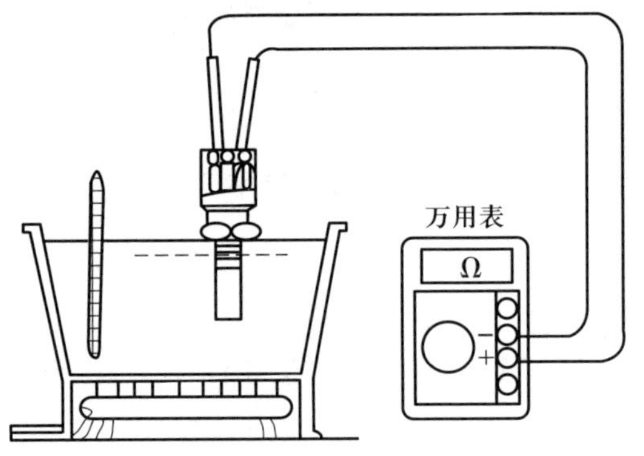

图 5-3-1　冷却液温度传感器电阻值的检测

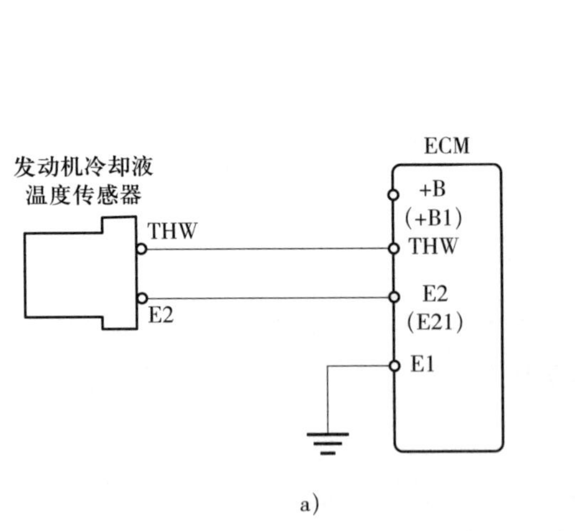

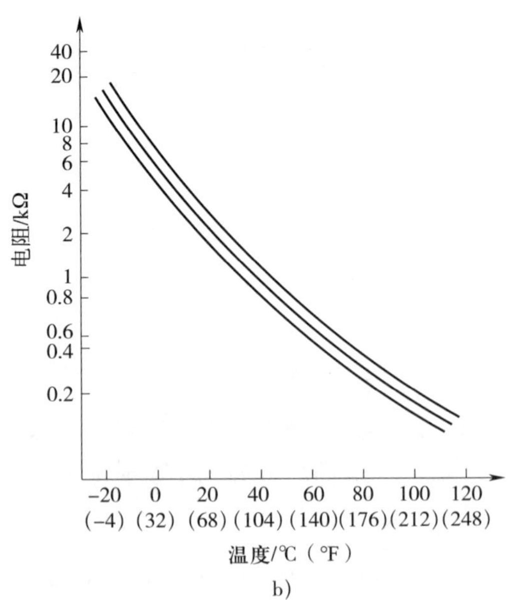

a）　　　b）

图 5-3-2　冷却液温度传感器的接线及特性曲线（丰田）

a）接线　b）特性曲线

（2）冷却液温度传感器电阻（电压）值的就车检测

对应不同的冷却液温度，在信号端应有对应的电压值。如丰田汽车的冷却液温度传感器在冷却液温度为 80 ℃时，其信号端对应的电压为 0.2 ~ 1.0 V。如果检测到的电压信号与当前冷却液温度不匹配，应检查相关零部件。

2. 进气温度传感器的检测

进气温度传感器也称进气歧管空气温度传感器。有些进气温度传感器安装在进气歧管内，传感器的下端突出在进气歧管的某一个空气流道中。也有某些汽车的进气温度传感器安装在空气滤清器内，检测这个位置的进气空气温度。进气温度传感器中也有一个负温度系数热敏电阻，其工作原理、检测方法与冷却液温度传感器一样。美国克莱斯勒公司提供的进气温度传感器温度与电压降的对应关系见表 5–2。

表 5–2　　进气温度传感器温度与电压降的对应关系（克莱斯勒）

温度 / ℃	电压差 /V	温度 / ℃	电压差 /V
–28.9	4.81	60	1.52
–17.8	4.70	71.1	1.15
–6.7	4.47	82.2	0.86
4.4	4.11	93.3	0.65
15.6	3.67	104.4	0.48
26.7	3.08	115.6	0.35
37.8	2.51	126.7	0.28
48.9	1.97		

3. 节气门位置传感器的检测

节气门位置传感器输出的模拟电压信号随节气门开度的增大而增大。旋转式节气门位置传感器包含一个电位器，其动臂由节气门轴带动旋转。

节气门位置传感器与控制单元之间以三根或四根导线连接。当点火开关接通时，控制单元通过其中一根导线向传感器输出一个稳定的 5 V 基准电压信号，另一根导线是传感器到控制单元的信号线，第三根导线是这两个器件之间的接地线。传感器的接地线一般为黑线，或带有彩色条纹的黑线。

（1）三线式节气门位置传感器故障诊断

节气门位置传感器故障可能引发加速不顺畅、发动机熄火和怠速转速不当等。在节气门位置传感器的两个接线端上连接好全套的测试仪器，电压读数应接近 5 V，如图 5–3–3 所示。

如果基准导线未达到规定电压，应在控制单元的接线端上检查该段导线的电压；如果控制单元上量得的电压在规定值范围内而传感器处电压值偏低，应检查 5 V 基准电压导线；如果控制单元上量得基准电压偏低，应检查控制单元的供压导线和接地线。如果导线正常，应检修控制单元。

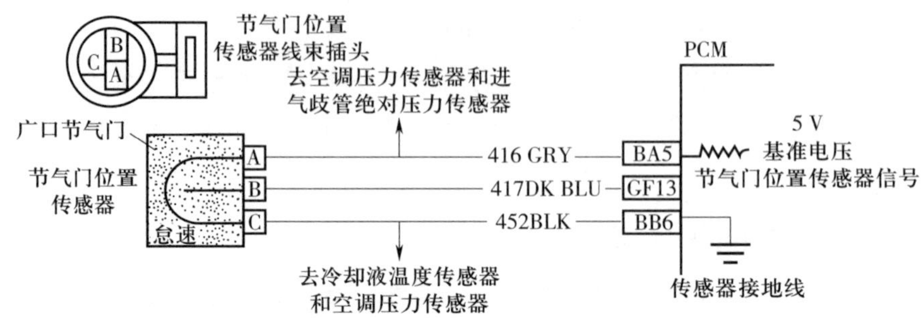

图 5-3-3 节气门位置传感器及其接线

接通点火开关，在传感器信号导线和接地线间连一只电压表，慢慢地开大节气门，观察电压表，读数应平稳、逐渐地增大。怠速时，正常的节气门位置传感器上测出的读数应为 0.5～1 V，节气门全开时应为 4～5 V。如果在节气门位置传感器上没有获得规定的读数或电压信号不稳定，应更换传感器。

（2）四线式节气门位置传感器故障诊断

有些节气门位置传感器上装有怠速开关，这个开关与控制单元连接。四线式节气门位置传感器的接线方式与三线式相同，多出的一根线接在怠速开关上，如图 5-3-4 所示。

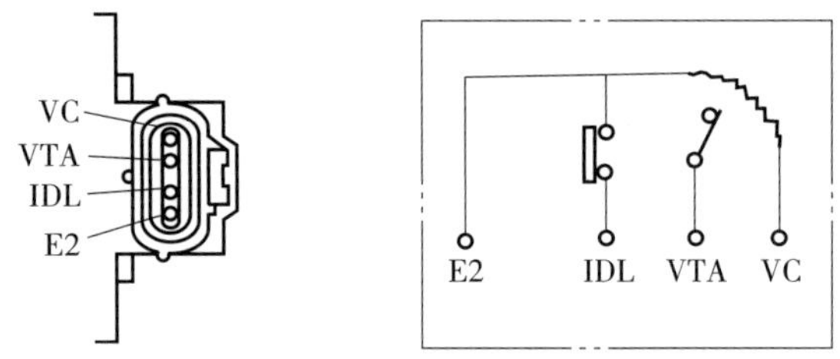

图 5-3-4 带怠速开关的四线式节气门位置传感器（丰田）

四线式节气门位置传感器可以用万用表检测，接线方法是把接地线和其他所有线头分别连在万用表的两个接线端上，如图 5-3-5 所示。当万用表被接在 VTA 和 E2 两个接线端之间时，节气门必须全开。丰田公司提供的节气门位置传感器电阻值检测数据见表 5-3。

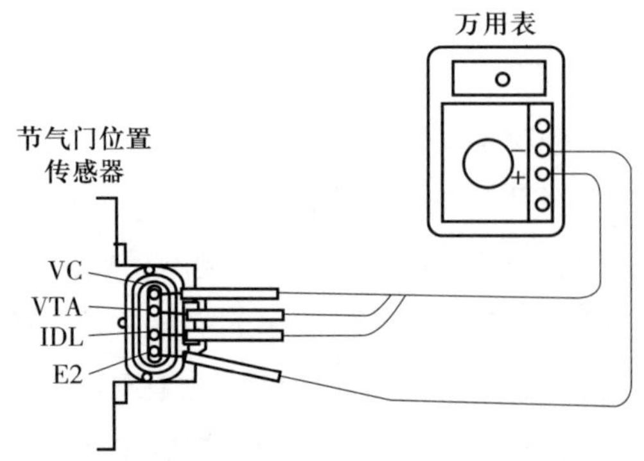

图 5-3-5 用万用表检测四线式节气门位置传感器的接线图

表 5-3　节气门位置传感器电阻值检测数据（丰田）

节气门杆与止动螺钉间的间隙	接线端	电阻值
0	VTA 端—接地端（E2）	0.28 ~ 6.4 kΩ
0.35 mm	怠速端—接地端（E2）	0.5 kΩ 或更小
0.70 mm	怠速端—接地端（E2）	无穷大
节气门全开	VTA 端—接地端（E2）	2.0 ~ 11.6 kΩ
	电压端—接地端（E2）	2.7 ~ 7.7 kΩ

4. 空气流量计的检测

空气流量计安装在空气滤清器与节气门体之间，用于测量进入发动机的空气流量，将此信号输送给 ECU，ECU 根据此信号决定将要喷射的燃油量。常见的空气流量传感器主要有热膜式和热线式。

（1）热线式空气流量计的检测

热线式空气流量计是将加热丝均匀分布在计量通道内，具有精度高、分布均匀等特点。丰田 1ZR-FE、2ZR-FE、5AR-FE 发动机均采用了热线式空气流量计。如图 5-3-6 所示为丰田 1ZR-FE 发动机热线式空气流量计外部电路图。

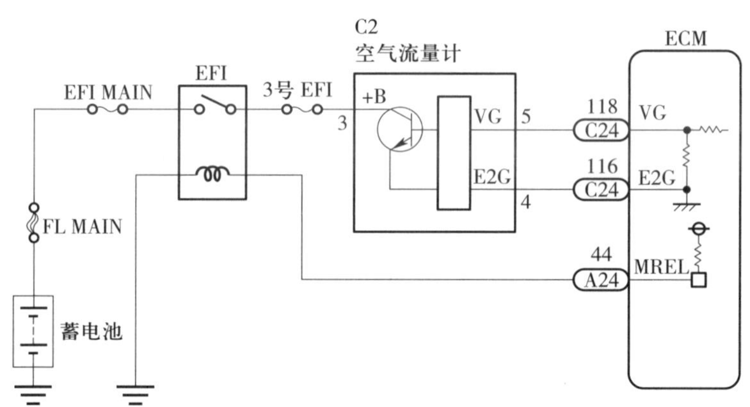

图 5-3-6　1ZR-FE 发动机热线式空气流量计外部电路

下面以丰田卡罗拉 1ZR-FE 发动机的空气流量计为例，介绍空气流量计的检测方法。

1）断开插接器，将点火开关置于 ON 挡，测量端子 3 和车身接地之间应检测到蓄电池电压（11 ~ 14 V）。如无电压，根据电路图检查继电器、熔断器及线路。

2）断开插接器，将点火开关置于 ON 挡，测量端子 4 和车身接地之间的电压应为 0 V 左右；或测量端子 4 和车身接地之间的电阻值应低于 1 Ω。如不导通，检查线路是否断路。

3）保持发动机怠速运转，测量端子 5 和车身接地之间信号电压应为 1.0 V 左右。

4）改变发动机转速，测量端子 5 和车身接地之间的电压信号，电压应随转速变化而同步升高或降低（根据转速，理论范围为 0.2～4.9 V）。

（2）热膜式空气流量计的检测

热膜式空气流量计制造成本低，寿命长，使用较为广泛。大众桑塔纳、别克等车型均使用这种空气流量计。

大众桑塔纳车型热膜式空气流量计电路如图 5–3–7 所示，ECU（J220）上的端子 11 为电源线（+5 V），端子 12 为信号负极线，端子 13 为信号正极线。

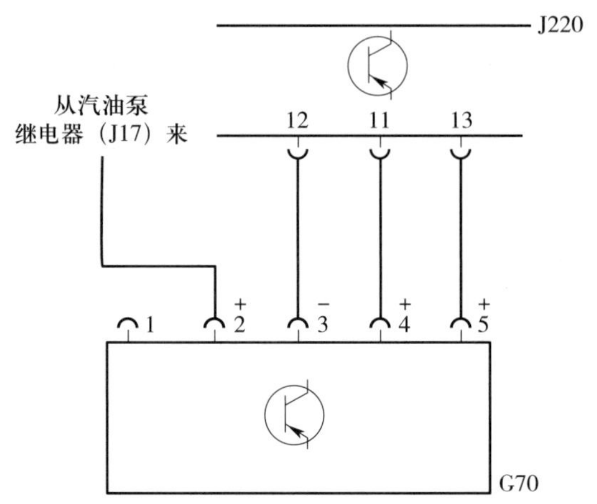

图 5–3–7　大众桑塔纳车型热膜式空气流量计电路

热膜式空气流量计的信号是频率型的，因此用万用表检测输出信号时，应选择频率挡（Hz）。以大众桑塔纳车型为例，热膜式空气流量计故障检测步骤如下：

1）检查附加熔断器（30 A）是否良好。用发光二极管试灯连接空气流量计端子 2 和接地线，启动发动机，检查试灯是否点亮。

2）若试灯不亮，应检查熔断器至空气流量计端子 2 之间的线路是否良好，若正常，应检查燃油泵继电器。

3）若试灯亮，则应检查空气流量计端子 4 在点火开关打开时有无 5 V 电压。若没有 5 V 电压，则应检查空气流量计至 ECU 之间的线路是否正常，若线路正常，则发动机 ECU 有故障；若有 5 V 电压，则空气流量计有故障，应予以更换。

5. 进气歧管绝对压力传感器的检测

进气歧管绝对压力传感器种类很多，其中电容式和半导体压敏电阻式进气歧管绝对压力传感器在发动机电子控制系统中应用较为广泛。半导体压敏电阻式进气歧管绝对压力传感器的信号是电压型的，电容式进气歧管绝对压力传感器的信号是频率型的。

进气歧管绝对压力传感器都是三线的，一根电源线，一根信号线，一根接地线。拔开进气歧管绝对压力传感器的插头，接通点火开关，电源线的开路电压约为 +5 V。用万用表检测时，因信号类型不同，应选用不同的挡位，电压信号选用直流电压挡，频率信号选用频率挡。

丰田车型进气歧管绝对压力传感器电路如图 5–3–8 所示，它输出的是电压信号，用万用表检测时，接通点火开关，端子 VC 与 E2 间的电压应为 4.5 ~ 5.5 V。ECU 端子 PIM 与 E2 之间的信号电压应为 3.3 ~ 3.9 V，发动机怠速时信号电压约为 1.5 V，随着节气门开度的增加，信号电压应上升，真空度与电压信号的关系如图 5–3–9 所示。

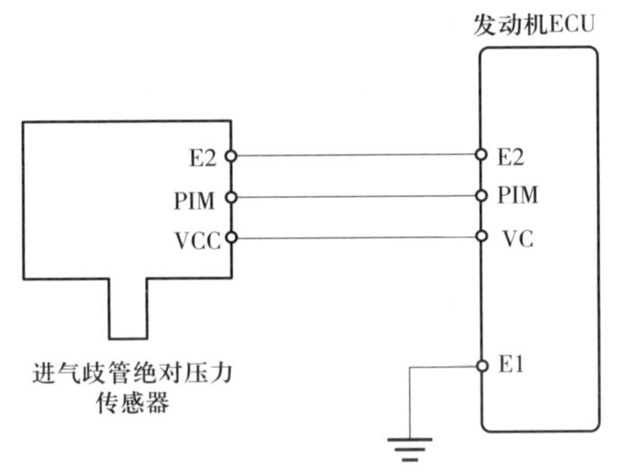

图 5–3–8　进气歧管绝对压力传感器电路（丰田）

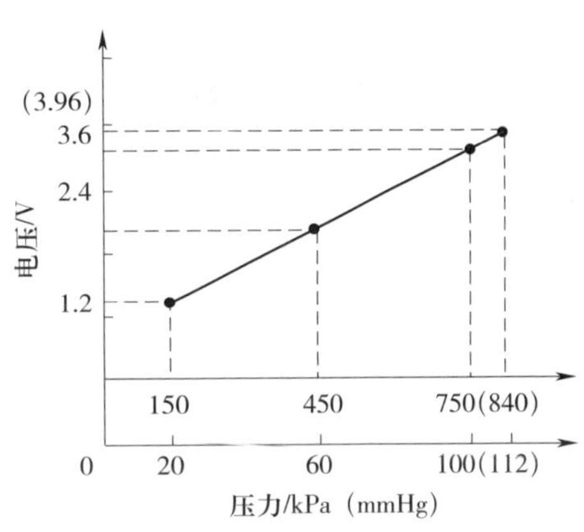

图 5–3–9　真空度与信号电压的关系

拆下进气歧管处的真空软管，并接在真空枪上，接通点火开关，用真空枪对进气歧管绝对压力传感器施以 13.3 ~ 66.7 kPa 的负压，端子 PIM 与 E2 间的信号电压应符合表 5–4 的标准值。

表 5–4　不同真空度下的标准进气歧管绝对压力传感器信号

真空度（kPa）	13.3	26.7	40.0	53.5	66.7
信号电压（V）	0.3 ~ 0.5	0.7 ~ 0.9	1.1 ~ 1.3	1.5 ~ 1.7	1.9 ~ 2.2

6. 氧传感器的检测

氧传感器（图 5–3–10）有单线、双线、三线和四线四种，其氧敏元件由二氧化锆或二氧化钛制成。

（1）二氧化锆式氧传感器

二氧化锆式氧传感器的信号电压范围是 0.1 ~ 0.9 V。信号电压小于 0.45 V，氧传感器反馈给 ECU 的是混合气过稀信号，ECU 接到此信号将增加喷油器的喷油脉宽来补偿混合气过稀的状况；信号电压大于 0.45 V，反馈信号表示浓混合气，ECU 接到此信号将减少喷油器的喷油脉宽来改变混合气过浓的状况。因此氧传感器信号应在 0.45 V 上

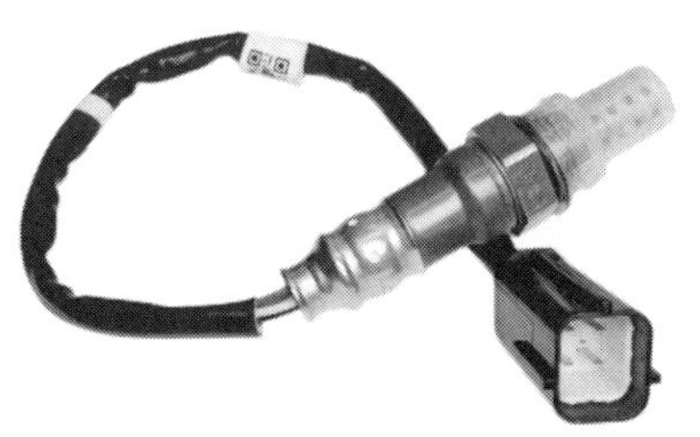

图 5–3–10　氧传感器

下变动，变动率一般为每 10 s 内 4 次以上。

1）由电压信号诊断。在测试氧传感器之前，发动机应处在正常的工作温度范围内。必须用数字式万用表测试氧传感器，如果使用其他类型的万用表，可能损坏传感器。

图 5-3-11 所示为氧传感器与控制单元之间的连线，测试时，将数字式万用表连在氧传感器的信号端与接地端之间。当发动机怠速且温度正常时，氧传感器电压在 0.3～0.8 V 周期变化。若电压读数过高，可能是混合气过浓，或是氧传感器被污染（氧传感器可能被室温硅密封胶或防冻剂污染，也可能被含铅汽油中的铅污染）；若电压读数过低，可能是混合气过稀，或是传感器故障，再或是传感器与控制单元之间导线电阻过大等原因。如果电压信号保持为一个中间值，可能是控制单元回路不通或传感器损坏。

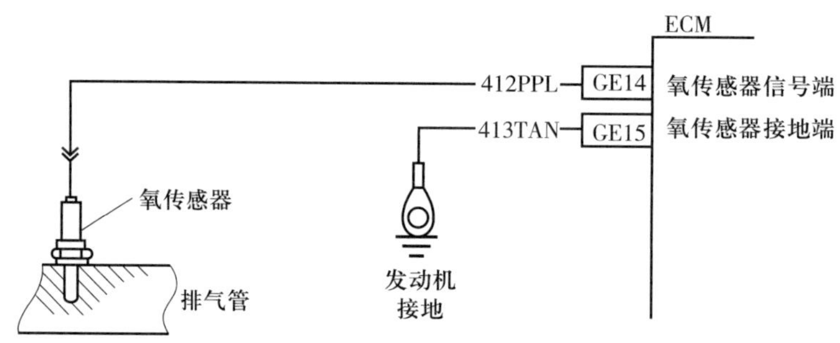

图 5-3-11　氧传感器与控制单元之间的连线

如果怀疑氧传感器有故障，应把氧传感器从发动机上拆下，将氧传感器的敏感元件放到丙烷焊枪的火焰上加热。丙烷火焰可以使敏感元件与氧气隔离，这样，将导致传感器产生电压。氧传感器的敏感元件处在火焰中时，输出电压应接近 1 V；把敏感元件从火焰中拿出时，输出电压应立刻降至 0 V。如果氧传感器输出电压没有按上述变化，应予更换。

2）由氧传感器导线诊断。如果怀疑氧传感器信号线有故障，在发动机处于怠速时，在控制单元和氧传感器两处借用探针探入并测量电压。氧传感器和控制单元两处电压差不应超出汽车制造厂家的规定值，这两者间的标准平均电压差为 0.2 V。若超过 0.2 V，应修理接地线或氧传感器在排气管处的接地线。

3）由氧传感器上的加热器诊断。如果氧传感器上的加热器不工作，氧传感器的预热时间就要延长，控制单元处在开环状态的时间也延长，控制单元将误传出一个浓混合气指令。松开氧传感器插接器，在加热器供电导线和接地线之间接上数字万用表。在点火开关接通时，这段导线间的电压应为 12 V，如果电压不足 12 V，应检查电源线或熔断器。

拆下氧传感器，在加热器的接线端（图 5-3-12）上连一只万用表，如果加热器电阻值不正常，应更换氧传感器。

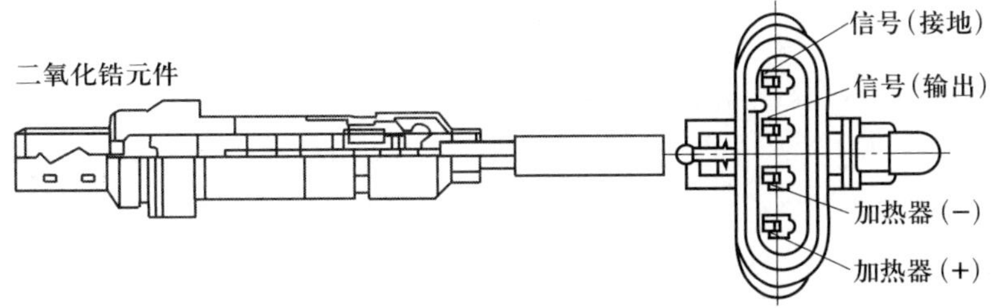

图 5-3-12　氧传感器上的加热器接线端

（2）二氧化钛式氧传感器

二氧化钛式氧传感器中有一个可变电阻，可变电阻根据周围的空燃比变化而改变电阻值，以变换电压的方式工作，控制单元读取电阻两端的电压降。空燃比浓时，二氧化钛元件的电阻值低，向控制单元提供一个较高的电压信号；空燃比稀时，二氧化钛元件的电阻值高，输出到控制单元的电压就低，如图 5-3-13 所示为二氧化钛式氧传感器的电阻值与电压信号关系图。

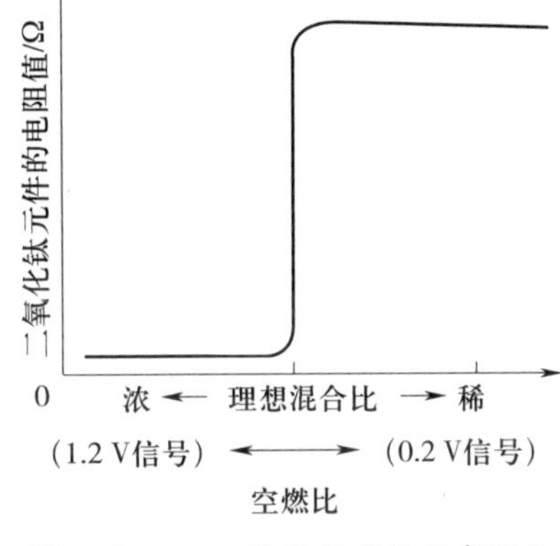

图 5-3-13　二氧化钛式氧传感器的电阻值与电压信号

（3）氧传感器的使用与检测注意事项

1）使用某些室温硫化密封剂会污染氧传感器，应使用汽车制造厂家推荐的室温硫化密封剂。

2）如果含铅汽油用于装有氧传感器的发动机中，氧传感器上会很快出现铅沉积层，影响传感器信号，需要更换传感器。因此应使用无铅汽油。

3）冷却液漏进燃烧室会污染氧传感器。

4）测试氧传感器必须使用数字万用表。不要使用模拟电压表检查氧传感器的电压，这类仪表会吸收较大的电流，以致损坏氧传感器。

5）在安装之前，氧传感器的螺纹表面应涂上防黏结剂，否则要拆除氧传感器时会很困难。

7. 曲轴位置传感器和凸轮轴位置传感器的检测

曲轴位置传感器用于检测曲轴转角信号（转速信号），是电控点火系和燃油喷射系的主控制信号；凸轮轴位置传感器用于检测凸轮轴位置信号，是点火的主控制信号。当发动机无法启动、怠速不稳或加速不良时，应检测曲轴位置传感器和凸轮轴位置传感器。曲轴位置传感器一般安装在曲轴带轮后或飞轮旁。凸轮轴位置传感器一般安装在凸轮轴前端。汽车上使用的曲轴位置传感器和凸轮轴位置传感器大都是磁感应式和霍尔效应式两种，光电式应用较少。

（1）磁感应式曲轴位置传感器的检测

大众朗逸、别克凯越、丰田卡罗拉等车型的曲轴位置传感器均采用磁感应式传感器。图 5–3–14 所示为大众汽车磁感应式曲轴位置传感器的端子 T3i/2 与 J_{361} 的 T80/64 端子相连；端子 T3i/3 与 J_{361} 的 T80/53 端子相连；端子 T3i/1 为屏蔽线端子，与发动机线束内的搭铁连接。

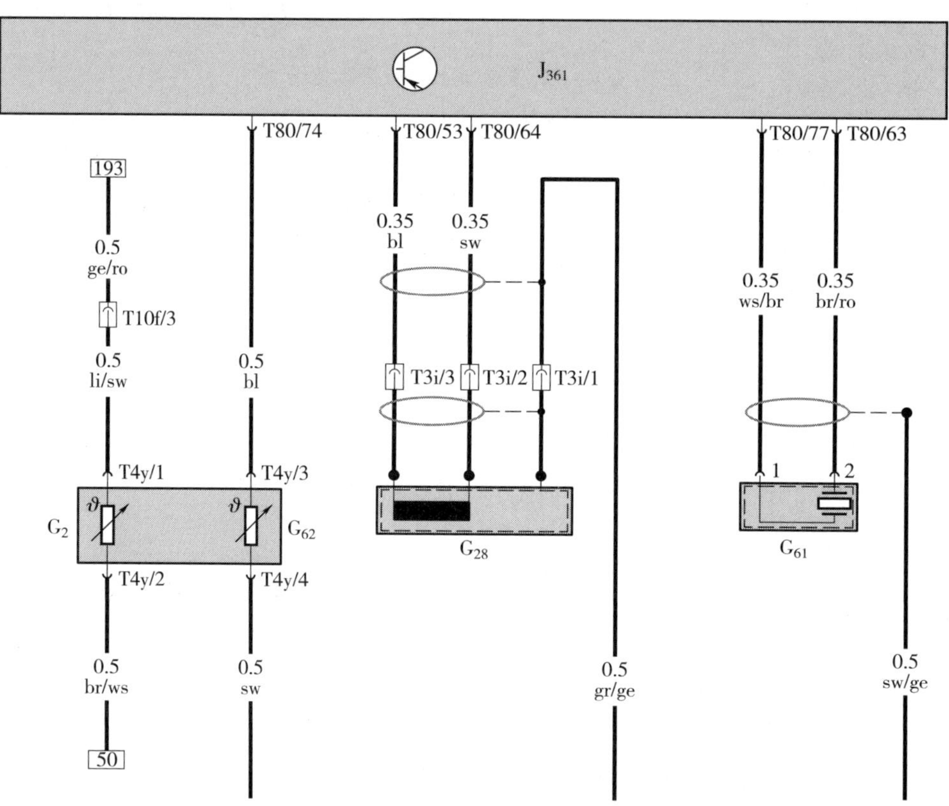

图 5–3–14 大众汽车磁感应式曲轴位置传感器线路图

J_{361}—发动机电控单元 G_{28}—曲轴位置传感器

1）电阻检测。关闭点火开关，拔下曲轴位置传感器插接器，检测传感器上 T3i/3 端子和 T3i/2 端子间的电阻，应为 450～1 000 Ω，若电阻为无穷大，则说明信号线圈存在断路，应更换传感器。检测传感器上端子 T3i/3 或端子 T3i/2 与屏蔽线端子 T3i/1 之间的电阻，电阻值应为无穷大，如果该电阻值不是无穷大，则应更换曲轴位置传感器。

2）输出电压检测。用万用表的交流电压挡测量线路正常连接且发动机运转时端子 T3i/3 与端子 T3i/2 间的电压，该电压值在 0.2～2 V 波动。

3）曲轴位置传感器与 J_{361} 之间的连接线束检测。分别测量 T3i/2 与 J_{361} 的 T80/64 端子、T3i/3 与 J_{361} 的 T80/53 端子、T3i/1 端子与发动机线束内搭铁间的电阻值，应不超过 1.5 Ω。如果电阻为无穷大，则说明传感器内存在导线断路的情况。

（2）霍尔效应式凸轮轴位置传感器的检测

霍尔效应式凸轮轴位置传感器信号是频率调制信号，其波形是方波，可用直流电压挡检测平均电压，以判别霍尔效应式凸轮轴位置传感器有无信号输出。

大众车型的凸轮轴位置传感器，别克凯越车型的曲轴位置传感器、凸轮轴位置传感器均采用霍尔效应式传感器。克莱斯勒 2.5 L 发动机上的曲轴位置传感器（CKP）和凸轮轴位置传感器（CMP）也采用霍尔效应式传感器，其线路如图 5-3-15 所示，检测方法如下：

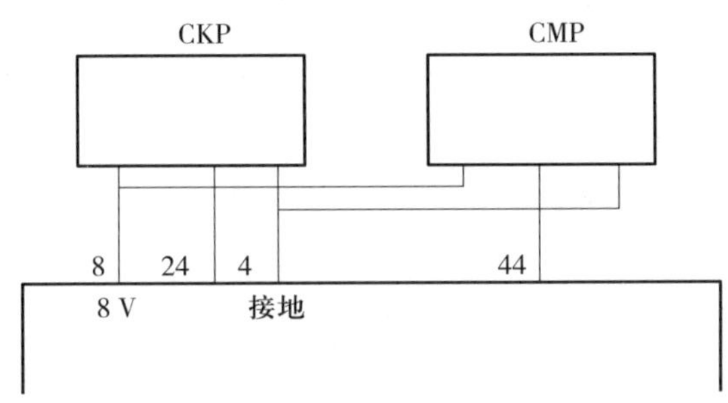

图 5-3-15　曲轴与凸轮轴位置传感器线路图（克莱斯勒 2.5 L）

松开传感器插接器插头，打开点火开关，检查插接器插头上电源端子与接地线间的电压，应为 8 V。若无电压，应检查传感器至发动机 ECU 之间的线路，若线路正常，则应检查或更换发动机 ECU。

插接器插头电源端子与接地线间有 8 V 电压时，将插接器插头插回，启动发动机，测量传感器输出端子信号电压，应为 3～6 V，若无信号电压，则为传感器故障。

8. 爆震传感器的检测

爆震传感器安装在发动机气缸体、气缸盖或进气歧管上。为了更好地控制爆燃，许多发动机上安装两个爆震传感器。发动机爆燃时，气缸体和气缸盖会产生振动，爆震传感器内有一个压电敏感元件，它把这种振动变成电压信号，输送给 ECU，ECU 收到这一信号后，就会减小点火提前角以消除爆燃。

（1）发动机爆震传感器线路（GM 公司）如图 5-3-16 所示。检测发动机爆震传感器的步骤如下：

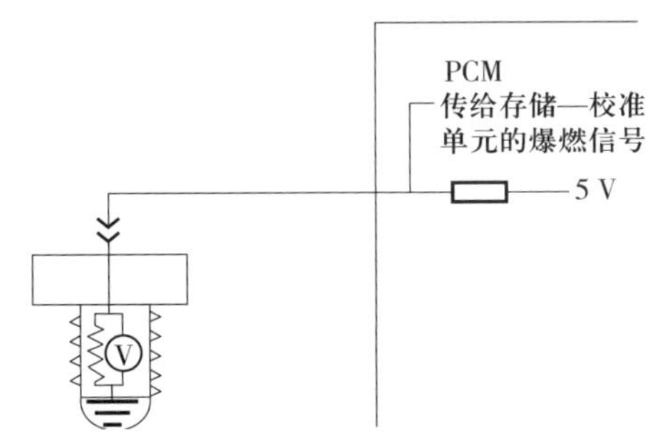

图 5-3-16　发动机爆震传感器线路图（GM 公司）

1）松开爆震传感器插接器插头，接通发动机点火开关。

2）在拆下的两条导线之间用电压表测量，电压值应为 4～6 V。如果电压值不在这个范围内，可测量 ECU 端导线的电压值，如果该端电压值符合要求，需换导线；如果该端的电压值不符合要求，则 ECU 有故障。

3）用万用表测量爆震传感器与接地线之间的电阻，电阻值应为 3.3～4.5 kΩ。如果不符，需更换传感器。

4）可用一个与发动机相连的正时信号灯对爆震传感器进行快速检查。发动机转速设定在 2 000 r/min，观察正时信号。用一小锤在靠近爆震传感器的位置上轻敲，如果传感器工作正常，点火提前角将有所减小。

（2）发动机爆震传感器检测时，应注意以下几点：

1）爆震传感器固定力矩过大，可能使其过于灵敏，将导致点火提前角过小；固定力矩过小，传感器灵敏度下降，将导致点火提前角过大，易使发动机爆燃。因此，必须按规定力矩安装爆震传感器。

2）在许多发动机上，拆下爆震传感器之前，必须先把冷却液放尽。

9. 车速传感器的检测

车速传感器向 ECU 提供一个与车速有关的电压信号，ECU 通过这个信号来控制发动机怠速和减速的空燃比，并用于控制自动变速器中变矩器的锁止、自动变速器的换挡、发动机冷却风扇的开闭和定速巡航等。

检测车速传感器之前，应先把汽车升起，使驱动轮能自由转动。图 5-3-17 所示为车速传感器线路（GM 公司），用探针从插接器背后探入传感器黄色导线，在传感器的信号线与接地线之间连接一只电压表。启动发动机，让变速器处于驱动状态，使驱动轮转动。如果车速传感器的电压信号不大于 0.5 V，则需更换传感器；如果传感器的电压信号符合要求，在 PCM 的 GD14 引脚处测量电压，如果电压大于 0.5 V，那么问题可能出在 PCM 上。

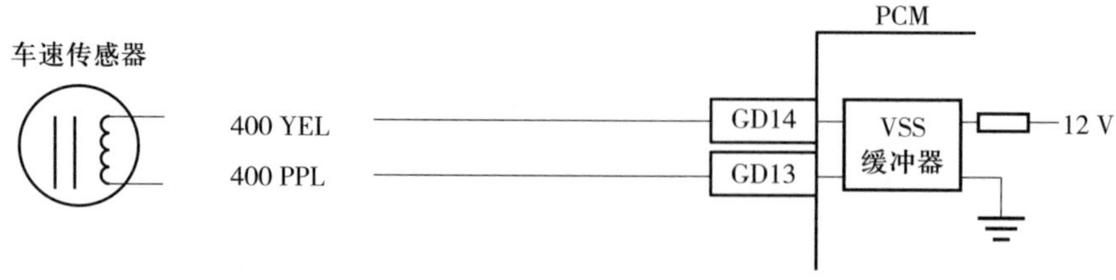

图 5-3-17　车速传感器线路图（GM 公司）

当在 GD14 引脚处测得的电压低于 0.5 V 时，关断点火开关，拆下传感器 400YEL 引脚与 PCM（GD14）间的导线，在这之间连接一只万用表，电阻应为 0；在 400PPL 与 PCM（GD13）之间的导线上测量，电阻也应为 0，否则应更换导线。

二、开关信号的检测

电控发动机控制系统开关信号有启动信号、空调需求信号、驻车/空挡开关信号、制动开关信号和动力转向压力开关信号等。

这些信号都是开关量，开关量类型有接地型开关和正极型开关两种。接地型开关平时断开，发动机 ECU 测得的电压信号为 5 V，接通时测得的电压信号为 0 V，如图 5-3-18a 所示。正极型开关断开时，发动机 ECU 测得的电压信号为 0 V，接通时测得的电压信号为 12 V，如图 5-3-18b 所示。例如，制动开关就属于正极型开关，其作用是使 ECU 获得制动信号，控制自动变速器中的变矩器松开，并使发动机缓慢降速以免熄火。

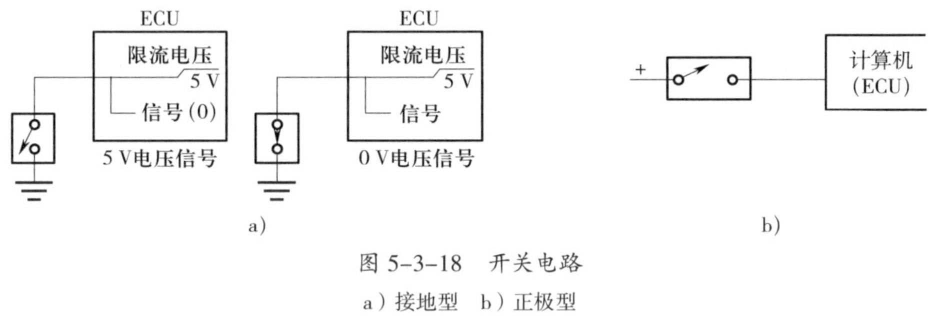

图 5-3-18　开关电路

a）接地型　b）正极型

1. 启动信号的检测

发动机启动时，进气流动缓慢，燃油蒸发差，为获得良好的启动性能，需要提供较浓的混合气。启动时，由起动开关向发动机 ECU 提供一个 12 V 的起动信号，作为喷油量和点火提前角的修正信号。

图 5-3-19 所示为丰田 5S-FE 发动机的起动电路。启动时，STA 端子与 E1 端子间的电压应为 6～14 V，若无电压，可按以下步骤检测：

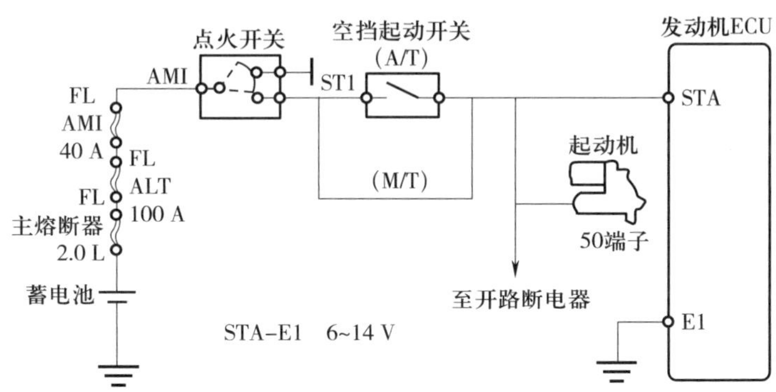

图 5-3-19　发动机起动电路（丰田 5S-FE）

（1）检查起动机工作状况。

（2）若起动机工作正常，检查发动机 ECU 的 E1 端子接地是否良好。若接地良好，则 ECU 有故障。

（3）若起动机不能启动，则检查熔断器、蓄电池电路、点火开关、空挡起动开关和起动继电器是否正常。若都正常，则检查起动机 50 端子的电压，启动时应为 10 ~ 14 V，若电压正常，则应检查起动机；若不正常，则应检查蓄电池至起动机继电器之间的线路、起动机继电器至起动机 50 端子之间的线路是否正常。

2. 驻车 / 空挡开关信号的检测

驻车 / 空挡开关又称空挡启动开关、停车 / 空挡开关或 P/N 开关，一般安装在自动变速器旁。驻车 / 空挡开关由自动变速器操纵杆控制，自动变速器在“驻车（P）”或“空挡（N）”位置时，开关处于接通状态，此时向 ECU 输送一个低于 1 V 的电压信号。而当自动变速器在“驱动（D、L…）”或“倒挡（R）”位置时，开关处于断开状态，此时向 ECU 输送一个高于 5 V 的电压信号。驻车 / 空挡开关将自动变速操纵杆位置传送给 ECU，ECU 用这个信号控制怠速转速。

驻车 / 空挡开关故障可能会导致空挡速度偏移、起动电路故障等。检测驻车 / 空挡开关信号时，要按照汽车制造厂提供的修理手册上的测试程序进行。图 5-3-20 所示为驻车 / 空挡开关线路图（GM 公司），将驻车 / 空挡开关的插头拔下，并在 B 接地线之间连接万用表，如果万用表读数大于 0.5 Ω，就要修理接地线。

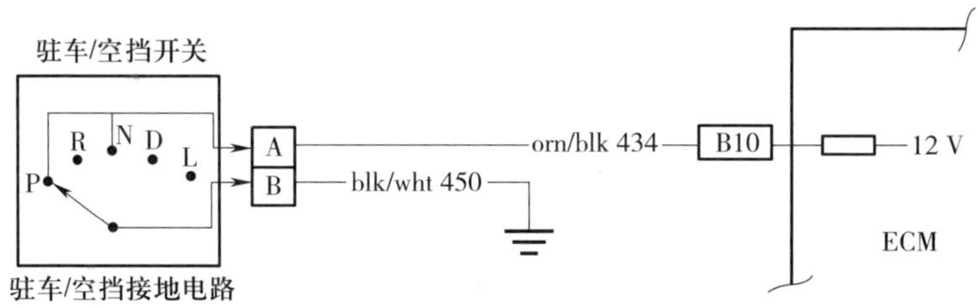

图 5-3-20　驻车 / 空挡开关线路图（GM 公司）

把线束插接器插头与开关相连，在开关的接线端 A 和接地线间连接万用表。接通点火开关，变换变速操纵杆的位置，除空挡外，在其他位置上万用表读数都应是 5 V 以上。

如果万用表没有显示标准电压的读数，应在 ECM 的 B10 引脚和接地线间连接万用表，如果这时万用表的指示超出标准值，应检查 ECM 到驻车 / 空挡开关之间的导线；如果这时仍然没有标准读数显示，则应修理 ECM。

将变速操纵杆置于空挡位置，万用表读数应小于 0.5 V，如果这时显示读数大于 0.5 V，则需更换驻车 / 空挡开关。

3. 动力转向压力开关信号的检测

动力转向压力开关信号用于监测动力转向液压系统的压力，其电路如图 5-3-21 所示。

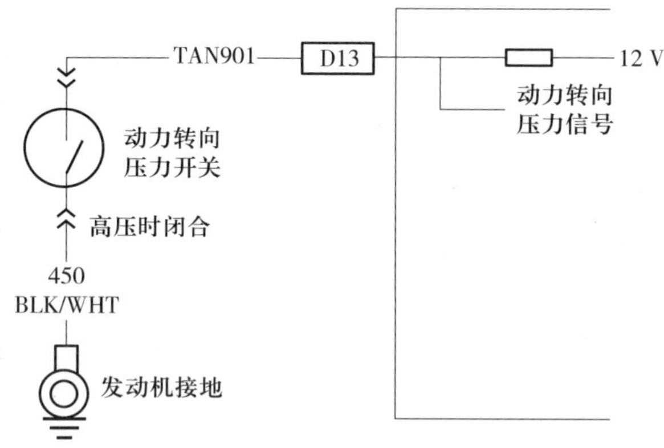

图 5-3-21　动力转向压力开关电路

检测动力转向压力开关信号时，松开动力转向压力开关插接器插头，接通点火开关，检测插接器上电源端子电压是否为 12 V。若不是 12 V，则检查动力转向开关至发动机 ECU 之间的线路是否正常，若正常，则检查或更换 ECU；若是 12 V，则检查插接器上接地端子是否良好，若良好，则应检查或更换动力转向压力开关。

4. 空调需求信号的检测

当按下空调开关（A/C），空调压缩机启动，给发动机带来骤然的负荷，从而使发动机转速下降，在怠速时会使发动机怠速不稳甚至熄火。为防止发生这种情况，空调开关不直接控制空调压缩机，而是用该开关向发动机 ECU 发出需求信号，ECU 根据接收到的信号首先提高怠速转速，以便对额外的负荷做出补偿，然后再发出命令控制空调离合器工作。

图 5-3-22 所示空调控制电路中，怠速时按下空调开关，电源经空调开关、高压开关、低压开关至发动机 PCM（ECU），ECU 根据怠速实际转速与设定值比较计算，需要时首先增加怠速空气量提高怠速转速，然后发出控制命令给空调控制继电器，空调控制继电器再控制空调压缩机离合器工作。

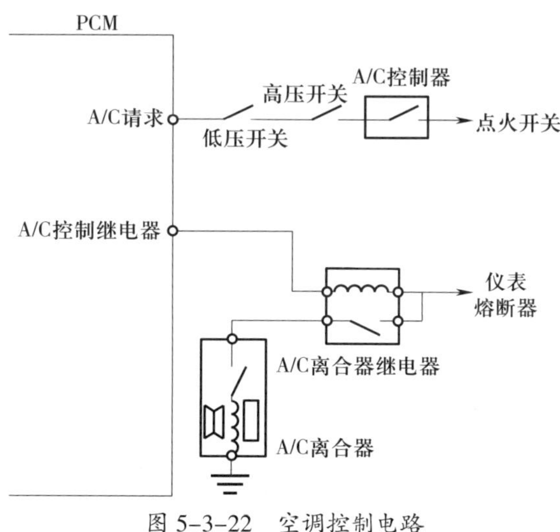

图 5-3-22　空调控制电路

发动机怠速运转，按下空调开关，如果发动机转速下降，使怠速不稳甚至熄火，可按以下步骤进行检测：

（1）首先检查 ECU 是否接收到空调需求信号，PCM 的 A/C（起动电源）端与接地线之间的电压应为 10～14 V。

（2）如果电压符合要求，检测 A/C（控制）端与接地线间的电压，并检查相关线路情况。如果良好，则 ECU 有故障，需更换 PCM。

（3）如果电压不符合要求，则故障出在点火开关到 A/C 端，应逐项检查各段线路及元件。

5. 制动开关信号

制动时，由制动开关向发动机 ECU 提供制动信号，作为对喷油量、点火提前角、自动变速器等的控制修正信号。丰田车型制动灯开关电路如图 5-3-23 所示，制动时电源经制动灯熔断器、制动灯开关，至发动机 ECU 的 STP 端子，提供制动信号，同时经制动灯再接地，点亮制动灯。

检测制动开关信号时，踩下制动踏板，发动机 ECU 的 STP 端子应有 12 V 电压。

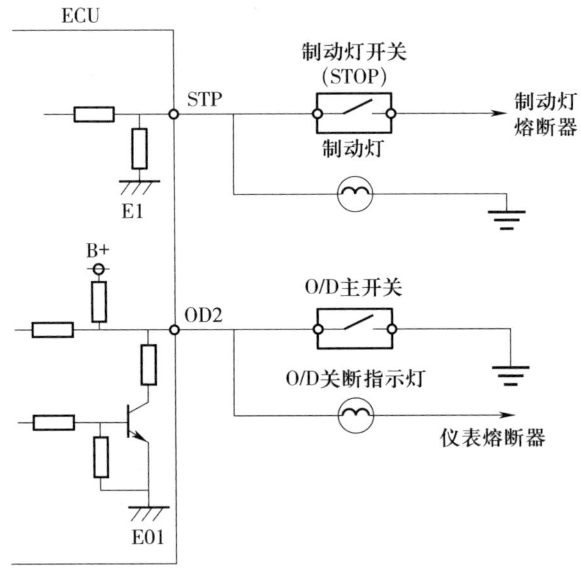

图 5-3-23　制动灯开关电路（丰田）

三、燃油供给系的检测

1. 燃油压力的检测

电控燃油喷射分单点喷射和多点喷射，大部分汽车都采用多点喷射。不同的喷射类型、不同车系、不同排量的汽车，其燃油压力是不同的。

油压检测包括系统油压检测和熄火后系统残余压力检测。

（1）系统油压检测

多点喷射式燃油喷射系统如图 5–3–24 所示，大多数汽车的燃油导管上都有油压测试口，用于安装油压表。系统油压的检测方法如下：

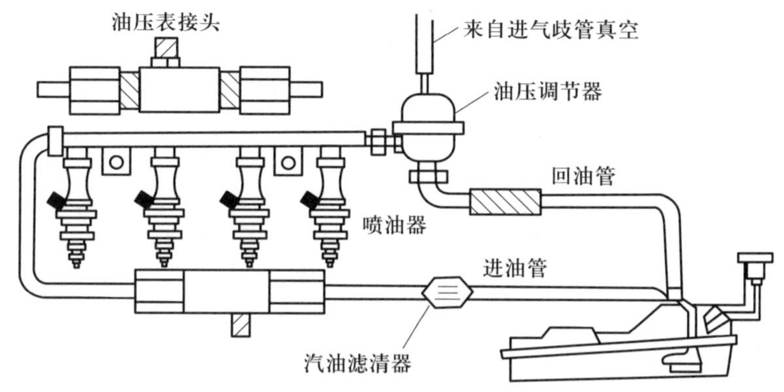

图 5–3–24　多点喷射式燃油喷射系统

1）释放油压。发动机熄火，拉紧驻车制动器，将变速器置于 P 挡或 N 挡，断开燃油泵电源，启动发动机几次（或 3 s），待发动机抖动直至自然熄火（或无法启动），表明已基本卸除油管内残余压力。

2）有油压测试口的，可将油压表直接接在油压测试口上；没有油压测试口的可断开进油管，将三通油压表串接在系统管路中。

3）接通燃油泵电源，打开点火开关，发动机不启动即可测量静态油压；启动发动机即可测量怠速油压。

常见系统油压故障有油压过高和油压过低，油压过高将使混合气过浓，油压过低将使混合气过稀。油压过高的原因是燃油压力调节器故障或回油管堵塞；油压过低的原因是油箱中燃油少、燃油泵滤网堵塞、燃油泵故障、燃油泵出油管松动泄漏、汽油滤清器堵塞或燃油压力调节器故障等，应逐一检查、检修或更换。

（2）系统残压检测

发动机熄火后，系统管路中应保持一定的残余油压，便于再次启动，如果残余油压很低或等于零，将造成发动机启动困难或不能启动的故障。发动机停止运转后（一般 5 ~ 10 min），观察油压表读数，应符合规定。

系统残压过低的原因是燃油泵单向阀关闭不严、燃油压力调节器阀门关闭不严、喷油器或燃油供给系统管路漏油，应逐一检查、排除故障。

2. 燃油泵及控制电路的检测

电控燃油喷射发动机中，燃油泵提供一定压力的燃油，燃油泵及其控制电路故障将直接影响发动机的工作性能，因此对燃油泵及其控制电路的检测是十分重要的。

燃油泵的控制电路因车型不同而异，有油泵开关控制型、油泵 ECU 控制型、电阻器式、燃油泵驱动模块式等。在诊断故障之前，一定要分清楚燃油泵控制电路的类型，控制电路的类型虽然不同，但诊断的基本方法和思路大同小异。

检测燃油泵时，如果线路连接正常，但燃油泵不工作，则应从车上拆下燃油泵，对燃油泵单独检查。首先检查燃油泵电动机线圈电阻，再测量燃油泵连接器两端子之间的电阻值（注意测试时间不可过长，以免烧坏线圈），一般为 0.5～3 Ω。如果电阻值不符，说明燃油泵电动机线圈有短路、断路或炭刷接触不良等故障，应更换燃油泵。

若燃油泵电动机线圈电阻正常，可将燃油泵直接接在蓄电池上进行运转试验，如果燃油泵不能转动或转动缓慢、转速不匀，说明燃油泵有故障，应予更换。注意在进行运转试验时，通电时间不可超过 10 s，防止在无润滑的情况下长时间运转造成油泵电动机过热损坏。

3. 喷油器的检测

喷油器的性能对发动机工作影响很大，喷油器故障可能导致发动机运转不良，甚至熄火。

检测喷油控制信号时，松开喷油器插接器，接通点火开关，检查插接器线束端电源线的电压，应为蓄电池电压，若无电压，应检查点火开关至喷油器电源线之间的线路是否正常。将一个 330 Ω 电阻串联一个发光二极管作为试灯，断开点火开关，松开喷油器插接器，在插接器插头上接上发光二极管试灯，发动机运行时观察发光二极管，信号正常时发光二极管闪烁，如不闪烁说明无喷油脉冲控制信号，应检查喷油器至 ECU 的线路、传感器及 ECU。

任务 4　汽车发动机综合性能分析仪

学习目标

1. 熟悉汽车发动机综合分析仪的结构与功能。
2. 掌握汽车发动机综合分析仪的使用方法。

汽车发动机综合性能分析仪是检测汽车发动机及电控系统的全新设备，可检测发动机各系统的工作状态、运行参数及排放性能，实时采集初 / 次级点火信号、喷油信号

（选配）、电控传感器信号、进排气系统等的动态波形，同时可进行性能分析、波形存储与回放、测试结果查询等，还具有强大的在线帮助系统，为发动机的技术状态判断提供科学依据。

汽车发动机综合性能分析仪可用于发动机试验室、检测线、汽车修理厂等。

一、发动机综合性能分析仪的结构与功能（以 EA2000 为例）

EA2000 型发动机综合性能分析仪的外形结构如图 5–4–1 所示，它由信号提取系统、前端处理器、主电缆、机柜、PC 主机（内置高速采集卡、通信卡）、彩色显示器、打印机、VEA–501 废气分析仪（选配）等部分组成。

图 5–4–1　EA2000 型发动机综合性能分析仪的外形结构

1. 信号提取系统

如图 5–4–2 所示，信号提取系统由各类夹持器、探针和传感器组成，与发动机的被测部位直接或间接连接以拾取被测信号。该系统由 10 组拾取器组成，每组拾取器根据其任务不同，由相应的夹持器、探针及传感器通过电缆与适配器或连接插头连接构成。各拾取器测试电缆上均带有活动滑块，以标识其名称。

（1）初级信号拾取器（编码为 1280401）。红、黑夹分别连接点火线圈“+”“–”极，其作用是测试传统点火系统初级电压波形及自动断缸控制，如图 5–4–3 所示。

（2）柴油机喷油压力拾取器（选配，编码为 1280402）。将传感器安装在管径为 6 mm 的高压油管上，其作用是拾取柴油机过程信号，如图 5–4–4 所示。

（3）蓄电池电压拾取器（编码为 1280403）。其作用是测量蓄电池电压值。红、黑夹持器分别连接汽车蓄电池正、负电极柱，如图 5–4–5 所示。

（4）起动电流拾取器（或大电流钳拾取器，编码为 1280404）。其作用是测试发动机的起动电流，如图 5–4–6 所示。

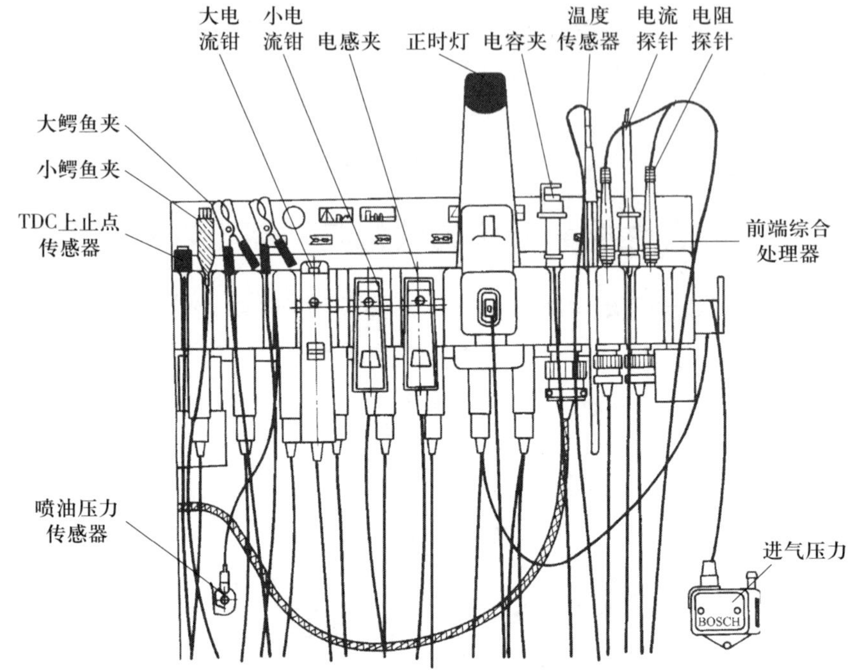

图 5-4-2　信号提取系统

图 5-4-3　初级信号拾取器

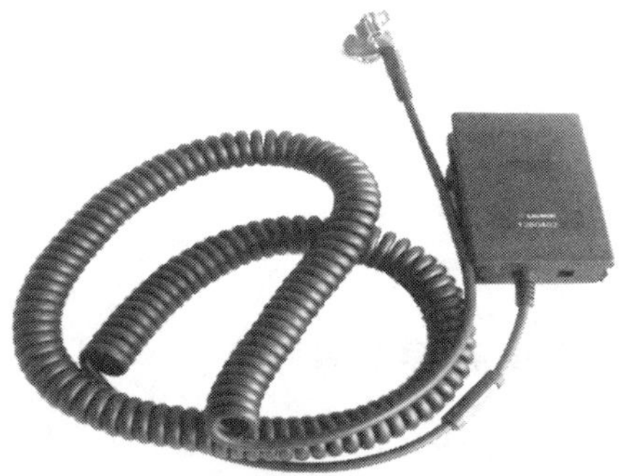

图 5-4-4　柴油机喷油压力拾取器

图 5-4-5　蓄电池电压拾取器

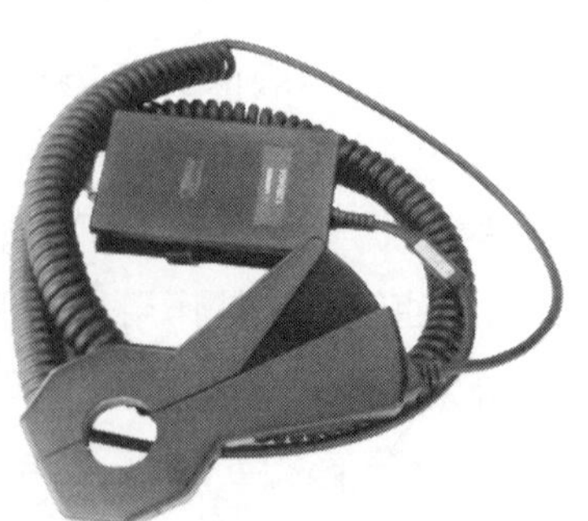

图 5-4-6　起动电流拾取器

（5）充电电流拾取器（或小电流钳拾取器，编码为 1280405）。其作用是测试发电机的充电电流，如图 5-4-7 所示。

（6）一缸信号拾取器（编码为 1280406）。该传感器非常重要，通过它不仅可以测试汽车发动机转速，还可以用于高速采集的信号触发，如图 5-4-8 所示。

图 5-4-7　充电电流拾取器

图 5-4-8　一缸信号拾取器

（7）喷油脉冲及初级同步适配器（编码为 1280406-1）。用于提取一缸的喷油脉冲或初级信号，并把它转化为系统可识别的信号，以作为缸号识别的标志。使用时替代一缸信号适配器（编码为 1280406），插入设备的相应位置，将所测车辆的一缸信号进行转速及无外载测功测试（注意喷油脉冲和初级信号不能同时接入，二者只能选择其一。接入初级信号作为同步信号时，需将用户数据设定中的同步方式设置为初级信号同步；接入喷油脉冲信号作为同步信号时，需将用户数据设定中的同步方式设置为喷油信号同步），如图 5-4-9 所示。

（8）点火提前角与进气压力拾取器（编码为 1280407）。其中的频闪灯用于检测汽油机点火提前角，进气歧管绝对压力传感器用于检测汽车发动机进气歧管的真空度，如图 5-4-10 所示。

图 5-4-9　喷油脉冲及初级同步适配器

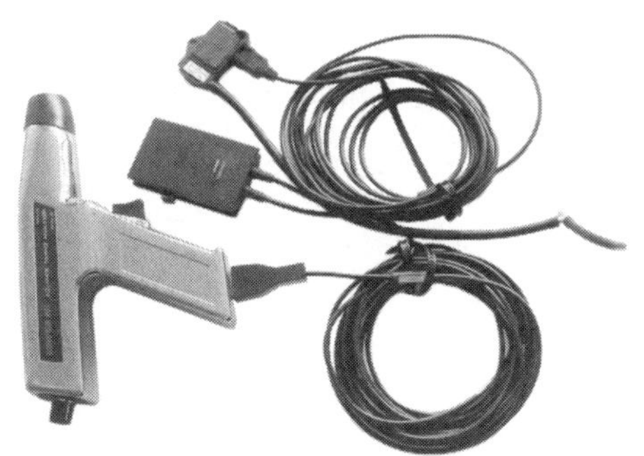

图 5-4-10　点火提前角与进气压力拾取器

（9）点火次级信号和温度拾取器（编码为 1280408）。次级高压信号用于检测常规点火系的次级高压点火信号波形，温度传感器用于检测汽车发动机进气温度、冷却液温度和润滑油温度，如图 5-4-11 所示。

（10）电感式次级信号拾取器（编码为 1280408-1）。用于拾取无中心高压线的非直接点火的车型的次级信号，如广州本田。使用时替代点火次级信号和温度拾取器，插入设备的相应位置，将螺旋线缠绕在点火线圈上即可，如图 5-4-12 所示。

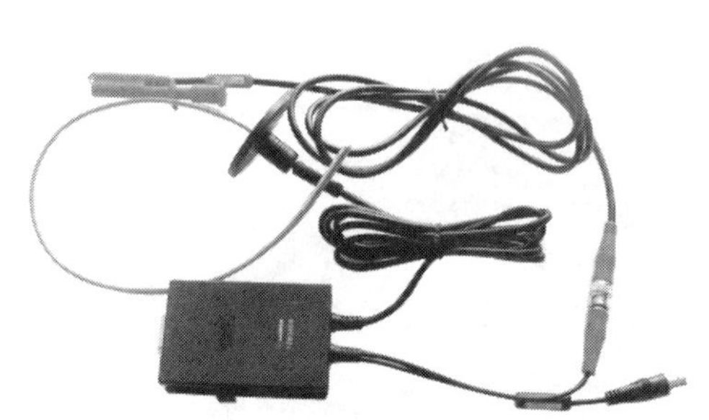
图 5-4-11　点火次级信号和温度拾取器

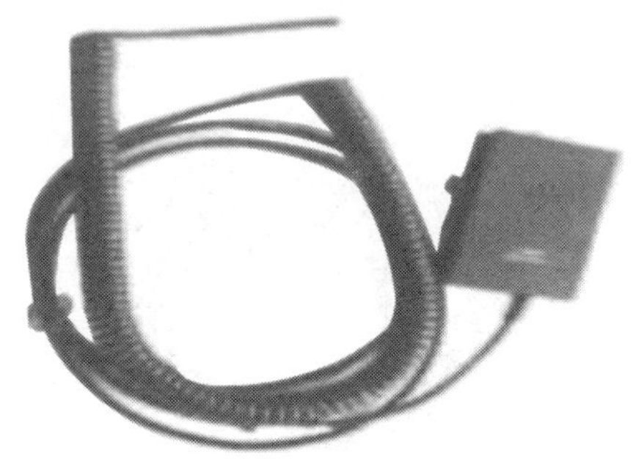
图 5-4-12　电感式次级信号拾取器

（11）1280408-D1 适配器。该适配器用于常规双缸点火系的次级高压点火测试，使用时替代点火次级信号和温度适配器，插入设备的相应位置，并将次级信号夹按红正、黑负（红色信号夹夹持正触发点火的次级高压线，黑色信号夹夹持负触发点火的次级高压线）的夹持方式，分别通过红、黑色次级信号汇接器引入该拾取器的红、黑 BNC，如图 5-4-13 所示。

（12）1280408-S1 适配器（选配）。该适配器用于 PASSAT　1.8GSI/1.8GLI 车型次级高压点火测试。使用时将感应片夹在点火线圈上，并用次级信号连接线将感应片两两连接，然后通过次级信号连接线接入该适配器相应的 BNC，把该适配器插入 1280408 适配器的对应位置（适配器有两个通道，分别用于测试不同的车型，在通道的标贴上标有该通道的适用车型），如图 5-4-14 所示。

（13）充电电压探针（编码为 1280410）。用于检测汽车发电机电压，如图 5-4-15 所示。

（14）通用信号拾取器（编码为 1280412）。用于检测电控燃油喷射传感器信号和数字示波器的信号输入端子，如图 5-4-16 所示。

图 5-4-13　1280408-D1 适配器

图 5-4-14　1280408-S1 适配器

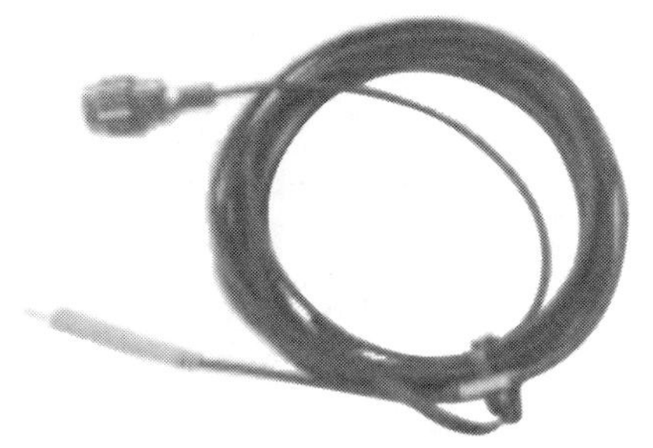

图 5-4-15　充电电压探针

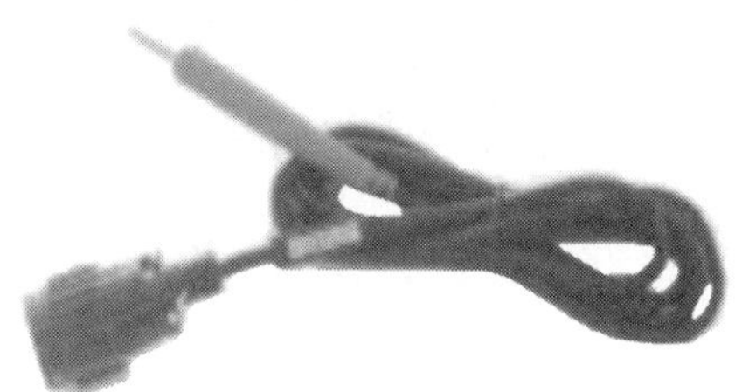

图 5-4-16　通用信号拾取器

（15）初级信号及电控测试转接线。用于在测试初级信号及电控传感器时转接信号，以方便将信号引入设备进行测试，如图 5-4-17 所示。

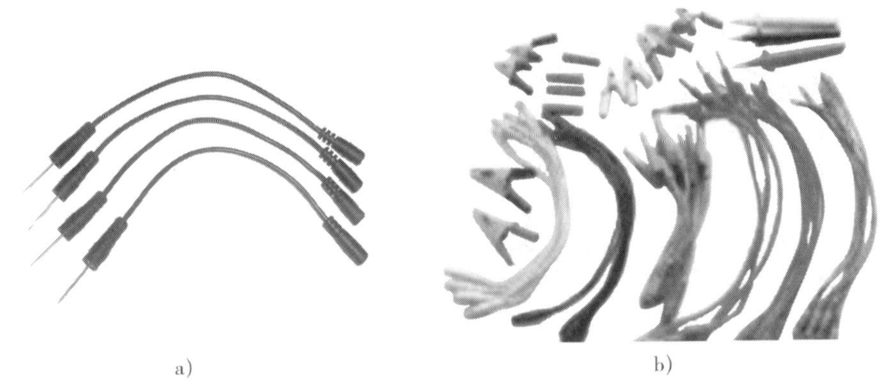

a）　　b）

图 5-4-17　初级信号及电控测试转接线

a）初级信号转接线　b）电控测试转接线

（16）次级信号测试线。次级信号测试线由次级信号汇接器、次级信号转接线（选配）、次级信号跨接线（选配）、次级信号连接线（选配）和次级信号夹组成，用于构成次级信号的输入通道，如图 5-4-18 所示。

（17）次级信号感应片（选配）。用于拾取各种车型的次级信号。各专用感应片与相应的次级信号适配器配合使用，用于测试相应车型的次级信号；多功能感应片与专用感应片的次级信号适配器配合使用，用于测试其他车型的次级信号，如图 5-4-19 所示。

2. 前端处理器

前端处理器包括部分采集信号的预处理、多路转换开关，并承担与工控机的并行通信，适配器的编号在适配器盖上，航插编号在所带滑块的标贴上，按编号一一对应插接即可。图 5-4-20 所示前端处理器上的数字 1～12 分别代表 1280401、1280402、1280403、1280404、1280405、1280406、1280407、1280408、1280409、1280410、1280411、1280412 适配器插座或主电缆航插插座。

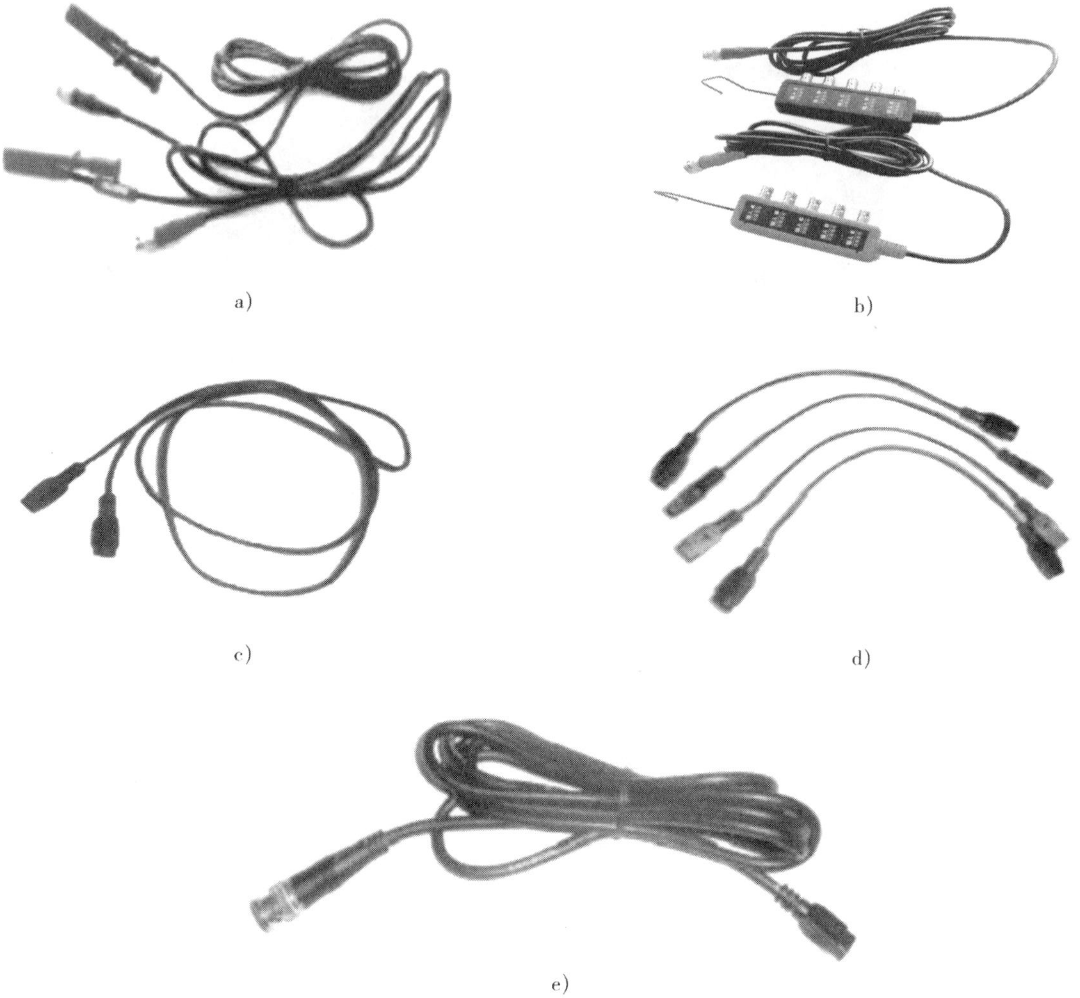

a）

b）

c）

d）

e）

图 5-4-18　次级信号测试线

a）次级信号夹　b）次级信号汇接器　c）次级信号跨接线　d）次级信号转接线　e）次级信号连接线

图 5-4-19　次级信号感应片（选配）

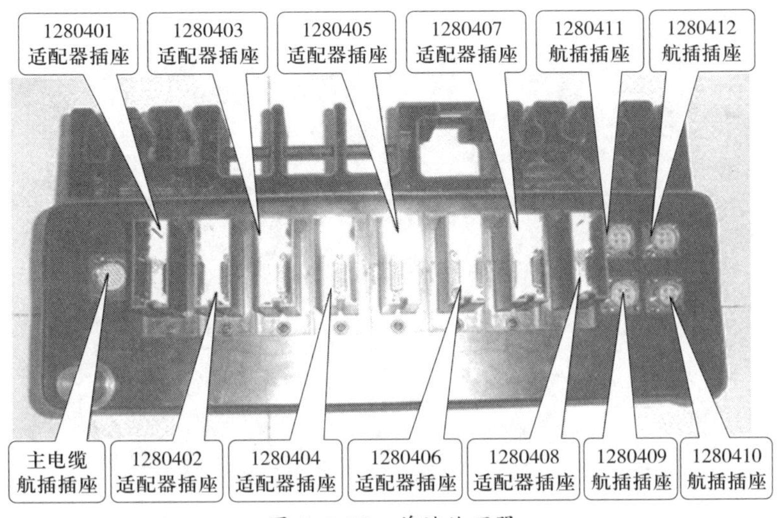

图 5-4-20　前端处理器

二、发动机综合性能分析仪的操作

1. 发动机气缸相对平衡压力的检测

发动机气缸压缩压力是表示气阀和活塞密封性是否优良的指标，在发动机不解体的情况下不易得到其具体参数，只能通过检测起动电流来检测相对气缸压缩压力的变化量，对各缸压缩压力的均衡性进行判断。

发动机气缸相对平衡压力的检测方法如下：

在“汽油机测试”菜单下用鼠标左键点击“进入相对气缸压缩压力”图标，进入测试界面。用鼠标左键点击“测试”图标（“测试”图标被按下后即变为“停止”，若想停止该项操作，再点击此图标即可），系统进入测试状态；如汽车已经启动，则会弹出对话框，提示用户先关闭发动机。

启动发动机，系统测试完毕将自动显示发动机起动转速、蓄电池电压值、相对气缸压缩压力直方图及起动电流波形，如图 5-4-21 所示。右侧坐标系内起动电流波形上方对应标出各缸起动电流峰值，左侧为气缸相对压缩压力的百分比值的直方图。

点击“保存波形”图标可将波形保存于指定目录；点击“保存数据”图标可将检测结果进行保存；点击“图形打印”图标可对界面有效区域进行图形打印；点击“帮助”图标可进入帮助系统查看操作指导；点击“返回”图标可返回上级菜单。

2. 气缸动平衡测试

气缸动平衡测试又称各缸工作均匀性判断，它是指当发动机以某一转速运行时，其指示功率与该转速下的功率平衡，当停止其中一个缸的工作时，总指示功率下降，以寻求新的平衡点，如果发动机各缸工作能力均衡，则各缸轮换停止工作时转速下降的幅度应基本相同，反之将产生差异。

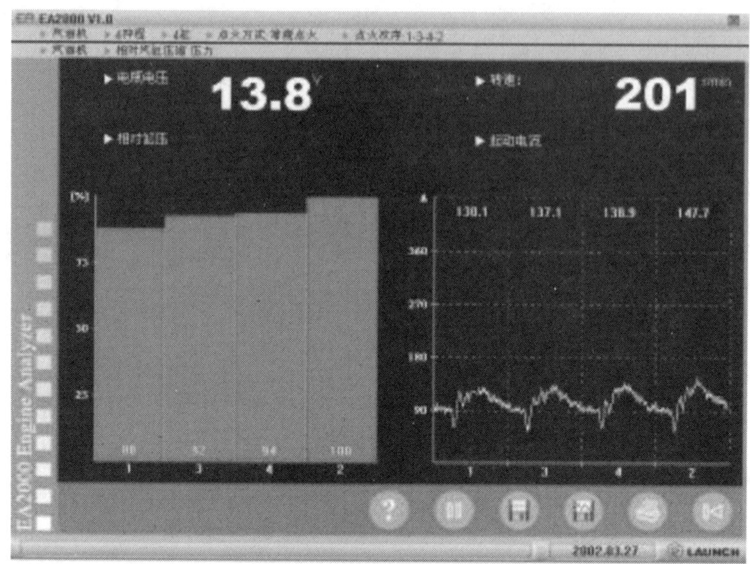

图 5-4-21　相对气缸压缩压力直方图及起动电流波形

一般情况下发动机的气缸数越多，则单缸指示功率占总指示功率的比率小，加之缸多则工作均匀性良好，因此单缸熄火后转速下降较小，也就是说气缸数越多，用断缸法判断各缸工作性能的难度就越大，仪器测试的误差也就越大。

气缸动平衡的测试方法如下：

在测试前，需将一缸信号拾取器夹在一缸高压线上，初级信号拾取器夹在点火线圈上（红正黑负）。需要注意的是，对带三元催化转换器的汽车不能长时间进行此项操作，以防三元催化转换器损坏。在“汽油机测试”菜单中用鼠标左键点击“动力平衡”图标，进入动力平衡测试状态，如图 5-4-22 所示。测试此功能时，建议将发动机转速稳定在其怠速的 150%。

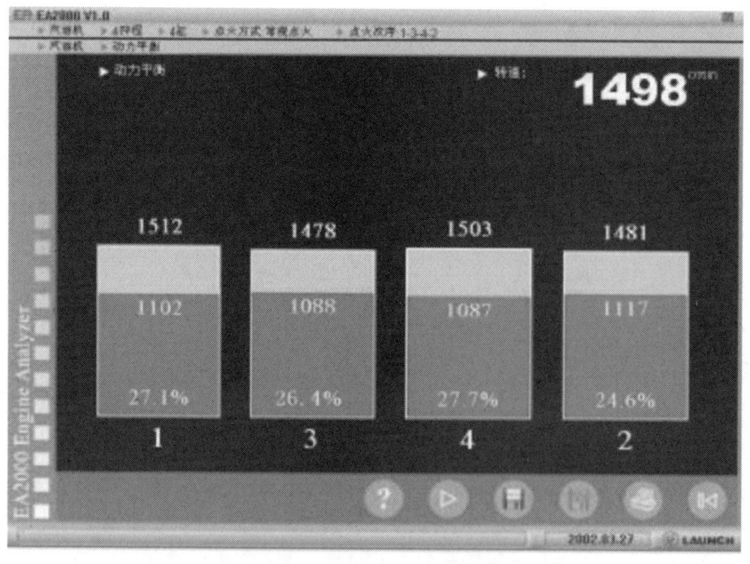

图 5-4-22　动力平衡测试状态

用鼠标左键点击“测试”图标，系统会发出指令，使各个缸依次断火，并自动测定各缸不做功时的转速降，依次显示。在测试过程中“测试”图标变成“停止”图标，用鼠标单击“停止”图标可终止测试。

界面以柱形图显示各缸断缸前后的情况，上面的数字是断缸前转速，中间的数字是断缸后的转速，下面给出了转速下降的百分比，转速降越大，说明该缸工作性能越好。

进行单缸动力性检测时，断火后下降的转速越多，说明该缸动力性越好。

对于四缸发动机，单缸断火后，转速下降 144 ~ 168 r/min 或更高为正常；对于六缸发动机，单缸断火后，转速下降 97 ~ 109 r/min 或更高为正常。气缸单缸断火时转速下降值可参考表 5–5。

表 5–5　气缸单缸断火时转速下降值

发动机缸数	检测时的基础转速（r/min）	气缸转速下降参考值（r/min）
4 缸	1 000	150
6 缸	1 000	100
8 缸	1 000	50

3. 转速稳定性分析

转速分析一般是指发动机怠速稳定性，特别是柴油机，由于其扭矩特性曲线平直，属于硬特性，转速平稳性远不如汽油机，在怠速工况下更为严重，因此，柴油机装配有两极式或全程式调速器，以稳定怠速。EA2000 型发动机综合性能分析仪对汽油机怠速同样具有类似的分析功能，其界面操作说明如下：

（1）将信号钳夹在某一缸高压线上。

（2）在主菜单下用鼠标左键点击“柴油机”，再在其根目录下点击“转速稳定性分析”项目，系统即进入转速测试状态，并显示发动机的实时转速及在 32 个循环内的最高、最低转速，如图 5–4–23 所示。

4. 进气歧管真空压力检测

在检测前，先将点火提前角与进气压力拾取器（1280407）上的橡胶软管通过三通连接到发动机真空管的接头处，将一缸信号拾取器夹在一缸高压线上。

在“汽油机测试”菜单中点击“进气歧管真空度”图标，进入进气歧管真空度测试状态，如图 5–4–24 所示。

进气歧管真空度波形如图 5–4–25 所示，说明如下：

“1”表示进气门在上止点前打开（BTDC）。实现进气提前，此时活塞仍在向上移动，该缸的排气门未完全关闭。

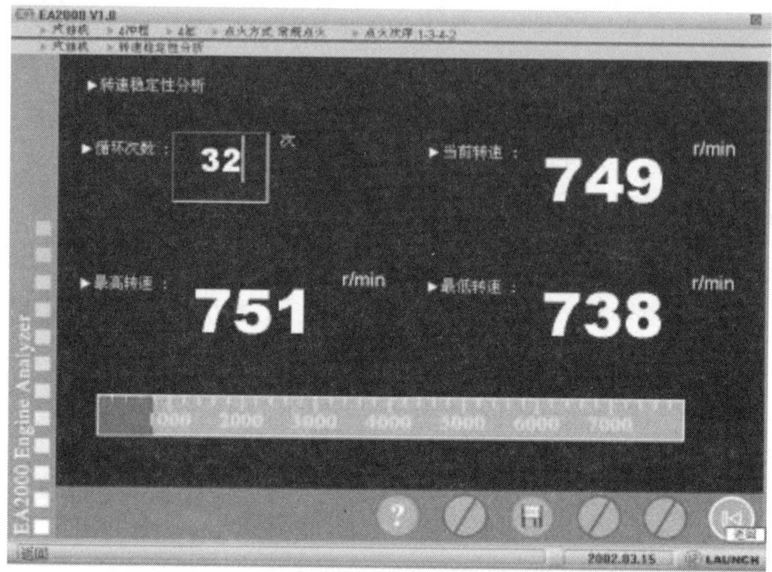

图 5-4-23　转速稳定性分析界面

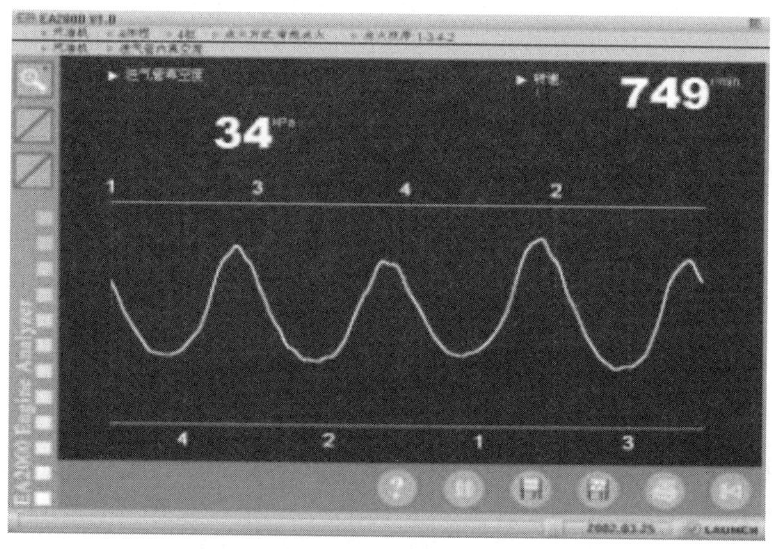

图 5-4-24　进气歧管真空度测试状态

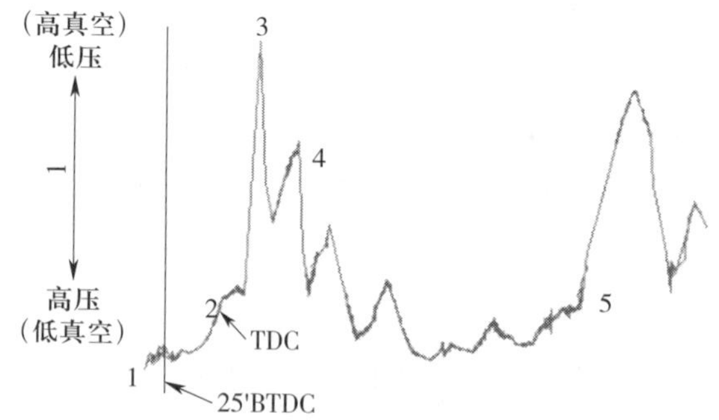

图 5-4-25　进气歧管真空度波形

“2”表示上止点（TDC）。此时进、排气门均开启，有部分气缸中燃烧废气未完全排出，使得进气歧管绝对压力升高。

“3”表示排气门完全关闭。活塞下行，真空度快速增长。从1到3为进、排气门重叠阶段。

“4”表示下止点。由于进气门有迟闭角（利用气流流动惯性，提高充气效率），进气歧管真空度继续增加。

“5”表示进气门完全关闭。

一般电控燃油喷射发动机冷车时进气压力为40～46 kPa，达到正常温度后为36.5～40 kPa；一缸火花塞不点火，进气压力会升高6.7 kPa；一缸进气门漏气，进气压力会上升13.4 kPa；点火正时比标准值提前三度，进气压力会下降3.3 kPa。

用鼠标左键点击“测试”，系统即可进行自动检测并显示进气歧管内真空度波形、发动机当前转速；点击左上侧“放大倍数”图标，选择相应的放大倍数以便仔细观察波形。注意缩放功能只有在测试状态下起作用，在停止状态下不起作用。

5. 无外载测功

无外载测功是指发动机在加速运行过程中，克服其本身的旋转元件的惯性阻力矩所输出的功率，要求在检测前应输入起始转速、终止转速和当量转动惯量。由于不同型号的发动机对应不同的当量转动惯量，即使是同一型号的发动机，由于其润滑油温度、活塞与气缸的摩擦阻力等不同，其当量转动惯量也不同。本功能可用于车辆修理前后的动力性对比和汽车综合性能检测站的车辆等级评定。

（1）将喷油压力传感器夹在某一缸高压油管上。

（2）在主菜单下用鼠标左键点击“柴油机”，再在其目录下点击“无外载测功”，系统即进入无外载测功测试界面。

（3）设定起始转速n_1（发动机怠速的150%）、终止转速n_2（发动机最高转速的75%）和当量转动惯量，一般乘用车的当量转动惯量为0.2～0.5，货车的当量转动惯量为2.0～5.0。

（4）用鼠标左键点击“测试”，系统开始倒记数，记数为零时，有蓝色色棒开始显示，此时请迅速踩下汽车加速踏板，使发动机尽可能快地提高转速，当发动机转速超过设定的终止转速n_2时，松开加速踏板，使发动机自然回到怠速工况（整个加速过程必须在蓝条显示期间完成）。系统将自动检测并显示发动机的加速时间及输出功率，如图5-4-26所示。

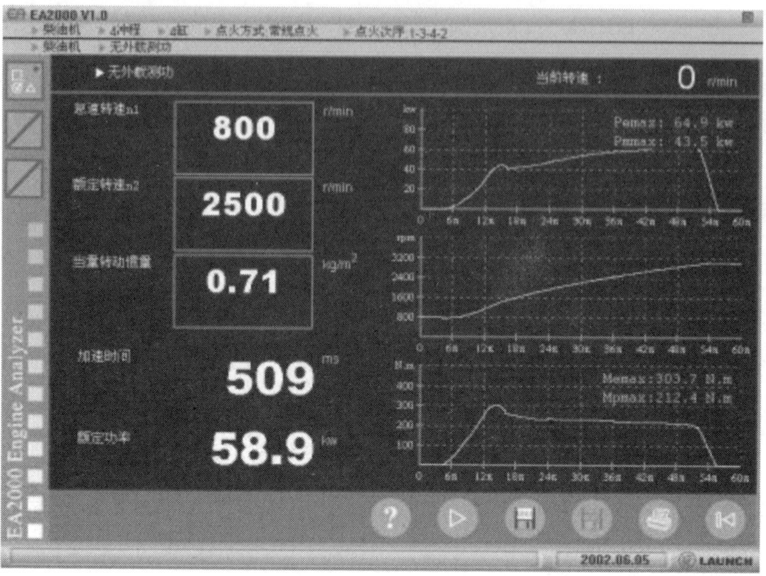

图 5-4-26　无外载测功显示界面

模块六 汽车底盘检测

汽车底盘包括传动系、行驶系、转向系和制动系。各零部件由于长期使用，会出现磨损、疲劳、变形和老化等，使技术状况逐渐恶化。如不及时发现和解决，将直接影响整车行驶的操纵性和安全性。同时，还影响发动机动力的传递和燃油的消耗。因此，汽车底盘技术状况的检测是汽车检测的重点之一。

任务 1　离合器打滑的检测

学习目标

1. 能正确就车检测离合器打滑。
2. 能正确使用离合器打滑频闪测试仪进行离合器打滑的检测。

离合器打滑会使发动机的动力不能有效传递到输出驱动轮上，并使离合器自身过热，加剧磨损、烧焦甚至损坏。

一、就车检测离合器打滑

将车辆放置在平地上，拉紧驻车制动器，启动发动机，预热后，按常规动作起步（驻车制动器仍拉紧），若离合器放尽后，发动机没有熄火，说明离合器打滑；若离合器放尽后，发动机熄火，说明离合器没有打滑。

二、用离合器打滑频闪测试仪进行检测

离合器打滑频闪测试仪可用来检测离合器是否有打滑现象。离合器打滑频闪测试仪

主要由透镜、闪光灯、电阻器、电容器、电源和传感器等组成，其结构如图 6–1–1 所示，电源采用车上蓄电池。

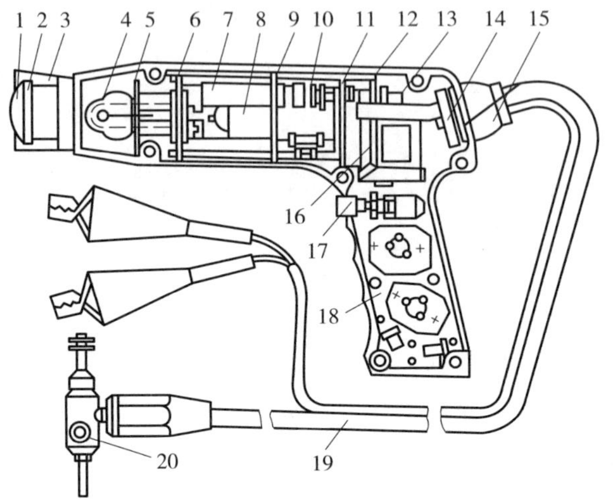

图 6–1–1　离合器打滑频闪测试仪的结构

1—环　2—透镜　3—框架　4—闪光灯　5—护板　6、9、11、12、18—隔板　7—电阻器　8、10—电容器　13—二极管　14—支持器　15—座套　16—变压器　17—开关　19—导线　20—传感元件

使用该仪器时，须由发动机火花塞给仪器内高压电极输入电脉冲信号。火花塞每跳火一次，闪光灯就亮一次，且闪光频率与发动机转速成正比。离合器打滑的检测可在底盘测功试验台或车速表试验台上进行，无试验台的可支起驱动桥进行检测。检测中应挂入直接挡，使汽车原地运转，必要时可使用行车制动器或驻车制动器，以增加驱动轮或传动系负荷。将闪光灯发出的光亮点投射到传动轴的某一点（可预先设置标记）。若离合器不打滑，传动轴上某点与光亮点同步，看起来传动轴似乎不转动；若传动轴上某点与光亮点不同步，而是逐渐滞后于光亮点，并看到传动轴似乎在慢慢转动，说明离合器打滑。

任务 2　传动系游动角度的检测

学习目标

1. 能正确使用指针式游动角度检测仪进行游动角度的检测。
2. 能正确使用数字式游动角度检测仪进行游动角度的检测。
3. 能正确对传动系游动角度的检测结果进行分析。

传动系游动角是指离合器、变速器、万向传动装置和驱动桥各总成游动角度之和，它反映了各部件的磨损和总成调整技术状况。由于各种车型（系）结合零件的啮合间隙不相同，换算到传动轴处的游动角度必然存在差异，一般在用汽车应小于 26.6°，大修竣工出厂汽车应小于 15.2°。

传动系游动角度可用指针式游动角度检测仪和数字式游动角度检测仪进行分段测量。

一、用指针式游动角度检测仪检测

1. 结构与工作原理

指针式游动角度检测仪主要由指针、刻度盘和测量扳手组成。指针固定在驱动桥主动轴上，刻度盘则固定在主传动器壳上，如图 6–2–1a 所示。测量扳手一端带有 U 形卡嘴，以使其卡在十字万向节上。为了适应多种车型，卡嘴上带有可更换的钳口。测量扳手另一端有指针和刻度盘，可指示转动扳手的转矩值，如图 6–2–1b 所示。

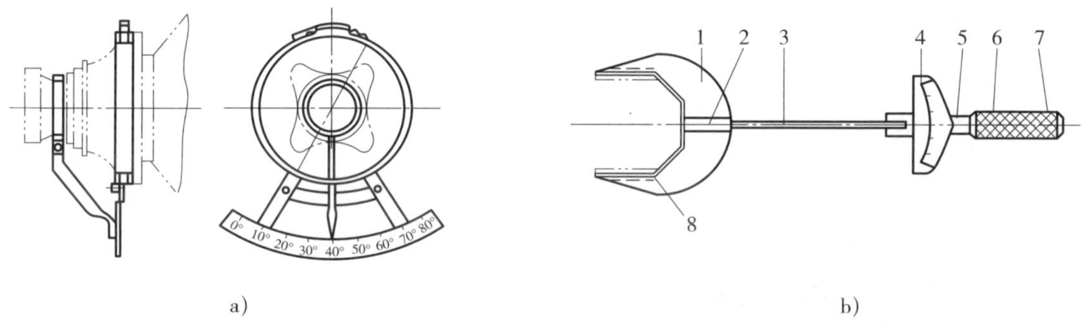

图 6–2–1　指针式游动角度检测仪

a）指针与刻度盘的安装　b）指针式扭力扳手

1—卡嘴　2—指针座　3—指针　4—刻度盘　5—手柄　6—手柄套筒　7—定位销　8—可换钳口

检测传动系游动角度时，将测量扳手卡在万向节上，用不小于 30 N · m 的转矩转动，使之从一个极端位置转动到另一个极端位置，刻度盘上指针转过的角度即为所测游动角度值。

2. 测量与使用方法

传动系游动角度的检测应分段进行，具体检测方法如下：

（1）驱动桥游动角度的检测。变速器挂空挡，驻车制动器松开，驱动轮制动，将测量扳手卡在驱动桥主动轴万向节的从动叉上，即可测得驱动桥的游动角度。

（2）万向传动装置游动角度的检测。与测驱动桥游动角度的方法基本相同，只是将测量扳手卡在变速器后端万向节的主动叉上。此时获得的游动角度减去驱动桥的游动角度，即为万向传动装置的游动角度。

（3）离合器和变速器游动角度的检测。放松制动器，离合器处于接合状态，必要时可支起驱动桥，测量扳手仍在变速器后端万向节的主动叉上，依次挂入各挡，即可获得不同挡位下从离合器到变速器的游动角度。

对上述三段游动角度求和，即可获得传动系游动角度。

二、用数字式游动角度检测仪检测

1. 结构与工作原理

数字式游动角度检测仪由倾角传感器和测量仪两部分组成，两者以电缆相连接，如图 6–2–2 所示，其检测范围为 0°～70°，使用的电源为 AC 220 V ± 15%、50 Hz。

（1）倾角传感器。倾角传感器的作用是将传感器外壳随传动轴游动的倾斜角转换为相应频率的电振荡。传感器外壳是一个长方形的壳体，其上部开有 V 形槽，并配有带长扣的尼龙带，可方便地固定在传动轴上，其内部结构如图 6–2–3 所示。

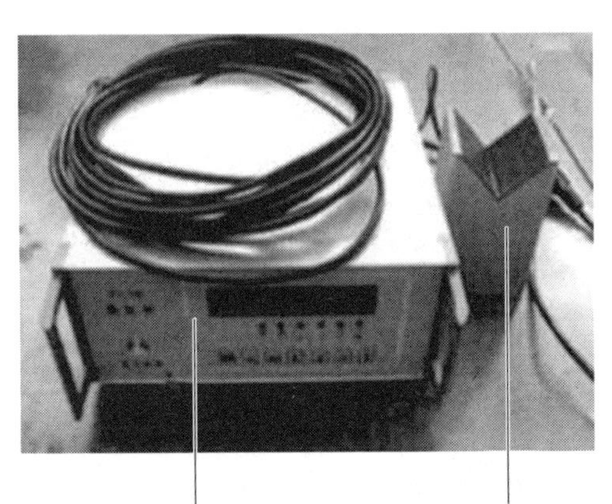

图 6–2–2　数字式游动角度检测仪实物图

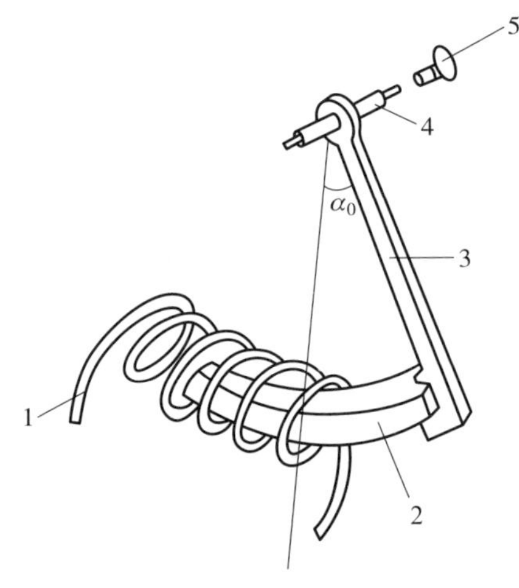

图 6–2–3　倾角传感器的结构

1—弧形线圈　2—弧形铁氧体磁棒　3—摆杆　4—心轴　5—轴承

（2）测量仪。测量仪实际上是一台专用的数字式频率计，其工作原理是：由传感器送来的电振荡信号经计数门进入主计数器，在置成的补数基础上累计脉冲数。计数结束后，在锁存器接收脉冲作用下，将主计数器的结果送入寄存器，并由荧光数码管将结果显示出来。

2. 测量与使用方法

利用数字式游动角度检测仪检测时，应先将其传感器固定在被测轴上，再左右转动被测轴至两极限位置，使传感器检测出被测轴游动角度的信号，然后通过测量仪记下传感器在两极限位置的倾斜角度，两角度之差即为被测轴的游动角度。检测时，传感器始终固定在传动轴上，其各段的检测方法如下：

（1）万向传动装置游动角度的检测

将传动轴置于驱动桥游动范围的中间或将驱动桥支起，进行驻车制动，左右转动传动轴至极限位置，测量仪显示出两个极限位置时传感器的倾斜角度，两角度之差即为万向传动装置的游动角度，该角度不包括传动轴与驱动桥之间万向联轴器的游动角度。

（2）离合器和变速器各挡位游动角度的检测

放松驻车制动，变速器挂入选定挡位，离合器处于接合状态，传动轴位于驱动桥游动范围的中间，左右转动传动轴至极限位置，测量仪显示的两角度之差再减去已测得的万向传动装置的游动角度，即为离合器与变速器在选定挡位下的游动角度之和。

（3）驱动桥游动角度的检测

将变速器挂入空挡，放松驻车制动，踩下制动踏板，左右转动传动轴至极限位置，测量仪上显示的两角度之差即为驱动桥游动角度与传动轴至驱动桥之间万向节的游动角度之和。

上述三段游动角度之和即为所检测的传动系游动角度。

三、检测结果分析

1. 游动角度产生原因

传动系游动角度实际上是传动系统各传动副间隙的总体反映，主要包括变速器、主减速器、差速器中的齿轮啮合间隙；变速器输入轴、传动轴、半轴的花键连接间隙；万向节中十字轴颈与滚针轴承的间隙，以及滚针轴承与万向节间的间隙。在动力传递过程中，各传动副由于相对滑移而导致磨损，因此各传动副间的间隙逐渐增大。因此，传动系游动角度过大，可能由下列一个或多个原因引起。

（1）离合器从动盘与变速器第一轴配合松旷。

（2）变速器中各对传动齿轮的啮合间隙过大，或滑动齿轮与花键轴配合松旷。

（3）万向传动装置的万向节松旷或伸缩节花键配合松旷。

（4）驱动桥内各对齿轮啮合间隙过大、轴承松旷，或半轴齿轮与半轴花键配合松旷。

通过传动系各游动角度的分段检测可以找到游动角度过大的具体原因。

2. 游动角度检测标准

传动系游动角度过大时，传动系的工作条件将会恶化，配合副零件磨损剧烈，传动损失功率增大，从而使传动系统传动效率降低，传动噪声增大。因此，应控制传动系的游动角度，使其在规定的范围内。

传动系各总成和机件的磨损与其间隙存在密切关系，游动角度随汽车行驶里程呈近似线性增长，因此，游动角度可作为诊断参数评价传动系的技术状况。由于游动角度可分段检测，因此游动角度还可用于对传动系有关总成或机件的技术状况进行检测。

对于多桥驱动的汽车，当需要检测每一段的游动角度时，传感器应分别固定在变速器与分动器之间的传动轴、前桥传动轴、中桥传动轴和后桥传动轴上。中型载货汽车传动系游动角度及各分段游动角度见表 6–1。

表 6–1　　游动角度参考数据（中型载货汽车）

部位	游动角度	部位	游动角度
离合器与变速器	≤5° ~ 15°	驱动桥	≤55° ~ 65°
万向传动装置	≤5° ~ 6°	传动系	≤65° ~ 86°

任务 3　滑行距离的检测

学习目标

1. 能正确使用底盘测功试验台进行滑行距离的检测。
2. 能正确进行道路试验来检测滑行距离。

滑行距离是指汽车加速到某预定速度后，摘挡脱开发动机，利用汽车的惯性继续行驶直到停车的过程。滑行试验的目的是测定汽车车轮滚动阻力，车身空气阻力和动力传动系的各种阻力。滑行距离可以在底盘测功试验台上检测，也可以在道路试验中检测。

一、用惯性式底盘测功试验台检测滑行距离

被测汽车的轮胎气压应符合规定值，传动系润滑油油温不低于 50 ℃。根据被测车辆的质量选定底盘测功试验台的相应当量惯量。当底盘测功试验台所配备的飞轮系统的惯量级数不能准确满足被测车辆的当量惯量时，可选配与被测车辆装备质量最接近的转动惯量级。

将被测车辆开上惯性式底盘测功试验台，如图 6–3–1 所示，用驱动轮带动底盘测功。启动汽车，按引导系统的提示加速至高于规定滑行初速度（30 km/h）后，迅速踩下离合器踏板，变速器置入空挡，直至滚筒停止转动为止，从底盘测功试验台指示仪表上直接读取滑行长度，单位为 m。车辆滑行距离要求见表 6–2。

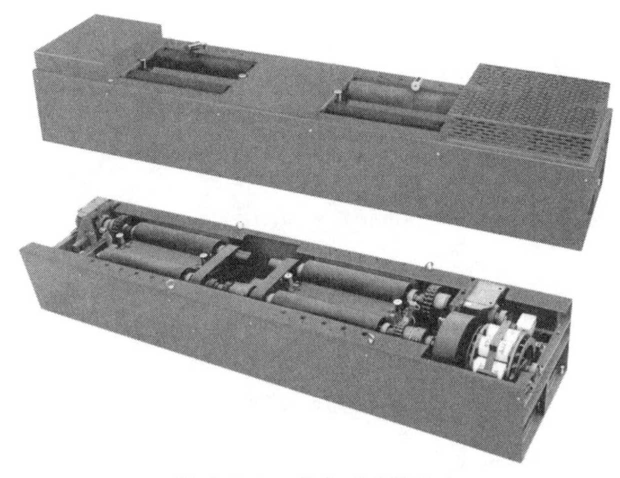

图 6–3–1　底盘测功试验台

表 6–2　　车辆滑行距离要求

汽车装备质量 *M*/kg	双轴驱动车辆滑行距离 /m	单轴驱动车辆滑行距离 /m
M<1 000	≥104	≥130
1 000≤*M*≤4 000	≥120	≥160
4 000<*M*≤5 000	≥144	≥180
5 000<*M*≤8 000	≥184	≥230
8 000<*M*≤11 000	≥200	≥250
M>11 000	≥214	≥270

二、道路试验检测滑行距离

将第五轮仪（图 6–3–2）安装在被测汽车后部或侧面的适当位置，在规定的试验路段，汽车以 50 km/h 的稳定车速驶入测量区间始端线，立即踩下离合器踏板，变速器置入空挡，直至汽车停止滑行。从第五轮仪的二次仪表读取滑行初速度和滑行距离。进行滑行距离试验时，驾驶员不得转动转向盘，试验次数不少于两次，往返区段应尽量重合。

图 6–3–2　第五轮仪

任务 4　自动变速器的检测

学习目标

1. 能正确进行自动变速器的基础检测。
2. 能正确进行自动变速器的手动换挡试验。
3. 能正确进行自动变速器的机械试验。
4. 能正确进行自动变速器电控系统检测。

自动变速器由液力变矩器、齿轮变速系统、电子控制系统、液力控制系统和换挡执行器等组成。自动变速器是一个比较复杂的系统，且型号各异，应根据各自的结构特点和故障现象进行检测与诊断。

自动变速器性能的检测是判断自动变速器故障的基础，其检测内容可分为基础检测、手动换挡试验和机械试验（机械试验又包括失速试验、换挡迟滞试验、油压试验、道路试验和液力变矩器试验）。

一、基础检测

1. 自动变速器液面高度检查

在做任何自动变速器检测或故障诊断前，要先进行液面高度检查，方法如下：

（1）将汽车停放在水平地面上，拉紧驻车制动手柄，使发动机怠速运转（至少 1 min）。

（2）踩住制动踏板，将换挡操纵手柄拨至倒挡（R 位）、空挡（N 位）、前进挡（D 位）、运动挡（S 位）、低速挡（L 位）等位置，并在每个挡位上停留数秒，使液力变矩器和所有换挡执行元件中都充满自动变速器油，最后将操纵手柄拨至停车挡（P 位）位置。

（3）从加油管内拔出油尺，擦净后插入加油管内再拔出，检查油尺上的液面高度，如图 6-4-1 所示。

如果自动变速器处于冷态（即冷车刚刚启动，自动变速器油的温度较低，为温室或低于 25 ℃），液面高度应在油尺刻线的下限附近；如果自动变速器处于热态（如低速行驶 5 min 以上，自动变速器油的温度已达 70～80 ℃），液面高度应在油尺刻线的上限附近。

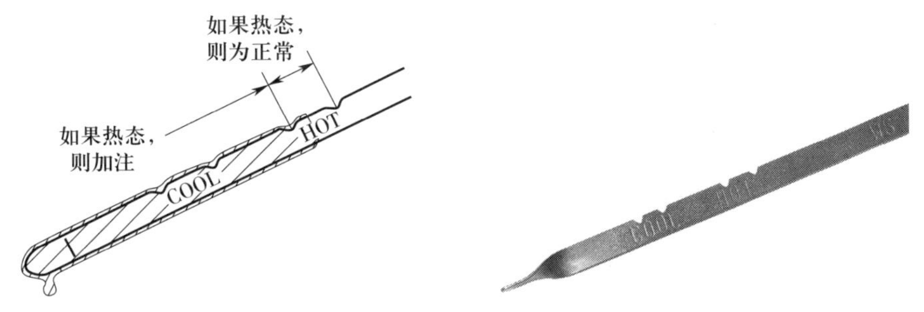

图 6-4-1　检查油尺

若液面过低，应向加油管中补充自动变速器油，直至液面高度符合标准为止。继续运转发动机，检查自动变速器油底壳、油管接头等处是否漏油，如果漏油，应立即予以修复。

2. 自动变速器油品质的检查

自动变速器油的状态是自动变速器工作状态的集中反映，因此应经常观察自动变速器油的颜色和气味的变化，并据此判断自动变速器油的品质好坏和能否继续使用。在检查自动变速器油时，从油尺上嗅一嗅油液气味，用手指蘸少许油液并在手指间互相摩擦，检查是否有渣粒。自动变速器油的状态与常见故障原因见表 6-3。

表 6-3　　自动变速器油的状态与常见故障原因

油液状态	原因及处理方法
透明、呈粉红色	正常
颜色发白、浑浊	水分已进入油中，应检查密封件，特别是处于散热器下水室内的变速器机油冷却器是否锈蚀、腐烂
黑色、发稠，油尺上黏附有胶质油膏	变速器油温过高
变成深褐色、棕色	1. 油液使用时间过长，应及时更换 2. 长期高负荷运转，或某些部件打滑、损坏，引起变速器过热
有金属屑或黑色颗粒	离合器片、单向离合器磨损严重
油液有烧焦味	1. 油温过高，油面过低 2. 变速器机油冷却器、滤清器或管路堵塞
油液从加油管溢出	1. 油面过高 2. 通气塞脏污、堵塞，需清洁、通气

3. 节气门全开检查

节气门开度影响着自动变速器的换挡时间，将加速踏板踩到底，节气门应全开；松开加速踏板，节气门应回到怠速位置。

节气门能否全开直接关系到发动机输入功率是否正常，若加速踏板踩到底而节气门不能全开，会引起发动机加速不良、全负荷时发动机输出功率不足及汽车的最高车速下降。

4. 空挡启动开关检查

配备自动变速器的发动机只能在空挡（N）和停车挡（P）时才能启动，其他挡位是不能启动的。因此，若自动变速器有异常，应调节空挡起动开关螺栓和开关电路，其调整方法如下：

（1）空挡起动开关的检查和调整如图 6-4-2 所示，拧松空挡起动开关螺栓，然后将换挡杆放至“N”位置。

（2）将图 6-4-2 所示的凹槽口对准空挡基准线。

（3）保持在该位置，拧紧螺栓。

图 6-4-2　空挡起动开关的检查和调整

5. 发动机怠速检查

发动机怠速不正常，特别是怠速过高，会使自动变速器工作不正常，出现换挡冲击现象。检查发动机怠速时，应将自动变速器换挡操纵手柄置于停车挡（P）或空挡（N）位置。通常自动变速器的汽车发动机怠速为 750 r/min。

发动机怠速过高或过低，均可导致自动变速器工作不正常。当怠速过低时，挡位转换易引起车身振动，严重时可导致发动机熄火；怠速过高时，则会产生过度的换挡冲击。若怠速不符合标准，过高或过低均应予以调整。

6. 换挡杆位置检查

换挡杆应平滑、准确地换到每个挡位，挡位指示器应正确地指示挡位，图 6-4-3 所示为换挡控制轴杆的检查。如挡位指示器与换挡杆位置不符，应按以下顺序予以调整：

图 6-4-3　换挡控制轴杆的检查

（1）拧松换挡杆的螺母。

（2）将换挡控制轴杆向后推到底。

（3）将换挡控制轴杆退回到两个缺口位置（此位置为停车挡“N”位置）。

（4）将换挡杆定在“N”挡。

（5）将换挡杆略向“R”挡一侧握住，拧紧换挡杆螺母。

二、手动换挡试验

手动换挡试验是指人为地使自动变速器脱离车上自动变速器电子控制单元 ECU 的控制，由测试人员手动进行的各挡位试验。

1. 试验目的

手动换挡试验的目的是区别故障存在于电子控制系统还是机械系统（包括液力变矩器、齿轮变速器和换挡执行器）或液压控制系统，以缩小故障检测范围。

2. 试验方法

（1）松开自动变速器的所有换挡电磁阀线束插接器，使 ECU 不能通过换挡电磁阀来控制换挡。

（2）确定自动变速器换挡杆位置与挡位的关系，不同车型（系）在松开换挡电磁阀线束插接器后，挡位和换挡杆的关系不完全相同，应参照具体车型（系）维修手册确定其关系。丰田 U341E 自动变速器手动换挡试验时换挡杆与各挡位的关系见表 6–4。

表 6–4　　U341E 自动变速器手动换挡试验时换挡杆与各挡位的关系

换挡杆位置	P	R	N	D	3	2	L
实际挡位	停车挡	倒挡	空挡	三挡	三挡	三挡	三挡

三、机械试验

自动变速器机械试验的内容包括失速试验、换挡迟滞试验、油压试验、液力变矩器试验和道路试验等。机械试验是在基础试验后确认是机械系统和液压系统故障后进行的试验。下面叙述其中四个试验项目的作用、试验方法和试验结果分析。

1. 失速试验

在前进挡或倒挡中踩住制动踏板并完全踩下加速踏板时，发动机处于最大转矩工况，而此时自动变速器的输出轴及输入轴都静止不动，液力变矩器的涡轮也静止不动，只有液力变矩器壳体及泵轮随发动机一同转动，这种工况称为失速工况，此时的发动机转速称为失速转速。失速试验是检查发动机功率大小、液力变矩器性能好坏及自动变速器中有关换挡执行元件的工作是否正常的一种常用方法。用来诊断可能的机械故障部位，如离合器、制动器的磨损情况等。

（1）失速试验前的准备工作

1）汽车行驶至发动机和自动变速器均达到正常工作温度（油液温度符合要求）。

2）检查汽车的行车制动和驻车制动，确认其性能良好。

3）自动变速器油液面高度，应正常。

（2）失速试验方法和步骤（图 6-4-4）

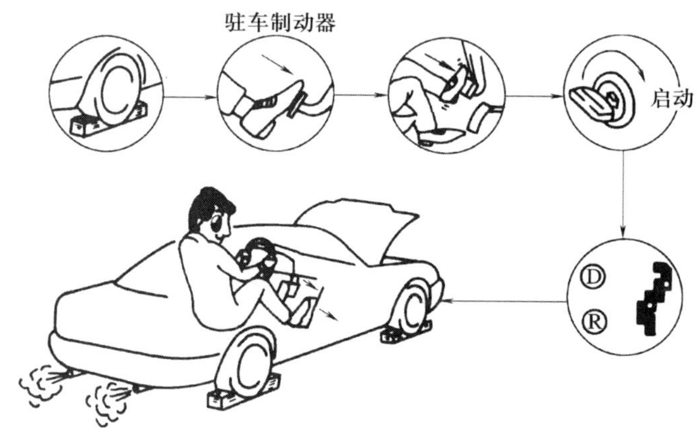

图 6-4-4 失速试验方法和步骤

1）将汽车停放在宽阔的水平地面上，前、后轮用三角木块塞住。

2）用驻车制动器或行车制动器使车辆可靠制动。

3）检查自动变速器油液的温度，应该为 50～80 ℃，液面高度应该正常（冷车应在试验前使其升温）。

4）启动发动机，将换挡操纵手柄拨入前进挡（D）位置。

5）左脚踩紧制动踏板的同时，用右脚将加速踏板踩到底，在发动机转速不再升高时，迅速读取此时的发动机转速，立即松开加速踏板。

6）将换挡操纵手柄拨入停车挡（P）或空挡（N）位置，让发动机怠速运转 1 min，以防止油液温度过高而变质。

7）将换挡操纵手柄拨入倒车挡（R），做同样的试验。

在失速工况下，发动机的动力全部消耗在液力变矩器内自动变速器油的内部摩擦损耗上，油温会急剧上升，因此在失速试验中，从加速踏板踩下到松开的整个过程的时间不得超过 5 s，试验次数不得多于 3 次，否则会使自动变速器油因温度过高而变质，甚至损坏密封圈等零件。在一个挡位试验完成后，不要立即进行下一个挡位的试验，要等油温下降之后再进行。试验结束后不要立即熄灭发动机，应将换挡操纵手柄拨入空挡（N）或停车挡（P）位置，使发动机怠速运转数分钟，以便让自动变速器油温度降至正常。如果在失速试验中发现驱动轮因制动力不足而转动，应立即松开加速踏板，停止试验。

（3）失速试验结果分析

不同车型的自动变速器都有其失速转速标准值，大部分自动变速器的失速转速标准值为 2 300 r/min 左右，如丰田 U341E 自动变速器失速转速为 2 400 ± 300 r/min。若失速转速与标准值相符，说明自动变速器的油泵、主油路油压及各个换挡执行元件的工作基本正常；若失速转速高于标准值，说明主油路油压过低或换挡执行元件打滑；若失速转速低于标准值，则可能是发动机动力不足或液力变矩器有故障。例如，当液力变矩器中导轮的单向超越离合器打滑时，液力变矩器在液力耦合的状态下工作，其变矩比下降，从而使发动机的负荷增大，转速下降。不同挡位失速转速不正常的原因见表 6–5。

表 6–5　　不同挡位失速转速不正常的原因

换挡操纵手柄位置	失速转速	故障原因
所有位置	过高	主油路油压过低
		前进挡和倒挡的换挡执行元件打滑
		低挡及倒挡制动器打滑
	过低	发动机动力不足
		液力变矩器导轮的单向超越离合器打滑
仅在“D”挡	过高	前进挡油路油压过低
		前进挡离合器打滑
仅在“R”挡	过高	倒挡油路油压过低
		倒挡及高挡离合器打滑

2. 换挡迟滞试验

在发动机怠速运转时，将换挡操纵手柄从空挡（N）位置拨至前进挡（D）或倒挡（R）位置后，需要有一段短暂时间的迟滞或延时才能使自动变速器完成挡位的结合（此时汽车产生一个轻微的振动），这一短暂的时间称为自动变速器换挡的迟滞时间。换挡迟滞试验就是测出自动变速器的迟滞时间，根据迟滞时间的长短来判断主油路油压、油路密封情况以及离合器和制动器的磨损情况。换挡迟滞试验的步骤和试验方法如图 6–4–5 所示。

（1）汽车行驶至发动机和自动变速器达到正常工作温度。

（2）将汽车停放在水平地面上，拉紧驻车制动器操纵手柄。

（3）检查发动机怠速，如不正常，应按标准予以调整。

图 6-4-5　换挡迟滞试验的步骤和试验方法

（4）将自动变速器换挡操纵手柄从空挡（N）位置拨至前进挡（D）位置，用秒表测量从拨动换挡操纵手柄开始到感觉到汽车振动为止所需的时间，称为“N”→“D”迟滞时间。

（5）将换挡操纵手柄拨至空挡（N）位置，使发动机怠速运转 1 min 后，再重复做一次同样的试验。

（6）做三次试验，取其平均值。

（7）按照上述方法，将换挡操纵手柄由空挡（N）位置拨至倒挡（R）位置，以测量“N”→“R”迟滞时间。大部分自动变速器“N”→“D”迟滞时间小于 1.2 s，“N”→“R”迟滞时间小于 1.5 s。若“N”→“D”迟滞时间过长，说明主油路油压过低，前进挡离合器摩擦片磨损过甚或前进挡单向超越离合器工作不良；若“N”→“R”迟滞时间过长，说明倒挡主油路油压过低，倒挡离合器或倒挡制动器磨损过甚或工作不良。

3. 油压试验

油压试验是在自动变速器工作时，测量液压控制系统各回路的压力元件的功能是否正常，目的是检查液压控制系统各管路及元件是否漏油及各元件（如液力变矩器、蓄压器等）是否工作正常，是判别故障在液压控制系统还是在机械系统的主要依据。

（1）油压试验前的准备

1）汽车行驶至发动机及自动变速器达到正常工作温度。

2）将车辆停放在水平地面上，检查自动变速器油的液面高度。如不正常，应予以调整。

3）准备一个量程为 2 MPa 的油压表。

4）找出自动变速器各个油路的测压孔位置。通常在自动变速器外壳上有几个用方头螺塞堵住的测压孔。可用举升机将汽车升起，在发动机运转时分别将各个测压孔的螺塞松开少许，观察各测压孔在换挡操纵手柄位于不同挡位时是否有压力油流出，以此判断该测压孔与哪一油路相通，从而找出各个油路测压孔的位置。具体方法如下：

①不论换挡操纵手柄位于前进挡或倒挡时都有压力油流出的，为主油路测压孔。

②只有换挡操纵手柄位于前进挡时才有压力油流出的，为前进挡油路测压孔。

③只有换挡操纵手柄位于倒挡时才有压力油流出的，为倒挡油路测压孔。

（2）主油路油压测量方法

测量主油路油压时，应分别测出前进挡和倒挡的主油路油压。

1）前进挡主油路油压测量方法

①拆下自动变速器壳体上的主油路测压孔或前进挡油路测压孔螺塞，接上油压表。

②启动发动机，将换挡操纵手柄拨至前进挡（D）位置。

③读出发动机怠速运转时的油压，该油压即为怠速工况下的前进挡主油路油压。

④用左脚踩住制动踏板，同时用右脚将加速踏板完全踩下，在发动机失速工况下读取油压，该油压即为失速工况下的前进挡主油路油压。

⑤将换挡操纵手柄拨至空挡（N）或停车挡（P）位置，使发动机怠速运转 1 min 以上。

⑥将换挡操纵手柄拨至各个前进挡（S、L）位置，重复上述③～⑤的步骤，读出各个前进挡在怠速工况和失速工况下的主油路油压。

2）倒挡主油路油压测量方法

①拆下自动变速器壳体上的主油路测压孔或倒挡油路测压孔螺塞，接上油压表。

②启动发动机，将换挡操纵手柄拨至倒挡（R）位置。

③在发动机怠速运转工况下读取油压，该油压即为怠速工况下的倒挡主油路油压。

④用左脚踩住制动踏板，同时用右脚将加速踏板完全踩下，在发动机失速工况下读取油压，该油压即为失速工况下的倒挡主油路油压。

⑤将换挡操纵手柄拨至空挡（N）位置，使发动机怠速运转 1 min。将测得的主油路油压与标准值进行比较。

不同车型自动变速器的主油路油压不完全相同，应以厂家提供的数据为标准，丰田 U341E 自动变速器主油路油压标准值见表 6–6。若主油路油压不正常，说明油泵或控制系统有故障，丰田 U341E 自动变速器主油路油压不正常的原因见表 6–7。

表 6–6　　主油路油压标准值

测试条件	D 挡时标准值	R 挡时标准值
怠速	372 ~ 412 kPa	553 ~ 623 kPa
失速	1 120 ~ 1 230 kPa	1 660 ~ 1 870 kPa

表 6-7　　主油路油压不正常的原因

测试结果	故障原因
所有位置测量值都偏高	换挡电磁阀 SLT 故障 调压器阀故障
所有位置测量值都偏低	换挡电磁阀 SLT 故障 调压器阀故障 油泵故障
仅在 D 挡压力偏低	D 挡油路漏油 前进挡离合器故障
仅在 R 挡压力偏低	R 挡油路漏油 倒挡离合器故障 一挡和倒挡制动器故障

4. 道路试验

道路试验用以检验各制动器、离合器是否打滑，并观察换挡情况。道路试验是诊断、分析电子控制自动变速器故障最有效的手段之一。此外，电子控制自动变速器在修复之后，也应进行道路试验，以检查其工作性能，检验自动变速器的修理质量。道路试验的内容主要包括检查换挡车速、换挡质量以及换挡执行元件有无打滑。在道路试验之前，应先让汽车以中低速行驶 5 ~ 10 min，使发动机和自动变速器都达到正常工作温度。在道路试验中，如无特殊要求，通常应将模式开关置于普通模式或经济模式位置。道路试验的方法如下：

（1）升挡功能的检查

1）将换挡操纵手柄拨至前进挡（D）位置。

2）踩下加速踏板。

3）节气门开度保持在 1/2 左右。

4）汽车起步加速，检查自动变速器的升挡情况。

升挡时，发动机转速瞬时下降，同时车身有轻微的撞动感。

（2）升挡车速的检查

1）将换挡操纵手柄拨至前进挡（D）位置。

2）踩下加速踏板。

3）使节气门保持在某一固定开度。

4）汽车起步并加速。

5）当观察到自动变速器升挡时，记下升挡车速。

升挡车速标准值（参考）见表 6-8。

表 6–8　　升挡车速标准值（参考）

节气门开度	1→2 挡	2→3 挡	3→4 挡
50%	25 ~ 30 km/h	55 ~ 70 km/h	90 ~ 120 km/h

（3）升挡时发动机转速的检查

1）将换挡操纵手柄拨至前进挡（D）位置。

2）踩下加速踩板。

3）使节气门保持在某一固定开度（如 50%）。

4）汽车起步并加速。

5）当观察到自动变速器升挡时，记下发动机转速值。

升挡时发动机转速标准值（参考）见表 6–9。

表 6–9　　升挡时发动机转速标准值（参考）

节气门开度	1→2 挡	2→3 挡	3→4 挡
50%	900 r/min	2 200 r/min	3 200 r/min

（4）换挡质量的检查

1）将换挡操纵手柄拨至前进挡（D）位置。

2）踩下加速踏板。

3）使节气门保持在某一固定开度（如 50%）。

4）汽车起步并加速。

5）当观察到自动变速器升挡时，感觉换挡时有无冲击感。

换挡时，自动变速器有微弱的冲击感。

（5）锁止离合器工作状况的检查

检查步骤如图 6–4–6 所示。

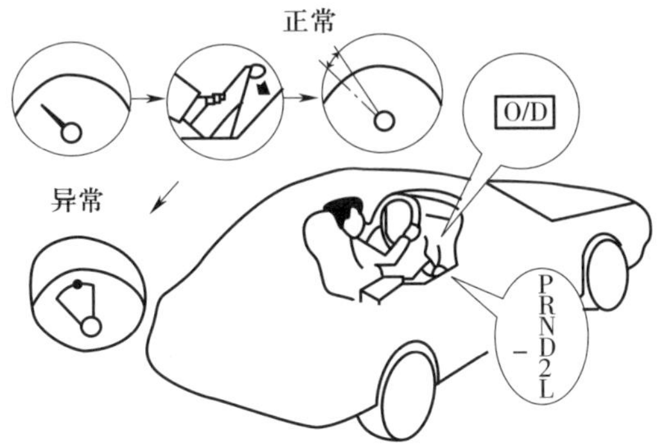

图 6–4–6　锁止离合器工作状况的检查步骤

1）将换挡操纵手柄拨至前进挡（D）位置。

2）踩下加速踏板。

3）使节气门开度保持在低于 1/2 的位置。

4）汽车起步并加速到超速挡。

5）以高于 80 km/h 的车速行驶，使液力变矩器进入锁止状态。

6）快速将加速踏板踩下至节气门 2/3 开度，同时检查发动机转速的变化情况。

加速踏板踩下至节气门 2/3 开度时，发动机转速无明显变化。

（6）发动机制动的检查

1）将换挡操纵手柄拨至前进挡（L）位置。

2）在汽车以 2 挡或 1 挡行驶时，突然松开加速踏板，检查发动机是否有制动作用。

突然松开加速踏板后，车速应立即随之下降。

（7）降挡功能的检查

1）将换挡操纵手柄拨至前进挡（D）位置。

2）保持节气门开度为 1/3 左右。

3）以 2 挡、3 挡或超速挡行驶。

4）将加速踏板完全踩到底，检查自动变速器是否被强制降低一个挡位。

在强制降挡时，发动机转速会突然上升至 4 000 r/min 左右，并随着加速升挡，转速逐渐下降。

（8）其他挡位的检查

1 挡检查：将换挡操纵手柄拨至 1 挡或 L 挡，汽车以最大节气门开度从静止开始加速，正常时，自动变速器应无异响，离合器不打滑，自动变速器不应有升挡现象。

R 挡检查：停车后，将换挡操纵手柄拨至 R 挡，将加速踏板猛踩到底，汽车能无异响地迅速倒车而不打滑为正常。

P 挡检查：先将车辆停放在规定坡度值的坡道上，施加驻车制动，并将换挡操纵手柄拨至 P 挡，然后松开驻车制动，此时汽车不滑动为正常。

四、电控系统的检测

电子控制系统的控制单元 ECU 接收到错误信号后，其自诊断系统能够判断出该信号的异常，并能找出发生故障的部位。随后，错误信息被储存在控制单元中，只要采用适当方法，就可以获得这些错误信息，即故障代码。掌握了故障代码，就能迅速确定可能发生故障的部件。

电子控制系统的故障大多出现在传感器、电磁阀或电子回路的连接处，以及在工作过程中位置发生变动的地方。检查时，首先要注意这些部位是否松脱、弯曲，运动是否灵活。电子控制单元发生故障的可能性往往比较小。

1. 利用故障诊断仪检测

（1）读取故障码

利用汽车故障诊断仪诊断自动变速器电子控制系统的故障十分方便。图 6–4–7 所示为汽车故障诊断仪，通用16PIN诊断接头，无线蓝牙诊断。诊断时，将故障诊断仪的诊断接头与汽车故障检测插座连接，按照一定的操作方式进入系统的自诊断模式，调出自动变速器的故障码。

图 6-4-7　汽车故障诊断仪

（2）检测电子控制系统工作过程

故障诊断仪可对自动变速器ECU及控制电路、传感器、执行器及开关等进行检测，并可将ECU的运行情况和各输入、输出电信号瞬时值，如各传感器的信号、ECU的计算结果、控制模式以及向各执行器发出的控制信号等电路诊断参数在屏幕上显示出来，使自动变速器整个电子控制系统的工作情况一目了然。

（3）模拟试验

通过故障诊断仪向自动变速器ECU发出指令，对汽车进行模拟试验。例如，模拟汽车加速、换挡等各种行驶状态，检测电子控制自动变速器ECU发出的换挡控制、锁止控制、油压控制等各种控制信号是否正常；或模拟某个电磁阀工作，检查其性能是否正常。

2. 检查传感元件

自动变速器ECU是依赖传感器提供的信号进行控制的，一旦传感器损坏或工作不正常，自动变速器电子控制系统将会工作失常，出现故障。自动变速器电子控制系统与发动机电子控制系统共享的冷却液温度传感器、节气门位置传感器、车速传感器等的检查请参见本教材模块五有关内容。

（1）涡轮转速传感器

从传动桥上断开涡轮转速传感器线束插接器，如图6-4-8所示，用万用表电阻挡测量涡轮转速传感器B91端子1与端子2在20 ℃时的电阻值应是560～680 Ω。

图 6-4-8　涡轮转速传感器电路图

连接涡轮转速传感器线束插接器，断开 ECM 插接器，用万用表电阻挡测量 B31 端子 125 与端子 124 之间的电阻值在 20 ℃时应是 560～680 Ω。B31 端子 125 和端子 124 分别与车身搭铁电阻大于 10 kΩ。

（2）自动变速器油（ATF）温度传感器

从传动桥上断开自动变速器线束插接器，电路如图 6-4-9 所示，用万用表电阻挡测量 ATF 温度传感器 B90 端子 1 与端子 6 之间的电阻值，应在 0.079～156 kΩ。ATF 温度传感器采用负温度系数热敏电阻，随温度的升高电阻值降低，10 ℃时电阻值应是 5～8 kΩ，25 ℃时电阻值应是 2.5～4.5 kΩ，110 ℃时电阻值应是 0.22～0.28 kΩ。B90 端子 1 和端子 6 分别与车身搭铁电阻大于 10 kΩ。

将自动变速器线束插接器连接至传动桥，断开 ECM 连接器，测量 B31 端子 72 与端子 95 之间的电阻始终在 0.079～156 kΩ，B31 端子 72 和端子 95 分别与车身搭铁电阻大于 10 kΩ。

图 6-4-9　ATF 温度传感器电路图

3. 检查控制开关

（1）驻车挡 / 空挡位置开关的检测

1）电压的检查

断开驻车挡 / 空挡位置开关插接器，将点火开关置于 ON 位置，如图 6-4-10 所示，用万用表的电压挡测量 B88 端子 2（RB）与车身搭铁电压，电压应是 11～14 V；测量 B88 端子 4（B）与车身搭铁电压，电压也应是 11～14 V。

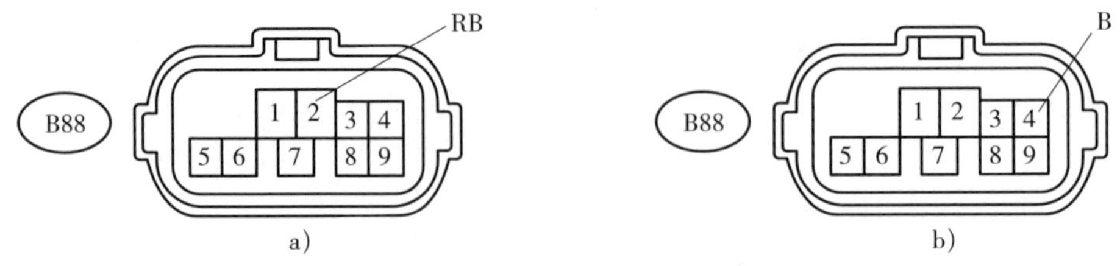

图 6-4-10　驻车挡 / 空挡位置开关电压的检查

a）端子 2 与车身搭铁电压　b）端子 4 与车身搭铁电压

2）电阻的检查

断开驻车挡 / 空挡位置开关插接器，依次改变换挡操纵手柄的位置，用万用表的电阻挡依次检测驻车挡 / 空挡位置开关总成各端子间的电阻值，如图 6–4–11 所示，横线相连的两个端子间的电阻值应小于 1 Ω。

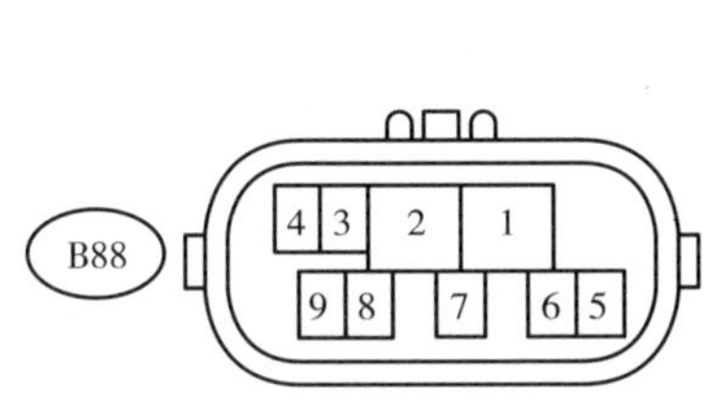

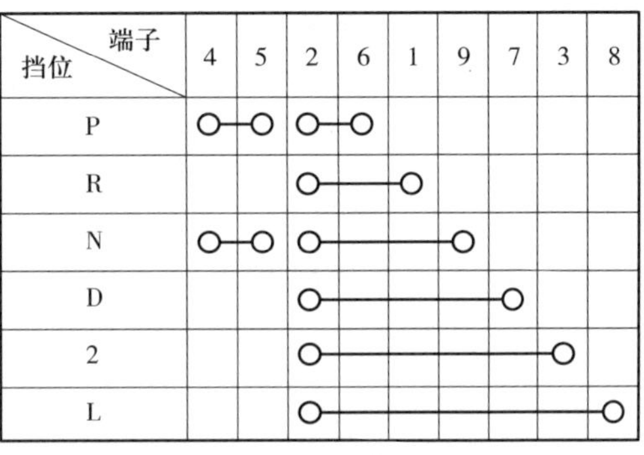

挡位＼端子	4	5	2	6	1	9	7	3	8
P	○	○	○	○					
R			○	—	○				
N	○	○	○	—	—	○			
D			○	—	—	—	○		
2			○	—	—	—	—	○	
L			○	—	—	—	—	—	○

图 6–4–11　驻车挡 / 空挡位置开关各挡电阻的检查

（2）制动开关的检测

1）电压的检查

安装制动开关总成及插接器，断开 ECM 插接器，制动开关电路如图 6–4–12 所示，用万用表的电压挡测量 A50 端子 36 与车身搭铁电压，踩下制动踏板电压应是 11～14 V，松开制动踏板电压应低于 1 V。

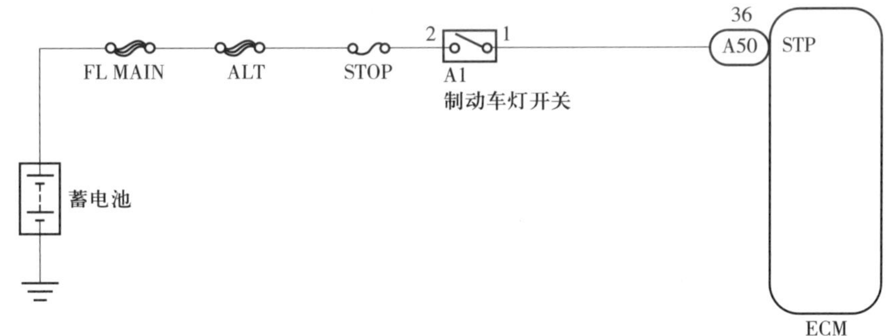

图 6–4–12　制动开关电路图

2）电阻的检查

断开制动开关插接器，拆下制动开关总成，如图 6–4–13 所示，用万用表的电阻挡测量端子 1 和端子 2 之间的电阻。松开开关销时电阻应小于 1 Ω，推入开关销时电阻大于或等于 10 kΩ。测量端子 3 和端子 4 之间的电阻，推入开关销时电阻应小于 1 Ω，松开开关销时电阻大于或等于 10 kΩ。

4. 检查电磁阀

电磁阀的检查可分成两部分进行，一部分是检查电磁线圈，另一部分是检查电磁阀的机械运动是否顺畅。

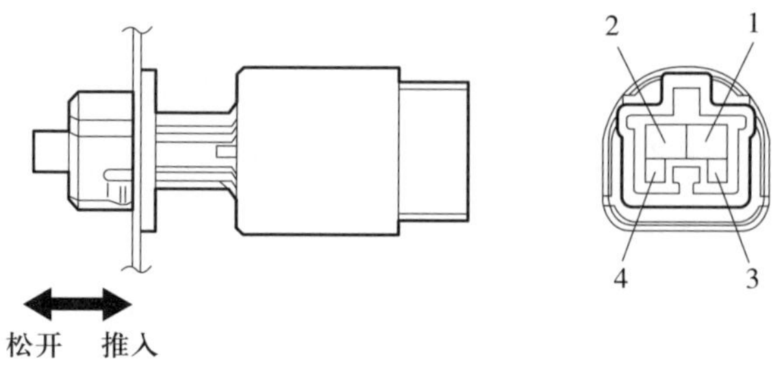

图 6–4–13　制动开关总成电阻的检查

（1）检查电磁阀的电阻

电磁线圈由金属丝缠绕制成，能测出一定的阻值，这是检查电磁线圈的基本原理。拆下电磁阀，如图 6–4–14a 所示，用万用表电阻挡测量电磁阀的阻值，一般为 20～40 Ω。测量值小于标准范围说明电磁线圈短路；反之，说明电磁线圈断路。

（2）检查电磁阀的动作

如图 6–4–14b 所示，将 21 W 灯泡的正极引线连接至电磁阀连接器的端子 2，并将负极引线连接至电磁阀连接器的端子 1，然后检查电磁阀的运动情况。电磁阀应发出工作声音。

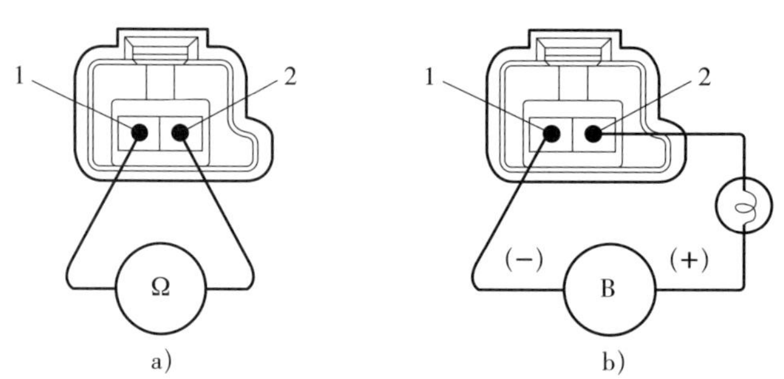

图 6–4–14　检查电磁阀

a）检查电磁阀电阻　b）检查电磁阀动作

5. 检查电子控制单元

由于电子控制单元布置在汽车上比较安全、可靠的地方，而且在工作过程中各部分之间没有相对位移，因此它很少出现故障，是自动变速器电控系统中故障率最低的元件。

与其他电子元件相似，过大的电流也会造成电子控制单元损坏，因此需要检查发动机和自动变速器电子控制单元接头端子间的电压。不同型号的电控自动变速器电子控制单元接头的位置和端子间的电压是不同的，在检查时，应将所测值与相应车型给定的标准值进行对比。

任务 5　电子控制悬架系统的检测

学习目标

1. 能正确进行电子控制悬架系统的功能检查。
2. 能正确进行电子控制悬架系统故障自诊断系统的检测。

电子控制悬架系统通过在汽车行驶过程中自动控制悬架的刚度、高度及阻尼，能够较好地保持汽车的乘坐舒适性和操纵稳定性。下面以雷克萨斯 LS400 为例，说明其检修过程。

一、功能检查

电子控制悬架系统的功能检查包括汽车高度调整功能检查、溢流阀检查、漏气检查和汽车高度调整，其检查步骤如下。

1. 汽车高度调整功能检查

操作高度控制开关检查汽车高度变化，来确认其高度调整功能。

（1）高度控制开关设置在变速操纵杆指示器附近，主要用于选定车高控制模式，即“正常”（NORM）和“增高”（HIGH），如图 6–5–1 所示。

（2）检查轮胎气压是否正常。

（3）测量汽车高度。

（4）启动发动机，将高度控制开关从“NORM”位置转换到“HIGH”位置，其高度变化量为 10～30 mm。从操作高度控制开关到压缩机的确认时间为 2 s，从压缩机启动到高度调整完成时间为 20～40 s，如图 6–5–2 所示。

2. 溢流阀检查

控制阀是根据电子控制悬架系统 ECU 的指令控制各个空气弹簧、压缩空气的输入，在后悬架控制阀中设有溢流阀，用于防止空气管路内压力异常增高，其检查步骤如下：

（1）将点火开关转到“ON”并使高度控制插接器的端子 1 和 7 连接以使压缩机工作，如图 6–5–3 所示。

（2）待压缩机工作一段时间后，检查溢流阀是否放气，若不能放气，应检查压缩机、溢流阀是否工作不良，以及管路是否漏气，如图 6–5–4 所示。

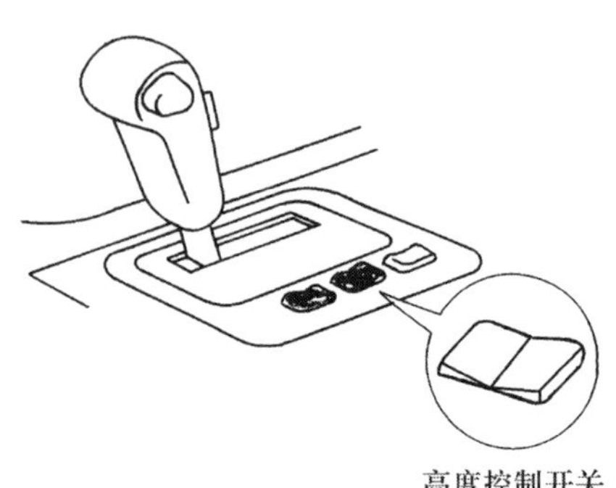

图 6-5-1　高度控制开关位置

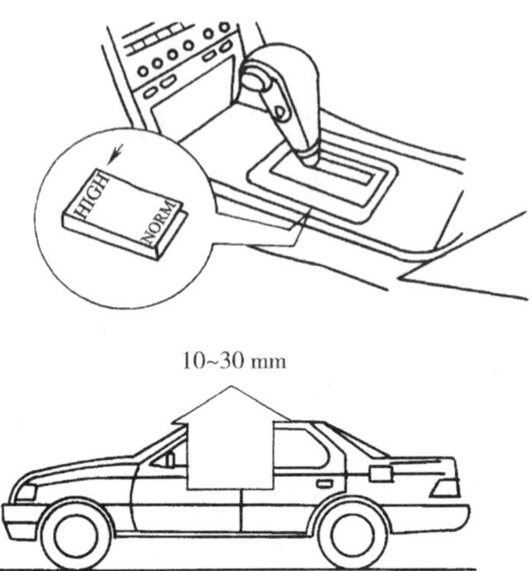

图 6-5-2　汽车高度调整功能检查

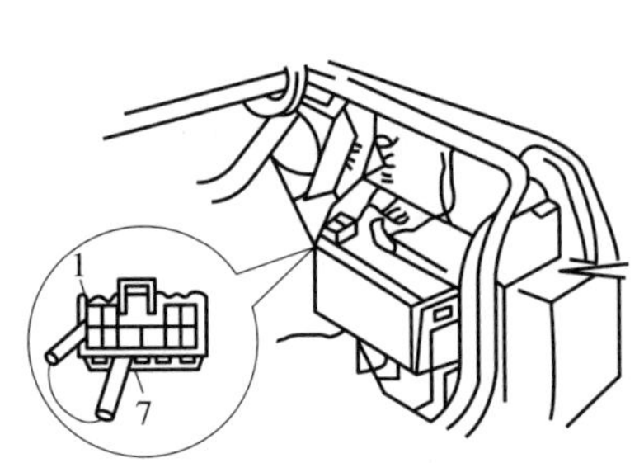

图 6-5-3　高度控制插接器位置

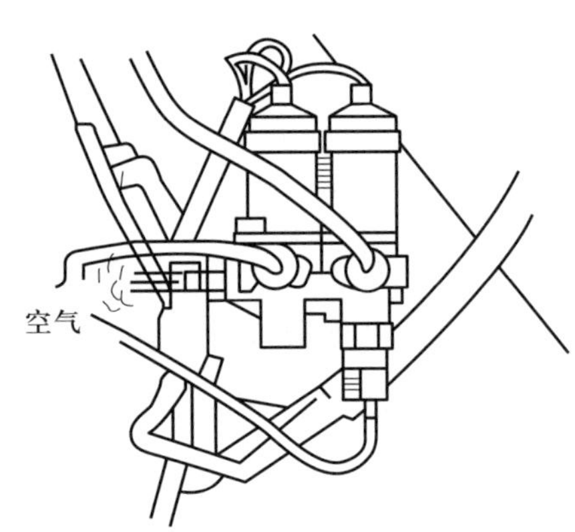

图 6-5-4　溢流阀检查

（3）将点火开关转到“OFF”，拔下熔断器，清除诊断代码。迫使压缩机工作时，ECU 中会记录一个诊断代码，因此完成检查后，务必将这个诊断代码清除掉，如图 6-5-5 所示。

3. 漏气检查

将高度控制开关置于“HIGH”位置使车辆高度升高，然后使发动机熄火，用中性肥皂水检查压缩机空气管路以及各连接处有无泄漏现象。

4. 汽车高度调整

在进行汽车高度调整时，必须将高度控制开关处于“NORM”位置，并且应在水平面上进行高度调整，务必将汽车的高度调整到标准范围以内。

（1）测量车身前端高度，测量方法是测量地面与

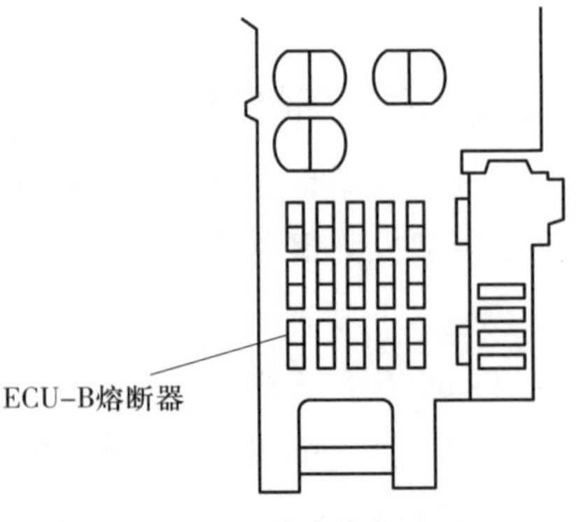

图 6-5-5　清除诊断代码

下悬臂安装螺栓中心之间的距离，如图 6–5–6 所示。

（2）测量车身后端高度，测量方法是测量地面与 2 号下悬臂安装螺栓中心之间的距离，如图 6–5–7 所示。

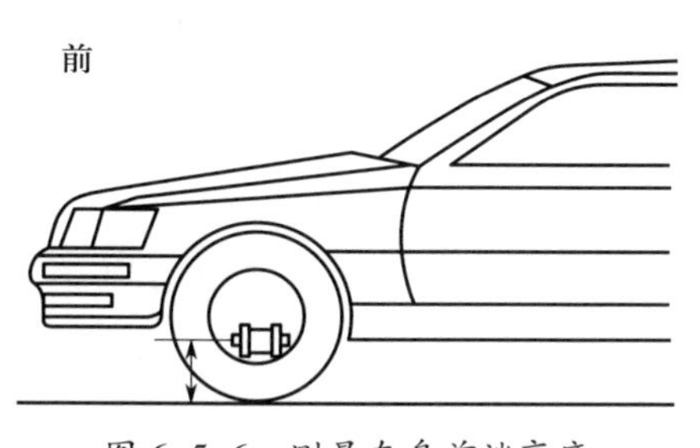

图 6–5–6 测量车身前端高度

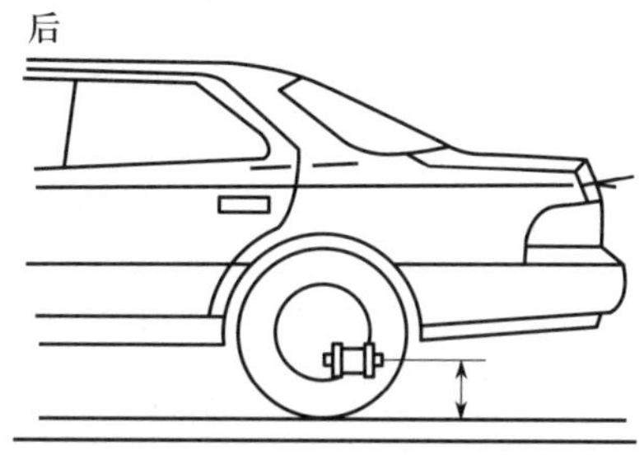

图 6–5–7 测量车身后端高度

（3）调整车身高度，松开车身高度传感器连接杆上的两个螺母，如图 6–5–8 所示，转动连接杆调节其长度（连接杆每转一圈，车身高度变化为 4 mm）。

（4）检查车身高度传感器连接杆螺纹外露长度，前轮为 8 mm，后轮为 11 mm，调好后，拧紧锁紧螺母，如图 6–5–9 所示。

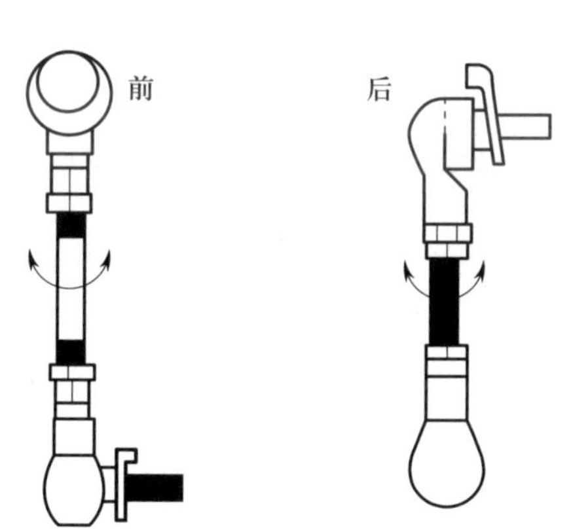

图 6–5–8 调整车身高度传感器连接杆

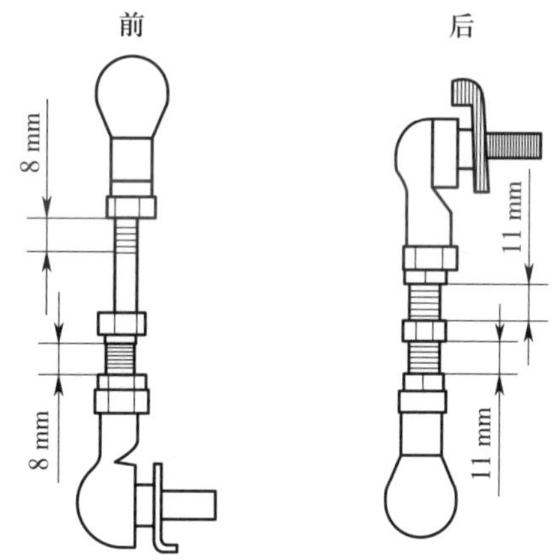

图 6–5–9 车身高度传感器连接杆螺纹外露长度

二、故障自诊断系统

1. 指示灯的检查

当点火开关在“ON”位置时，电控悬架系统进入自检状态，在自检过程中各指示灯按一定规律闪烁。

（1）指示灯正常闪烁状态

1）LRC 指示灯位于组合仪表上，用于弹簧刚度和减震器阻尼力控制模式的指示，LRC（也称调平控制开关）开关设置在变速操纵杆指示器附近，LRC 开关为“跷跷板”

式两挡位开关，如图 6-5-10 所示，设有“正常”（NORM）和“运动”（SPORT）两个挡位。

①当点火开关在“ON”位置，LRC 开关在“SPORT”位置时，仪表盘上 LRC 指示灯应亮。

②将 LRC 开关拨到“NORM”位置时，仪表盘上 LRC 指示灯应在 2 s 后熄灭。

2）车高指示灯

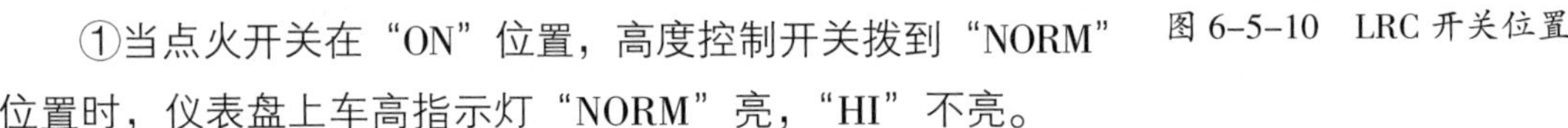

图 6-5-10　LRC 开关位置

①当点火开关在“ON”位置，高度控制开关拨到“NORM”位置时，仪表盘上车高指示灯“NORM”亮，“HI”不亮。

②当高度开关拨到“HIGH”位置时，仪表盘上车高指示灯“HI”亮，“NORM”灭。

3）“HEIGHT”照明灯。当点火开关转到“ON”位置时，仪表盘上的“HEIGHT”照明灯闪烁发光。

（2）指示灯不正常闪烁状态

当点火开关置于“ON”位置时，若仪表盘上的 LRC 指示灯、车高指示灯不是按上述规律闪烁，则表明悬架系统有故障。悬架控制指示灯不正常闪烁的故障现象及可能故障位置见表 6-10。

表 6-10　悬架控制指示灯不正常闪烁的故障现象及可能故障位置

点火开关在“ON”位置时，悬架控制指示灯的不正常表现	可能故障位置
“SPORT”“HI”和“NORM”指示灯均不亮	汽车高度控制电源电路 指示灯电路
“SPORT”“HI”和“NORM”指示灯亮 2 s 或均熄灭	悬架控制执行器电源电路
指示灯或“HEIGHT”照明不亮	指示灯电路或“HEIGHT”照明灯电路
LRC 开关拨在“NORM”位置，LRC 的“SPORT”指示灯亮	LRC 开关电路
车高指示灯的指示与高度控制开关的位置不一致	高度控制开关电路

2. 故障码的读取

（1）将点火开关置于“ON”位置。

（2）用跨接线将电控悬架诊断连接器 TDCL 的端子 TC 与 E1 短接，如图 6-5-11 所示。

（3）仪表盘上高度控制“NORM”指示灯将按一定规律闪烁，发出故障码，如图 6-5-12 所示。

（4）如果没有故障，车高指示灯每秒闪烁两次，如图 6-5-13 所示。

（5）如果出现故障，车高指示灯将显示故障码 12 和故障码 31；如果同时出现两个或两个以上故障，车高指示灯将首先显示数值小的故障码。

（6）读取故障码，如图 6-5-14 所示。

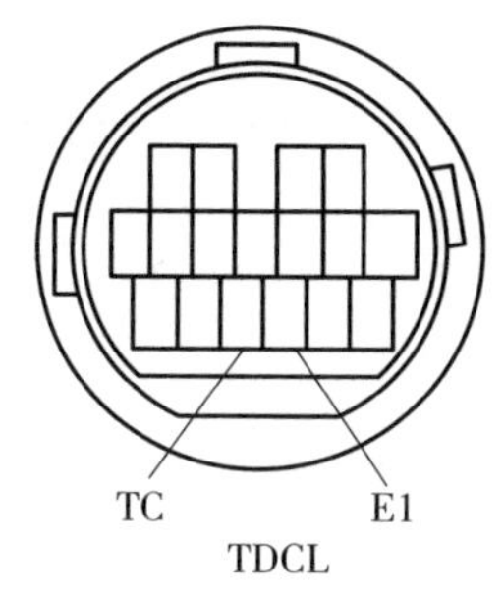

图 6-5-11　TDCL 短接

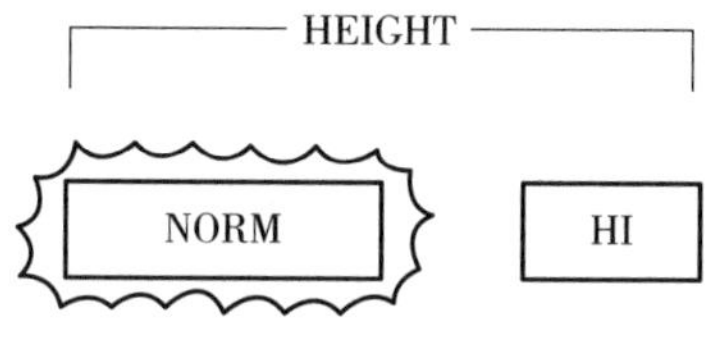

图 6-5-12　故障码指示灯

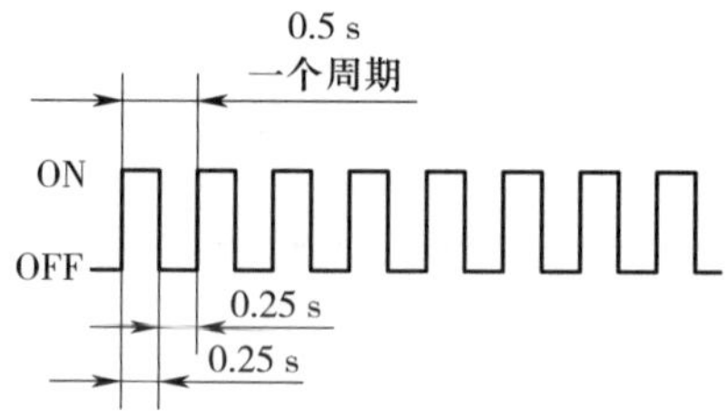

图 6-5-13　车高指示灯正常闪烁情况

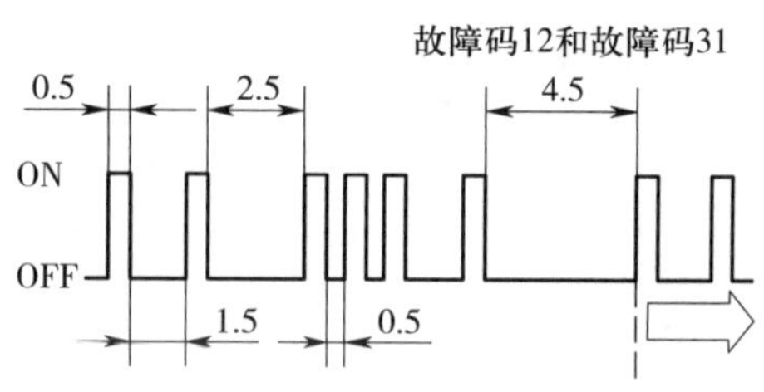

图 6-5-14　故障码读取

3. 故障码的清除

故障码的清除方法有以下两种：

（1）关闭点火开关，拆下 1 号熔断器（驾驶室前右下侧）中的 ECU-13 熔断器 10 s 以上，即可清除故障码。

（2）关闭点火开关，用跨接线跨接高度控制器的 E 和 CLE 端子，同时再跨接 E1 和 TS 端子 10 s 以上，然后接通点火开关，拆下跨接线，如图 6-5-15 所示。

4. 输入信号的检查（试验模式诊断检查）

输入信号的检查目的是动态检查各传感器和开关的信号是否正常输入电控悬架系统，其步骤如下：

（1）将点火开关转到“ON”位置。

（2）用跨接线将连接器的 TS 与 E1 端子短接，如图 6-5-16 所示。

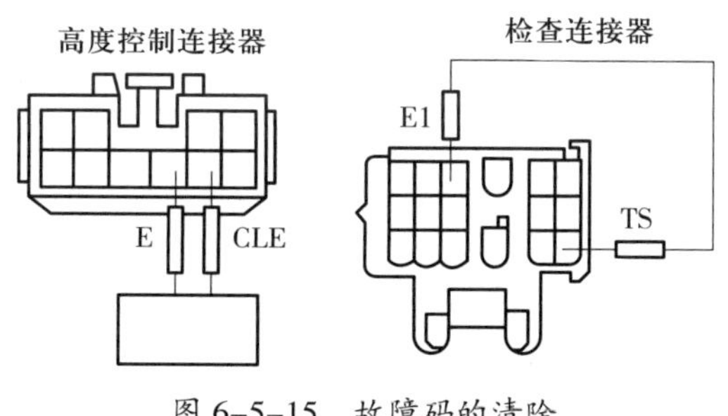

图 6-5-15　故障码的清除

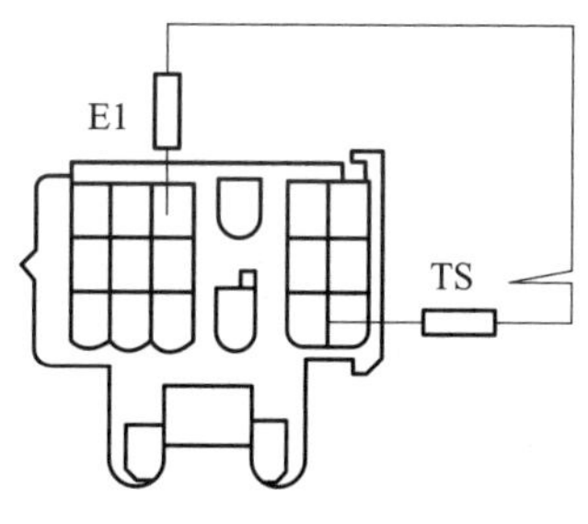

图 6-5-16　连接器短接

（3）按表 6–11 所列检查项目在 A、B 状态下各检查一次。

表 6–11　　　　输入信号的检查

检查项目	A 状态（操作）	“NORM”灯状态		B 状态	“NORM”灯状态	
		点火开关“ON”	发动机运行		点火开关“ON”	发动机运行
转向传感器	转向角为 0°	闪烁	常亮	转向角 45° 以上	常亮	闪烁
制动灯开关	不踩制动踏板	闪烁	常亮	踩下制动踏板	常亮	闪烁
门控灯开关	所有车门关闭	闪烁	常亮	所有车门打开	常亮	闪烁
节气门位置传感器	不踩加速踏板	闪烁	常亮	踩下加速踏板	常亮	闪烁
1 号车速传感器	车速低于 20 km/h	闪烁	常亮	车速高于 20 km/h	常亮	闪烁
高度控制开关	NORM 位置	闪烁	常亮	HIGH 位置	常亮	闪烁
LRC 开关	NORM 位置	闪烁	常亮	SPORT 位置	常亮	闪烁
高度控制 ON/OFF 开关	ON 位置	闪烁	常亮	OFF 位置	常亮	闪烁

1）A 状态

将表 6–11 中每个检查项目调到 A 操作状态。这时在发动机待机状态下，高度控制“NORM”指示灯会以 0.25 s 间隔闪亮，并一直持续闪亮到发动机运转为止，说明已进入输入信号检查功能状态。

2）B 状态

将表 6–11 中每个检查项目调到 B 操作状态。这时在发动机待机状态下，高度控制“NORM”指示灯会以 0.25 s 间隔闪亮，并一直持续闪亮到发动机运转为止，说明已进入输入状态。

任务 6　电子控制动力转向系统的检测

学习目标

1. 能正确进行电子控制动力转向系统的功能检查。
2. 能正确进行电子控制动力转向系统故障自诊断系统的检测。

电子控制动力转向系统是根据转向、车速等外界信号对转向助力实现控制，在不同的行驶条件下使电子控制动力转向系统都达到最恰当的放大倍率，在低速时放大倍率较大，从而减小转向操纵力，使转向灵活、轻便；在高速时放大倍率适当减小，以稳定转向手感，使高速行驶的操纵稳定性增加。根据动力源不同，电子控制动力转向系统常分为电动式和液压式两种。

一、液压式电控动力转向系统的检查

液压式电控动力转向系统通过控制系统液压来控制转向动力，电控转向系统装配完毕，应进行基本检查，主要包括液压系统的油量、油压、系统排气、转向油泵传动带松紧度，以及电控部分及相关部件的工作状态检查等，以确定系统是否需要进一步检修，保证转向系统的良好工作性能。电控动力转向系统的形式不同，其检测方法和标准也不一样，下面以雷克萨斯 LS400 为例来说明其检测方法。

1. 初步检查

在进行系统检查之前，首先要根据车辆的具体情况初步检查轮胎气压、前轮定位、悬架与转向连接杆之间的情况、转向系统接头及悬架臂球头等处是否正常，转向柱管是否弯曲，转向盘的自由间隙是否正常等。

2. 常规检查

（1）检查传动带

对于动力转向泵传动带的检查主要包括两项内容：

1）传动带与带轮配合位置的检查，如图 6-6-1a 所示。

2）传动带松紧度的检查，如图 6-6-1b 所示，利用 SST 专用工具检查，在 95 N · m 的作用力下，运转 5 min 以下，带的挠度为 7.5 ~ 9.5 mm；运转 5 min 以上，带的挠度为 9 ~ 13 mm。

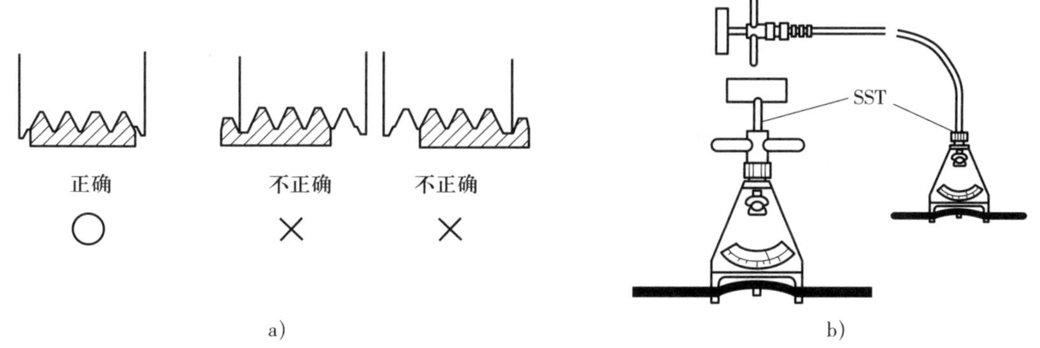

图 6-6-1　传动带检查

a）传动带与带轮配合位置检查　b）传动带松紧度检查

SST—专用工具

（2）检查储液罐液面高度

检查液面高度时，保持车身水平，在油温 80 ℃时进行。在发动机维持怠速运转（约 850 r/min）的条件下，反复将转向盘从左侧打到右侧再返回，使得油温达到正常要求后，打开储液箱，检查液压油有无泡沫或乳化现象，油尺液面应在 HOT 范围内。

若在检查系统无泄漏情况下需要补给液压油，按规定牌号补给；若需更换液压油，则先顶起转向桥，从转向油罐及回油管排出旧液压油，并将转向盘反复左、右转至极限位置，直至旧液压油排尽 1～2 s 后加注新液压油。

（3）系统空气排放

动力转向系统在更换液压油后，检查转向油罐中油位时发现有气泡冒出，说明系统内渗入了空气，必须对系统进行排气，否则将引起前轮摆动、转向沉重、转向噪声等故障。

具体排气过程如下：举升车辆至适当高度，怠速运转发动机，反复向左、右转动转向盘到极限位置，直至转向油罐内无气泡冒出并消除乳化现象，表明液力转向系统中的空气已基本排除干净。

（4）检查油泵压力

将油压表连接在动力转向泵与转向控制阀之间的管道中，使油压表阀门全开，启动发动机，使其怠速运转，将转向盘在左、右极限位置连续转动 3～4 次，使转向液压油温度达到 80 ℃以上，如图 6–6–2 所示。

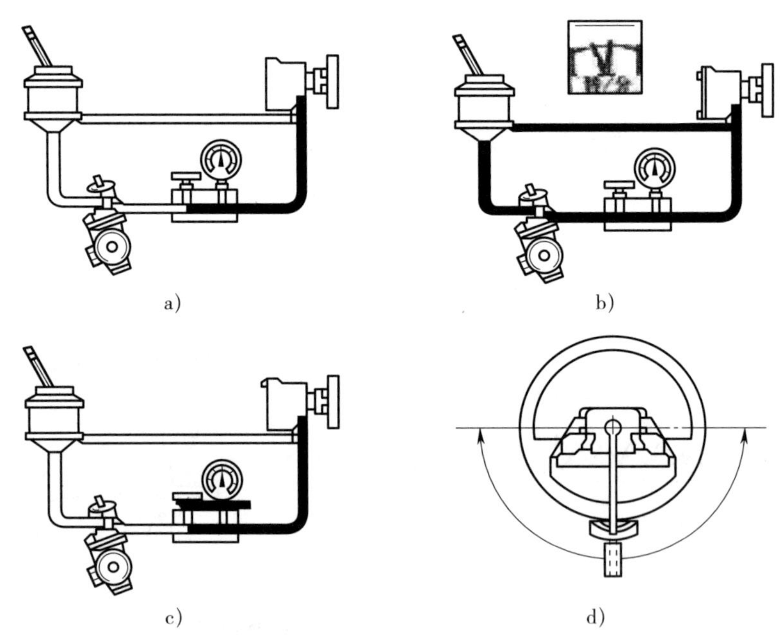

a）　　b）

c）　　d）

图 6–6–2　油泵压力检测

a）电磁阀关闭　b）、d）电磁阀开启　c）锁定位置

1）检查电磁阀关闭时油泵的压力，应不小于 7 845 kPa，否则说明转向器内部有泄漏或电磁阀有故障。

2）检查电磁阀全开时的压力差，发动机转速稳定在 1 000 r/min 和 3 000 r/min 时，两转速下输出液压油的压力差应不大于 490 kPa，否则说明电磁阀有故障。

3）检查转向盘在锁定位置时的液压油压力，不小于 7 845 kPa，若压力过低，说明电控动力转向系统有故障。

（5）检查转向盘转向力矩

将汽车停放在平坦地面上，两转向轮在直线行驶位置，发动机怠速运转，测量转向盘从中间位置向左、右转动时所需的力矩，标准力矩应不大于 5.9 N·m。

二、电子控制动力转向系统故障自诊断系统

电子控制动力转向系统（Electric Power Steering，EPS）是利用电动机作为动力源，根据汽车的车速和转向参数等相关数据，由电子控制单元（ECU）完成控制的一种转向系统，它直接依靠电动机为其提供辅助扭矩并以之作为动力。电子控制动力转向系统的主要部件有扭矩传感器、车速传感器、电动机、减速机构、ECU、转向轴、转向器等。

EPS 具有自诊断功能，当系统发生故障时，能自动停止助力，同时其 ECU 可记忆故障内容，并使故障指示灯点亮，提醒驾驶员，可以通过读取故障码查找故障原因，从而排除故障。

1. 电动机自诊断

转向助力是通过电动机电流的控制来实现，电动机两侧的实际控制电流的作用是不可忽视的。电动机工作时产生反馈电压，此时程序也会计算实际电压与理论电压的差异。如果两者之间差距过大，或是平均电流消耗过大，超过预定的设置，则可以判断电动机出现故障。故障种类通常有电动机控制电流过高引起的电动机过载，或是电流传递后电动机仍然无法启动等。

2. 电磁离合器自诊断

电磁离合器将电动机和转向柱连接，其工作状态直接决定了转向特性。在系统运行时它的信号也需要及时向处理设备进行反馈。当离合器在接合状态下时输入高电平，未接合状态下时输入低电平。当输入的信号与之不符时，则可以判定为离合器的故障。

3. 传感器自诊断

传感器一般指的是摆臂式的扭矩传感器，其工作原理可以被当做是电位计，通过主扭矩和副扭矩作为输出回路。但汽车在实际行驶的过程中会导致扭矩信号出现短暂性的误差。传感器进行自诊断时，如果电路出现异常，则判定扭矩传感器出现故障。需要注意的是电源电路会直接影响到主扭矩和副扭矩的信号，因此，在判断故障前首先要确定扭矩传感器的电压范围是否在规定的标准范围内，防止对扭矩传感器故障的判断失误等。

4. 故障码的读取与清除

自诊断操作的重点在于检测出系统有故障后，对电路进行有效控制，防止其继续向电动机供电，并且将离合器分离，如果系统恢复至机械转向系统，仍然可以正常使用，仅仅只是转向力加大。当故障码有多个时，也会按照从小到大的顺序显示出来。当故障

信息被存储时，即便故障已经清除，且故障指示灯不再闪烁，同样会储存在存储器中，因此清除故障码也是不可或缺的工作之一。现阶段清除故障码的方式有三种：第一种是将熔断器拔下；第二种是将蓄电池搭铁线拆下；第三种则是借助故障诊断仪。

任务 7　ABS 制动系统的检测

学习目标

1. 了解 ABS 的常见故障现象。
2. 能正确进行 ABS 故障码的调取和清除。

汽车防抱死制动系统（Anti-lock Braking System，ABS）是汽车在任何路面上进行较大制动力制动时，防止车轮完全抱死的系统，是具有良好制动效果的刹车装置。ABS 系统利用电子电路自动控制车轮制动力，可以充分发挥制动器的效能，提高制动减速度和缩短制动距离，并能有效地提高车辆制动的稳定性。ABS 已经是国内汽车的标准配置。

一、ABS 的常见故障现象

1. ABS 正常反应

由 ABS 的工作原理可知，在 ABS 工作过程中，会出现一些与传统经验相背离的情况，有些是 ABS 的正常反应，而不是故障现象，应加以区别，例如：

（1）发动机启动后，踩下制动踏板，制动踏板有可能会弹起，这表示 ABS 已发挥作用；反之，发动机熄火，踩下制动踏板，制动踏板会有轻微下沉现象。这表示 ABS 停止工作，这些都是正常现象。

（2）当踩下制动踏板后，同时转动转向盘，可感到有轻微的振动，这并非故障。因为在车辆转向行驶时，ABS 工作循环开始，会给车轮带来轻微的振动，继而传递到转向盘上形成振感。

（3）车辆行驶制动时，制动踏板不时地有轻微的下沉现象，这是因为道路表面附着系数变化而引起的正常现象，并非故障。

（4）高速行驶时，如果急转弯，或是在冰雪路面上行驶时，有时会出现 ABS 故障指示灯点亮的情况，这说明在上述工况中出现了车轮打滑现象，而 ABS 产生保护动作，这同样也不是故障现象。

2. ABS 常见故障现象

ABS 各类故障的检查内容及顺序、故障位置和调整方法见表 6-12。另外，通过观察仪表盘上 ABS 故障指示灯闪烁规律，也可对 ABS 发生的故障进行粗略的诊断。

表 6-12　　ABS 常见故障诊断表

故障类型	检查内容及顺序	故障位置和调整方法
紧急制动时，车轮被抱死	ABS 故障指示灯点亮	按故障码处理
	拉起手制动杆，ABS 故障指示灯不亮	分别检查驻车制动开关、制动开关、ABS 故障指示灯灯泡
	查看故障码显示器，有故障码显示	ECU 的 PL 端子和 ABS 故障指示之间断路
	打开点火开关 3 s 后，检查电磁控制阀是否有响声（检查时不可踩下制动踏板）	检查 ECU 的 +B 端子和车身之间是否有电压，没有电压则为电路故障，否则查看 ECU 的 E1 端子是否接地
	蓄电池正、负极之间电压低于 12 V	蓄电池故障，更换或充电
	踩下制动踏板后，在 ECU 的 STR 和 E 端子之间电压不足 8 ~ 14 V 检查速度传感器和电磁控制阀	分别检查 ABS 故障指示灯开关、ABS 故障指示灯开关线路 如有不正常接地，查清修理
	检查电磁控制阀是否正常	不正常应拆下修理
行驶过程或放开手制动时, ABS 故障指示灯亮	停车时 ABS 故障指示灯仍不亮	电磁阀故障，检修电磁阀
	检查制动液量	制动液不足时，重新添加
	检查制动灯	工作不正常时，检查线路和灯泡
	放开手制动器，踩下制动踏板，ABS 故障指示灯不灭	查看故障码，如无故障码则是 ECU 故障
	将 ECU 同系统分开，ABS 故障指示灯仍不熄灭	分别检查驻车制动器开关、制动液量开关、ABS 故障指示灯线路和传感器是否失效
	ECU 的 B 和 E 端子之间的电压不足 10 V	检查电路和蓄电池
	点火开关置于“ON”时，ABS 故障指示灯在 0.3 s 内点亮	分别检查 ABS 故障指示灯开关、ABS 故障指示灯线路、电磁控制
制动效果不佳，防抱死操作不正常	检查轮胎尺寸、胎压及磨损状况	不正常时，应修理或更换
	检查蓄电池的电压	电压如果不足 12 V，则应充电
	检查制动管路	不正常时，应修理或更换
	未踩下制动踏板时，ECU 的 STR 端子和车身之间是否有电压	如果有电压，则查看 ABS 故障指示灯开关及其线路是否正常
	检查车速传感器和传动齿轮	不正常时，应修理或更换
	检查车速传感器和制动轮毂的齿面	不正常时，应修理或更换

二、故障码的读取和清除

ABS 系统具有故障自诊断的能力，它实质是以 ABS 计算机中标准的正常运行状况为准，将非正常的运行（故障）用某种符号形式记录在存储器中，可方便读出以确定故障点的方法。ABS 故障指示灯如图 6–7–1 所示，此灯在正常时，点火开关接通（ON）后应亮 3 s，若指示灯不亮，则应检查指示灯电路，若指示灯常亮，则表示 ABS 系统有故障。

1. 人工读取和清除故障码

（1）人工读取故障码

故障码的读取一般有三种方法，第一种是用故障诊断仪与 ABS 的故障读取接口相连，按程序启动，故障诊断仪显示器按人的指令有规律地显示故障码；第二种是人工读取故障码方法，通过汽车仪表盘上指示灯或 ABS 故障指示灯闪亮的规律来输出故障码；第三种是车上带有驾驶员信息系统，即中心计算系统，修理人员可启动自检程序信息系统上的显示器按顺序逐步显示不同系统的故障码。下面以丰田卡罗拉为例说明。

1）检查蓄电池电压，应为 12 V 左右。

2）用跨接线短接数据通信连接器 DLC3 的 TC（13 号）端子与 CG（4 号）端子，如图 6–7–2 所示。

图 6–7–1　ABS 故障指示灯

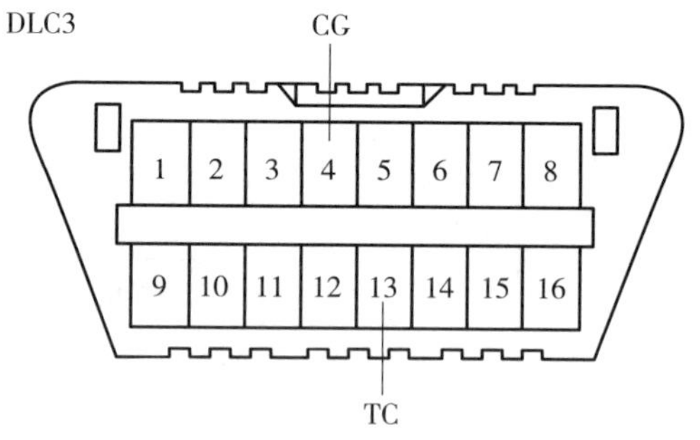

图 6–7–2　数据通信连接器 DLC3

3）将点火开关置于 ON 位置，观察 ABS 警告灯闪烁方式。若 ECU 中存储有故障码，则 4 s 后 ABS 警告灯开始闪烁显示故障码，先显示十位数，1.5 s 后显示个位数，2.5 s 后显示下一代码。若 ECU 中没有存储故障码，则 ABS 警告灯以每秒 2 次的频率快速连续闪烁，如图 6–7–3 所示。丰田卡罗拉 ABS 系统各故障码见表 6–13。

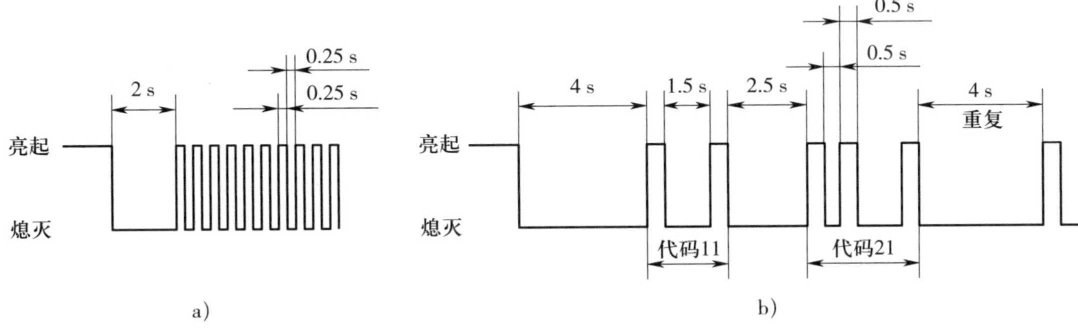

图 6–7–3　故障码闪烁
a）正常系统代码的闪烁方式　b）故障码的闪烁方式（示例代码 11 和 21）

表 6–13　　丰田卡罗拉 ABS 系统各故障码

故障码	故障内容	故障部位
C0200/31	右前轮转速传感器电路	1. 右前轮转速传感器 2. 转速传感器电路 3. 转速传感器转子 4. 传感器的安装 5. 制动器执行器总成（防滑控制 ECU）
C0205/32	左前轮转速传感器电路	
C0210/33	右后轮转速传感器电路	
C0215/34	左后轮转速传感器电路	
C0226/21	SFR 电磁阀电路	1. 电磁阀电路 2. 制动器执行器总成
C0236/22	SFL 电磁阀电路	
C0246/23	SRR 电磁阀电路	
C0256/24	SRL 电磁阀电路	
C0273/13	ABS 电动机继电器电路断路	1. ABS NO.1 熔丝 2. ABS 电动机继电器电路 3. 制动器执行器总成（ABS 电动机继电器）
C0274/14	ABS 电动机继电器电路对 B+ 短路	1. ABS 电动机继电器电路 2. 制动器执行器总成（ABS 电动机继电器）
C0278/11	ABS 电磁阀继电器电路断路	1. ABS NO.3 熔丝 2. ABS 电磁阀继电器电路 3. 制动器执行器总成（ABS 电磁阀继电器）
C0279/12	ABS 电磁阀继电器电路对 B+ 短路	1. ABS 电磁阀继电器电路 2. 制动器执行器总成（ABS 电磁阀继电器）
C1235/35	右前轮转速传感器端部黏附异物	1. 右前轮转速传感器 2. 转速传感器转子 3. 传感器的安装 4. 制动器执行器总成（防滑控制 ECU）
C1236/36	左前轮转速传感器端部黏附异物	
C1238/38	右后轮转速传感器端部黏附异物	
C1239/39	左后轮转速传感器端部黏附异物	

续表

故障码	故障内容	故障部位
C1241/41	蓄电池正电压过低或蓄电池正电压异常过高	1. ECU-IG NO.1 熔丝 2. 蓄电池 3. 充电系统 4. 电源电路 5. 防滑控制 ECU 内部电源电路
C1249/49	制动灯开关电路断路	1. STOP 熔丝 2. 制动灯开关 3. 制动灯开关电路 4. 制动器执行器总成（防滑控制 ECU）
C1251/51	泵电动机电路断路	1. 制动器执行器总成（搭铁电路） 2. 制动器执行器总成（电动机电路）
U0073/94	控制模块通信总线断开	CAN 通信系统

（2）人工清除故障码

1）用跨接线短接数据通信连接器 DLC3 的 TC（13 号）端子与 CG（4 号）端子，如图 6-7-2 所示。

2）将点火开关置于 ON 位置，5 s 内踩下制动踏板 8 次或更多次，以清除 ECU 中存储的 DTC。

3）检查并确认警告灯指示正常系统代码。

4）断开点火开关，拆下跨接线，将点火开关置于 ON 位置，检查并确认 ABS 警告灯在约 3 s 内熄灭。

5）若 ABS 警告灯仍不熄灭，以 20 km/h 的车速行驶车辆 30 s 或更长时间，检查并确认 ABS 警告灯熄灭。

2. 故障诊断仪读取和清除故障码

（1）故障诊断仪读取故障码

1）在点火开关断开的情况下，把故障诊断仪的诊断接头连接到转向盘左下方的 DLC3，如图 6-7-4 所示。

2）打开故障诊断仪，进入诊断界面，如图 6-7-5 所示。

3）根据界面显示，选择“传统诊断”，如图 6-7-6 所示。

4）根据车型，选择合适的品牌，选择“16PIN 诊断座”，如图 6-7-7 所示。

图 6-7-4　连接诊断接头

图 6-7-5　诊断界面

图 6-7-6　传统诊断

图 6-7-7　诊断接口

5）根据车型，选择合适的年份、生产商、配置等内容，选择“系统选择”，如图 6-7-8 所示。

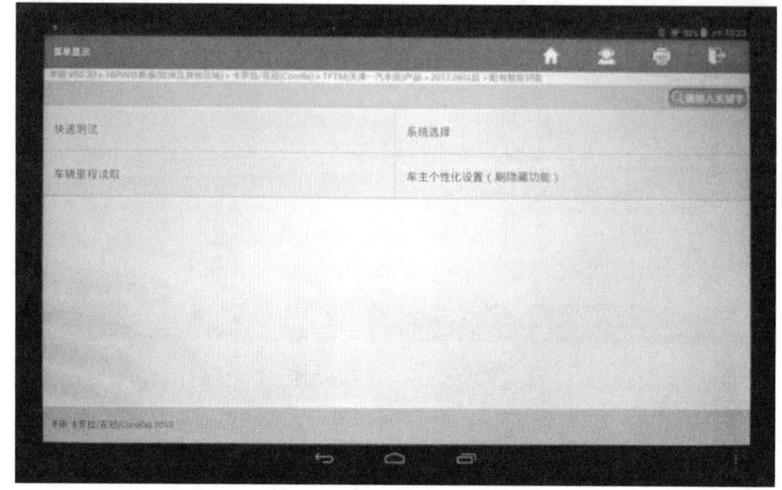

图 6-7-8　选择系统

6）进入底盘，选择“ABS（防抱死制动系统）”，如图 6-7-9 所示。

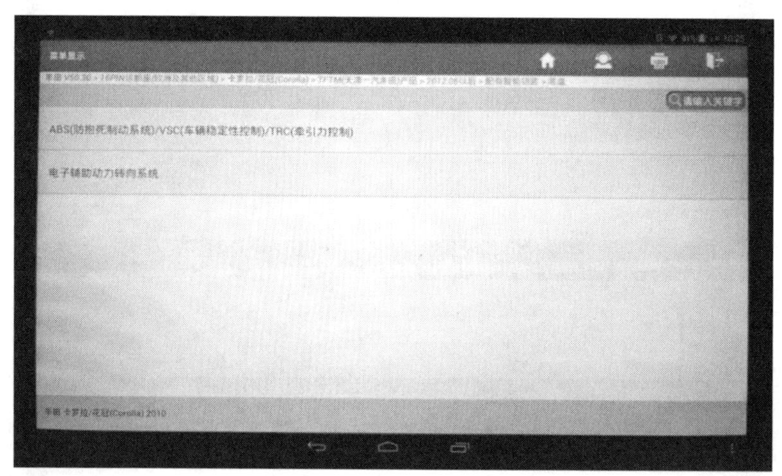

图 6-7-9　ABS（防抱死制动系统）

7）选择“读故障码”，如图 6-7-10 所示。

8）此时界面显示当前的故障码，如图 6-7-11 所示，根据故障码，可查阅该车型的维修手册进行有针对性的修理项目。

（2）故障诊断仪清除故障码

1）按上述读取故障码的方法，进入图 6-7-10 所示界面，选择“清故障码”，如图 6-7-12 所示。

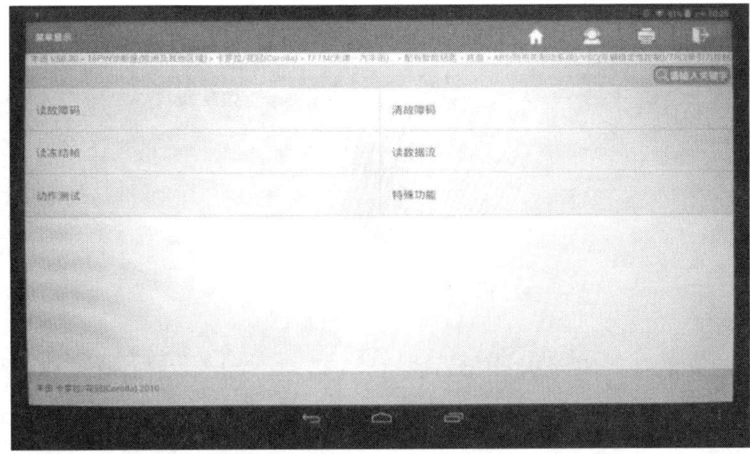

图 6-7-10　读故障码

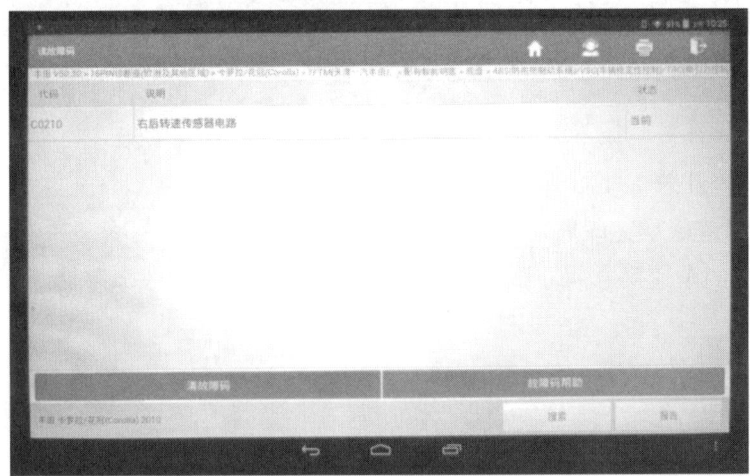

图 6-7-11　当前故障码

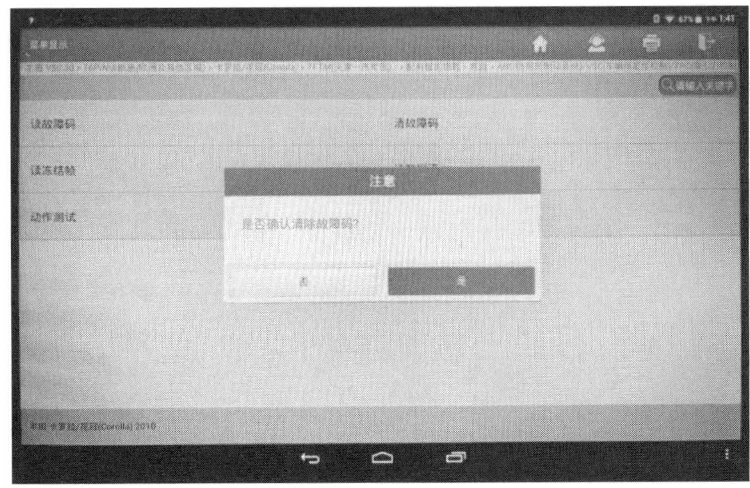

图 6-7-12　清故障码

2）重新读取故障码，如故障已排除，界面则如图 6-7-13 所示。

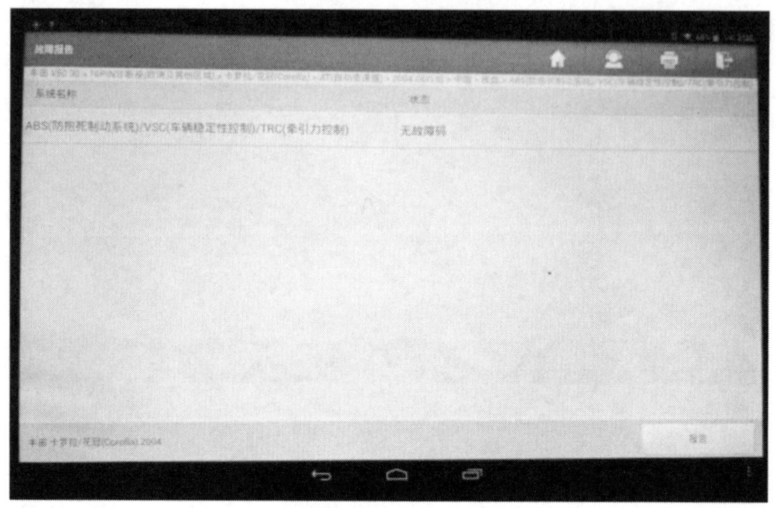

图 6-7-13　无故障码

3）关闭点火开关，拔下故障诊断仪的诊断接头。

4）打开点火开关，此时 ABS 的警告灯点亮约 3 s 后熄灭。

在排除故障或修理完成后，要重新用故障诊断仪查询故障存储，并将其清除，然后以大于 20 km/h 的车速紧急制动试车，试车完成，要重新查询故障存储。